« MOI, JE NE JUGE PERSONNE »

« Spiritualités vivantes »

LYTTA BASSET

« MOI, JE NE JUGE PERSONNE »

L'Évangile
au-delà de la morale

Albin Michel

Albin Michel
▪ *Spiritualités* ▪

*Collection « Spiritualités vivantes » dirigée
par Jean Mouttapa et Marc de Smedt*

Première édition :
© Éditions Albin Michel S.A./Labor et Fides, 1998

Édition au format de poche :
© Éditions Albin Michel, 2003
22, rue Huyghens, 75014 Paris
www.albin-michel.fr
ISBN : 978-2-226-13768-5
ISSN : 0755-1835
© Labor et Fides, 2003
1, rue Beauregard, 1204, Genève
ISBN : 978-2-8309-1089-6

Avant-propos

Écarter violemment quelqu'un de son chemin peut être interprété d'emblée comme un acte agressif. Mais il se peut que cet acte ait eu pour but, en réalité, de protéger autrui d'un danger dont il était inconscient, par exemple la chute d'un objet sur son passage : on a tôt fait de porter un jugement sur une réalité dont on n'a pourtant pas fait le tour.

C'est qu'un acte isolé a rarement valeur absolue. Et si un malheur est vite arrivé, on pourrait dire que l'énoncé d'un jugement est encore plus vite arrivé. Or, comment ne pas reconnaître l'existence d'un malencontreux décalage entre la réalité, d'une part, et le jugement qu'on s'était cru autorisé à porter dessus, d'autre part ? Si la réalité nous contraint sans cesse à changer de jugement, si un même événement peut induire des jugements diamétralement opposés, si nos jugements varient beaucoup au gré de nos expériences de vie, ne faut-il pas reconnaître en la réalité une richesse de sens qui excède *toujours* les capacités de la pensée ? Il y a peut-être lieu, alors, d'accueillir favorablement la relativité ou la précarité de nos énoncés de jugement : quels qu'ils soient et aussi fondés soient-ils, ils se voient, tôt ou tard, plus ou moins *débordés* par la réalité qu'ils avaient tenté d'interpréter. Le réel est décidément trop riche pour la pensée ! Et il vient un moment où l'on s'en réjouit plutôt qu'on ne le déplore !

Ce moment n'était pas encore arrivé lors de mes études universitaires en philosophie, puis en théologie : rien de plus reposant qu'un système de concepts philosophiques bien établis, rien de plus rassurant qu'une dogmatique chrétienne rôdée par les siècles ! Pourtant, le réel avait déjà commencé à revendiquer ses droits : à l'origine de ma formation théologique, deux questions brûlantes refusaient d'entrer dans mes cadres conceptuels, ou plutôt deux paroles bibliques qui ne « collaient » pas avec ma conception de Dieu et m'enfermaient dans la malédiction : la parole adressée à Ève, « Tu enfanteras dans la douleur », et la parole du Christ relative à la trahison de Judas, « Il aurait mieux valu pour lui qu'il ne fût pas né ».

Au fil des ans, le travail sur les textes bibliques n'a jamais cessé de me mettre en contact avec la complexité des réalités humaines. On reproche parfois à la Bible d'être pleine de contradictions. Reproche qu'on doit commencer par adresser à la vie elle-même, et aux êtres humains qu'elle traverse. La seule question est de savoir si l'on veut vivre, même au prix de contradictions heurtant sans cesse notre faculté de jugement.

Ma familiarité avec les personnages bibliques me renvoie à ma propre réalité aussi bien qu'à celle des personnes avec lesquelles je chemine dans mes accompagnements pastoraux : rien n'est jamais aussi simple que dans nos énoncés de jugement, et mon ministère de ces dernières années à l'aumônerie de l'hôpital de Genève m'a plus que jamais acculée à accepter un « non-savoir » radical quand il s'agit d'approcher autrui. « Non-savoir » étonnamment fécond face à toute personne souffrante : qui suis-je pour juger de la souffrance d'autrui, pour prétendre savoir à coup sûr qu'elle « fait du cinéma » ? Autrui ne se livre-t-il pas d'autant plus volontiers qu'il ne se sent pas enfermé dans mes catégories de jugement ?

Mes années passées en Inde, en Iran, à Djibouti et aux États-Unis m'avaient sans doute préparée de longue date à opter pour ce « non-savoir » qui ouvre à toute la richesse du

réel : je ne pouvais entrer en communication avec la culture
ou la religion d'autrui que si je m'entraînais à mettre entre
parenthèses mes énoncés de jugement, qu'ils soient spontanés
ou élaborés. Se tenir ainsi dans le « non-savoir » est une ascèse
qui permet de ne pas passer à côté de ce que vit *réellement*
autrui : comment la joie de tel Indien m'aurait-elle rejointe
si j'avais jugé une fois pour toutes que sa pauvreté matérielle
la lui interdisait nécessairement ? Comment aurais-je pu
croire à l'authentique liberté intérieure de telle Iranienne si
j'avais jugé la situation politique de son pays incompatible
avec un tel sentiment ? C'est une ascèse à la mesure de la
puissance, en nous, de cette faculté de juger.

Mais il ne s'agit en aucun cas d'en rester au plan des impératifs
de la morale : ce serait méconnaître la souffrance imposée par
cette propension à juger sans savoir. Nous disons sans y
penser : « je ne veux pas lui jeter la pierre, mais... », mais je
le fais quand même ! Je ne peux pas m'en empêcher, même
si cela ne cadre pas avec mon idéal moral ou/et religieux. Il
en va comme d'une compulsion apparemment absurde,
stérile, indéracinable. On peut feindre d'y trouver son
compte. On peut y employer le plus clair de son temps sans
même s'en apercevoir. Et dans le meilleur des cas, on peut
pressentir qu'on passe ainsi à côté de la vie. Ce livre s'adresse
à quiconque désire vivre libre de cette compulsion à se couper
d'autrui par un jugement définitif. Car ce livre est précisément né d'un tel désir : écrire suppose avoir été traversé par
ce dont on parle ; écrire ne se peut pas sans la poussée, au-
dedans de soi, de ce qui va peut-être, du même coup, devenir
« parlant » pour autrui.

Mais ce livre est également né d'une rencontre, en quelque
sorte inopinée. Le mal-être était là, cohabitant avec une
intense aspiration à en sortir. La volonté ne pouvait rien...
C'est alors qu'un texte biblique est venu à ma rencontre. Il y
était question, précisément, de pierres : jetez-lui la pierre, à
cette femme adultère ! Jette-lui la première pierre quand tu

estimeras en avoir le droit ! Ce moment n'est jamais venu : le sort de l'accusée est rapidement passé à l'arrière-plan. C'est le Christ qui venait et revenait, avec sa densité humaine, son propre corps à corps avec l'esprit de jugement. Et dans cette rencontre avec un semblable — l'homme Jésus — c'est de *mon être intérieur* qu'il était question, et non plus de mes jugements lapidaires. L'Évangile creusait indéfiniment plus profond en moi que les injonctions d'une bonne éducation !

Ce livre s'inscrit dans la suite du *Pardon originel* (Labor et Fides, 1994, 4e édition) qu'on peut considérer comme le gros œuvre — ce travail incontournable sur le mal subi, souffert dans une impuissance difficile à reconnaître et à accepter, mal subi dont nous ne sommes aucunement responsables même s'il nous pousse dans les impasses de la culpabilité, nous interdisant d'accéder au plus grand des pouvoirs humains, le pouvoir de pardonner. Ce livre fait également suite à *La joie imprenable* (Labor et Fides, 1996) : notre aspiration à la joie a pu se muer en certitude que la joie « parfaite » ou plutôt « complète, parachevée », promise par le Christ, nous était destinée ; nous en avons dégagé le chemin, laissant libre cours à notre capacité de vibrer avec autrui ; nous avons pu ainsi goûter à cette joie « que nul ne vous ravira »…

Et pourtant, notre esprit de jugement, tel un épineux opiniâtre, ne cesse d'envahir et recouvrir le chemin de notre joie. Ce besoin persistant d'éliminer autrui d'un coup de jugement nous alerte alors sur une réalité que nous ne sommes pas enclins à prendre en compte : sommes-nous allés jusqu'au bout de notre peur d'autrui ?

Nous commencerons par tenter de lever le voile que nos yeux réprobateurs posent spontanément sur notre besoin de juger. Puis nous entrerons dans le récit de l'évangile de Jean, dans l'histoire de cette « traînée » qui fut un jour traînée devant Jésus par les défenseurs de la morale religieuse, et nous verrons alors comment ce récit nous transforme peu à peu, de manière subtile, en acteurs et actrices de cette histoire même. Ce faisant, nous n'enfermerons pas le réel foisonnant de sens multiples dans l'exégèse proposée. Parce que la réalité est toujours en excès — la réalité qui a inspiré un tel récit, la mienne et celle de chaque lecteur ou lectrice —, parce que toute traduction est en elle-même déjà une interprétation, on ne s'étonnera pas de ce que j'indique, à l'occasion, les sens divers d'un même mot. Les textes de la Bible hébraïque comme ceux du Nouveau Testament grec sont donc à aborder avec tout le mystère dont ils sont porteurs : ma manière de les traduire n'exclut nullement qu'autrui puisse les « entendre d'une autre oreille ».

Un pays existe, au-delà de la peur et du jugement. Le Christ nous y précède : au-delà de toute morale se tient un Dieu que ce livre voudrait aider à entrevoir...

Introduction

« Marie a dit qu'elle était mon amie. À une autre question, elle a répondu qu'il était vrai qu'elle devait m'épouser. Le procureur qui feuilletait un dossier lui a demandé brusquement de quand datait notre liaison. Elle a indiqué la date. Le procureur a remarqué d'un air indifférent qu'il lui semblait que c'était le lendemain de la mort de maman (...) Il a demandé à Marie de résumer cette journée où je l'avais connue. Marie ne voulait pas parler, mais devant l'insistance du procureur, elle a dit notre bain, notre sortie au cinéma et notre rentrée chez moi (...) Le silence était complet dans la salle quand elle a eu fini. Le procureur s'est alors levé, très grave, et d'une voix que j'ai trouvée vraiment émue, le doigt tendu vers moi, il a articulé lentement : "Messieurs les Jurés, le lendemain de la mort de sa mère, cet homme prenait des bains, commençait une liaison irrégulière, et allait rire devant un film comique. Je n'ai rien de plus à vous dire." Il s'est assis, toujours dans le silence. Mais, tout d'un coup, Marie a éclaté en sanglots, a dit que ce n'était pas cela, qu'il y avait autre chose, qu'on la forçait à dire le contraire de ce qu'elle pensait, qu'elle me connaissait bien et que je n'avais rien fait de mal. Mais l'huissier, sur un signe du président, l'a emmenée et l'audience s'est poursuivie. »

A. CAMUS, *L'Étranger*, p. 137s

L'homme sera condamné à mort. Et c'est tout le roman de Camus qu'il faudrait citer en exergue. On l'intitulerait « Comment fabriquer un monstre ». Certes, il a tué un homme, mais l'incroyable concours de circonstances qui a conduit à cela donne à penser que chacun et chacune de nous aurait pu en faire autant : l'homme se retrouve « meurtrier » sans l'avoir ni prémédité, ni voulu, ni même imaginé, et sans en retirer le moindre bénéfice ; il a été pris dans un absurde enchaînement de causes et d'effets qui le dépassait largement. Tout le roman incite à réfléchir sur le jugement qu'on se croit autorisé à porter, à travers le comportement d'autrui, sur son être et sa nature profonde, en retournant toutes les apparences contre lui.

Là est le point de départ de notre réflexion. Pourquoi et comment nous fions-nous si facilement à ce jugement que nous portons sur autrui *avant* qu'aucune parole ne soit échangée, aucune explication donnée ? Tout se passe comme si, croyant *connaître* la vérité, nous nous fermions à la possibilité de l'entendre, tant est puissant le besoin de nous en tenir aux apparences, ou plutôt tant est grande la hâte que nous avons de *savoir à quoi nous en tenir.* D'où vient cette compulsion à condamner autrui sans l'avoir entendu, alors qu'*intellectuellement* nous savons que nous pouvons nous tromper, et que l'expérience ne cesse de nous en fournir la preuve ?

Dans le meilleur des cas — et c'est ce qui est susceptible de rendre notre recherche plus fructueuse —, le besoin que nous avons de critiquer autrui, au sens de le juger, peut nous peser comme quelque chose de maladif qui nous interdit, malgré toute notre bonne volonté, de *voir* autrui autrement. Peut-être remarquons-nous alors que cette « diabolisation » d'autrui empire en son absence : nous le voyons encore plus noir quand il n'est pas là, comme si la confrontation à notre seul monde intérieur nous enfermait dans une vie fantasmatique sans issue.

Ce peut être, à proprement parler, un enfer : nous n'avons pas choisi de percevoir autrui comme quelqu'un de diabolique, et nous ne retirons aucun bénéfice de cette perception ; au contraire, elle nous plonge dans le sentiment très douloureux d'une Malfaisance sur laquelle nous n'avons aucune prise. Or, ce sentiment s'accroît lorsque des tierces personnes, prises à témoin, disent ne pas le partager, et nous atteignons un maximum de solitude lorsqu'on nous démontre que nous n'avons aucune raison de considérer autrui comme un être diabolique parce que c'est quelqu'un de très bien ! C'est alors un tel enfermement que, renvoyés à nous-mêmes, nous avons l'occasion de bouger intérieurement, parce qu'il faut bien sortir de cet enfer !

Nous commençons à mettre de l'eau dans notre vin amer lorsque nous sommes à nouveau en présence de la personne que nous avions « diabolisée » : la voilà devant nous, son corps occupe un espace limité, son visage est à nu, elle a figure humaine ; quelle que soit sa malfaisance réelle ou supposée, elle affiche sans le savoir la vulnérabilité de son corps mortel ; elle n'est pas aussi *noire* que nous l'avions cru, parce qu'*elle est aussi* ce visage et ce corps d'être humain exposés au regard, au jugement, à la violence d'autrui. C'est pourquoi il est si important de *faire face* aux personnes qui sont l'objet de notre jugement implacable, pour constater en elles, souvent à leur discours défendant, ce même dénuement fondamental qui est le nôtre.

Nous commençons également à mettre de l'eau dans notre vin amer lorsque nous parvenons à nous dé-fasciner de tout ce qu'il y a de critiquable en autrui, en portant nos regards sur nous-mêmes : nous constatons alors que la « diabolisation » d'autrui s'est trouvée démultipliée par le « blanchissage » de nous-mêmes. C'est dans la mesure où nous noircissions autrui qu'il nous fallait nous conforter dans l'idée que nous étions nous-mêmes irréprochables. Et ce faisant, nous perdions paradoxalement tout sens critique : nous ne *voyions* pas que nous reprochions amèrement à autrui cela même que nous portions douloureusement en nous et qui pouvait nous être également reproché. Le retour sur soi est donc thérapeutique : dès le moment où je m'avoue à moi-même que je ne suis pas d'une autre *espèce*, dès le moment où je m'accueille plus complexe, plus traversé-e de contradictions que je ne l'avais cru, autrui m'apparaît moins noir et je commence à m'ouvrir à sa propre complexité.

Le deuxième type de questionnement que soulève le texte de Camus a pour origine l'expérience de Marie. Marie porte en elle sa vérité de témoin, comme tout être humain, sans qu'il soit nécessaire de comparaître devant un tribunal. Or, ce jour-là, le sol semble se dérober sous elle : non seulement on ne la croit pas, mais on lui fait dire le contraire de ce qu'elle a dit. Ni ses sanglots ni les rectifications qu'elle tente alors d'apporter ne changeront rien au jugement prémédité de son interlocuteur. On la fait sortir comme une enfant de peu d'importance qui gêne les grands. Comment ne pas penser à la souffrance indicible de l'enfant dont la parole n'est pas entendue et, surtout, dont la parole est totalement déformée, l'enfant qui n'a pas de mots ni pour dire l'abîme dans lequel il tombe alors, ni pour dire cette « autre chose » que personne, apparemment, ne veut entendre ?

C'est à cette composante effrayante de l'expérience humaine que nous nous intéresserons également. Nous avons beau savoir que le monde est ainsi fait — on ne croit pas nécessairement à ce que nous disons, et ce que nous disons de plus authentique se retourne parfois contre nous —, néanmoins nous pouvons nous sentir toujours aussi démunis à chaque nouvelle expérience de ce type. C'est un vertige qu'on peut éprouver à des degrés divers, et ce même si le regard qu'on porte sur la vie en société est sans illusion : à l'issue de ce procès où tous, à l'exception de lui-même, avaient parlé de son « âme », de son être intime et unique, le héros de Camus dit : « J'ai eu l'impression que tout devenait comme une eau incolore où je trouvais le vertige » (p. 153).

Quand ce que nous disons n'est pas cru, et surtout si cette expérience nous a marqués au fer rouge dès un âge précoce, la parole d'autrui, comme par un effet de boomerang, a du coup perdu sa crédibilité : je ne peux vous croire que si vous me croyez, car si vous niez ma vérité de sujet parlant, je ne suis plus relié-e au monde des humains parlants, je tombe et disparais, en quelque sorte, dans ce néant que n'habite aucune parole ayant du sens. En effet, quand nous ne sommes pas crus dans ce que nous disons au plus près de notre vérité, nous nous trouvons pour ainsi dire pris en otage dans la parole morte et mortifère d'autrui, dans son jugement sans appel.

Or, en frappant notre parole d'inanité, et donc en nous privant de parole, autrui nous met en danger : le réel ne nous tient plus, c'est comme si le sol n'était plus fiable, tant il est vrai que nous vivons une vie d'humains exclusivement dans et par la parole échangée en vérité. Si l'on en croit l'évangile de Jean, chaque fois que cela se produit, on peut dire qu'à nouveau « la *Parole* se fait chair » (Jn 1,14). S'il est vrai qu'elle a « habité » en l'homme Jésus de Nazareth, en ses paroles humaines, en ses dialogues avec ses contemporains, il est vrai aussi que toute parole proférée, reçue et crue par autrui, se fait Parole, toujours à nouveau : Dieu prend corps, l'Être devient ce roc solide sur lequel on peut asseoir son existence, la Parole vient habiter les paroles humaines, chaque fois qu'elles s'échangent en toute authenticité ; c'est alors qu'elle est « lumière authentique venant dans le monde, qui éclaire *tout être humain* » (1,19). Mais il suffit qu'elle soit falsifiée, privée de ce qui la fait vivre — la vérité dont elle est porteuse et qui se donne à partager aux interlocuteurs —, alors le vertige nous saisit : qu'est-ce qui peut encore tenir bon si ce qu'on dit de plus vrai n'est pas cru et se trouve même perverti en son contraire ? Si la parole échangée entre humains n'est plus investie par la Parole, l'Être solide auquel nous avions cru se défait, et cela n'a rien d'étonnant, encore selon le témoignage de Jean, puisque « tout devint par elle », et que « sans elle rien de ce qui devient ne devint » (1,3). C'est pourquoi la falsifi-cation des paroles humaines nous menace quotidiennement dans notre identité de sujets parlants.

Enfin, tout au long de cette recherche, nous tenterons de découvrir ce qui relie, de manière souterraine le plus souvent, les deux types de questionnement que nous venons d'évoquer : notre armature de jugements définitifs suffit-elle toujours à nous protéger du vertige, de la peur, de la menace de perdre pied à nouveau ? N'est-il pas préférable d'avancer dans le renoncement aux jugements définitifs, pour faire apparaître de quoi ils nous protègent ? Et si, derrière les remparts de notre esprit de jugement, nous découvrons avec effroi la fragilité de notre *être*, il sera temps de chercher comment prendre appui sur l'Être, c'est-à-dire comment croire en un Être qui ne fait jamais défaut.

Mais il ne s'agira en aucun cas du concept d'Être. Un concept est nécessairement statique. En outre, personne n'a accès à l'Être de Dieu en soi. Ce qui nous intéresse, c'est l'Être-Dieu qui, étant *relation*, ne cesse de nous inclure et de désirer nous inclure dans son Être-Dieu. Il peut paraître impossible de prendre appui sur quelque chose qui bouge, qui est toujours en devenir. Et comme il faut être deux pour vivre une relation, il peut paraître aléatoire de se raccrocher à l'Être-Dieu en relation au moment où le vertige nous fait perdre nos moyens, nous empêchant précisément d'être en relation avec lui. Mais c'est pourtant là, à l'intérieur de cette relation menacée d'évanouissement ou de disparition, à l'intérieur de cette relation en perte de crédibilité, que l'issue est à chercher. En effet, affirmer que l'Être-Dieu est ce sur quoi échouent toutes nos peurs, c'est faire crédit à la Parole : dans notre relation fragilisée ou anéantie avec lui, dans cette relation qui ne cesse de nous inclure, il est celui qui a et qui garde l'initiative, il est le premier à prendre la Parole pour nous la donner ou plutôt nous la redonner.

Nous aurons à voir comment le Christ nous achemine de notre compulsion à juger autrui jusqu'à cette confiance en *notre être* qui nous en libère. En cours de route, nous ferons halte au Temple de Jérusalem et revivrons l'histoire de la femme adultère, menacée de lapidation et traînée devant Jésus pour le piéger dans une parole de condamnation, lui qui aspirait à n'enfermer personne dans un jugement définitif. Nous l'accompagnerons dans son combat contre la peur et l'esprit de jugement. Ce faisant, nous n'aurons pas la prétention de savoir à coup sûr ni ce qu'il ressentait ni ce qu'il voulait dire ; personne ne le sait ni ne le saura jamais, quels que soient les dogmes et les conciles !

Mais notre défi consiste à donner envie de fréquenter le Christ, en oubliant les préjugés qu'on a pu nous inculquer ou que nous nous sommes forgés : les jugements hâtifs sur sa personne, cette manière de le cataloguer comme nous cataloguons autrui pour éviter d'entrer vraiment en relation, pour éviter de nous risquer... Nous avancerons avec prudence ou plutôt avec respect : nous aborderons les termes qui évoquent, dans les évangiles, la vie émotionnelle de Jésus en leur laissant la part de mystère qui entoure les sentiments de tout un chacun. Quand les évangélistes parleront de « perturbation », de « frayeur » d'« angoisse », d'« agonie », nous garderons en mémoire le fait que ce sont là des mots maladroits, fragiles, approximatifs, qui ne prétendent pas rendre compte de *tout* ce que Jésus a pu ressentir.

En cela, nous aurons pour lui le même respect que pour nos semblables : nous n'avons jamais accès à ce que ressent exactement autrui, même un proche que nous croyons très bien connaître de l'intérieur. Il nous suffira d'envisager que Jésus, vrai fils d'humanité, ait pu connaître toute la gamme des émotions et des sentiments humains et qu'il n'ait pourtant jamais laissé cette vie émotionnelle le couper définitivement de l'Être-Dieu sur lequel il avait bâti toute son existence. Ainsi, il nous suffira d'admettre que Jésus ait pu, comme tout être humain, être tenté de condamner autrui et être affecté par la peur ; avec quelle intensité exactement, nous n'en saurons rien, et il se peut que nous restions bien en deçà de la violence réelle des sentiments qui furent les siens...

Quant à la place de choix que nous donnerons à l'évangile de Jean, elle s'explique par le fait que cet évangéliste a mis beaucoup de lui-même dans son récit et qu'il ne cesse d'encourager lecteurs et lectrices à s'investir dans leur propre lecture de l'histoire du Christ. Jean se préoccupait peu des réalités historiques : il lisait les événements et relisait ce qui s'était passé au travers de son amitié et de sa confiance en un homme qui ne leur avait jamais fait défaut et leur avait montré comment vivre libres. Son évangile raconte comment il percevait cet homme. À nous aussi, il importera peu de savoir si Jésus a dit *exactement* ceci ou cela ; il nous suffit de savoir dans quel Esprit Jésus l'a dit et dans quel Esprit Jean nous le rapporte : gageons que c'est le même Esprit !

Enfin, que toute cette réflexion sur l'esprit de jugement ait de réelles implications politiques et sociales, cela n'a sans doute rien d'étonnant puisqu'elle s'inspire largement de l'Évangile : l'histoire de Jésus — qui est éminemment une histoire personnelle, celle d'une naissance dans l'Esprit — n'a-t-elle pas eu, du début à la fin, les implications politiques et sociales les plus concrètes ? Mais il faut toujours commencer par le commencement : si les hommes au pouvoir, politiciens et chefs religieux, ne pardonnaient pas à Jésus sa liberté intérieure, n'est-ce pas qu'ils en étaient jaloux parce que très peu sûrs de *leur être*, malgré les apparences ? Par conséquent, n'est-ce pas toujours par le dedans qu'il faut débuter ?

I.

DÉVOILER LE BESOIN DE JUGER

1.

Un constat difficile

L'Évangile n'a jamais d'autre point d'ancrage que notre réalité — sans quoi l'incarnation resterait lettre morte. C'est pourquoi le *Notre Père* fait état aussi bien de notre capacité de pardonner que de notre propension à juger : « Comme *nous pardonnons* à ceux qui nous ont offensés, pardonne-nous nos offenses ! », et juste après, littéralement : « ne nous introduis pas dans la tentation ! »*, désignant la tentation en général, mais surtout la tentation de ne pas pardonner et de juger. Jésus soupçonnait-il Dieu de nous tenter lui-même pour nous éprouver ? Non, mais il suffit de mettre le petit doigt dans l'engrenage du jugement, il suffit de *s'introduire* au royaume du « savoir » malveillant sur autrui pour en devenir esclave. En outre, c'est une propension si compulsive que, par la bouche du Christ, nous en appelons à Celui qui seul peut nous donner les moyens de la désamorcer : montre-nous comment ne pas *commencer* à juger, comment ne pas *entrer* au pays de la condamnation d'autrui, « ne nous *introduis* pas dans la tentation ! ».

---

* Les traductions du grec et de l'hébreu sont, en règle générale, celles de l'auteur. Lorsque ce n'est pas le cas, il s'agit d'une traduction soit de la TOB (traduction œcuménique de la Bible), soit de A. Chouraqui (*La Bible*, Desclée, 1985).

Si Jésus a dit, un peu plus loin dans l'évangile de Matthieu : « Ne jugez pas afin que vous ne soyez pas jugés ! » (Mt 7,1), c'est que nous avons à prendre acte d'une propension à juger autrui difficile à repérer. Il s'agit d'une habitude mentale quasi instinctive : c'est souvent à notre insu que nous jugeons autrui et, après coup, que nous prenons conscience de l'avoir catalogué, caricaturé, condamné. Mais comment faire autrement ? Juger, en grec *krinein*, c'est discerner, évaluer, prendre parti, faire des choix : activité nécessaire à la vie, incontestablement ; activité de l'intelligence, sans laquelle nous ne ferions qu'obéir à nos instincts, aveuglément ; activité de l'esprit qui, par le silence et la prière, devient discernement dans l'Esprit. Cette nécessité de jauger les êtres et les choses induit une distance : nous ne sommes plus prisonniers de ces êtres et de ces choses, alors un choix devient possible ; la distance nous a rendus libres de juger, et quelle autonomisation pourrait faire l'économie de ce regard qui prend du recul pour juger ?

Cependant, Jésus ne parlait pas de cette faculté de juger qui nous est constitutive, ni du processus d'autonomisation qui ne va pas sans jugements péremptoires mais provisoires. Son exhortation n'est pas posée dans l'absolu. Car tout amour ne deviendrait-il pas suspect, puisqu'il s'y mêle toujours une distance salvatrice, et donc la possibilité d'un jugement malveillant ? Il y aurait là quelque chose de désespérant : ou bien on se refuserait à juger autrui, pour l'aimer sans restriction, avec le risque constant de tuer l'amour en n'étant pas soi-même ; ou bien on aimerait autrui dans l'altérité en exerçant sa faculté de juger, avec le risque constant de tuer l'amour en ne sortant pas de soi-même. Jésus posait son exhortation dans une optique très précise : non pas « ne jugez pas ! », mais « ne jugez pas *afin de ne pas être jugés !* ». Autrement dit, quand vous jugez, ne jugez pas d'une manière telle qu'à votre tour vous soyez jugés. La chose est explicitée en Mt 7,2 : « Oui, du jugement dont vous jugez vous serez jugés ; de la mesure dont vous mesurez, il sera mesuré pour vous » (trad. A. Chouraqui).

Chez Luc, on pourrait croire que Jésus mettait en cause globalement notre faculté de juger : « Ne jugez pas et vous ne serez pas jugés ! » Mais la suite indique qu'il parlait exclusivement de la manière mortifère de juger : « Ne condamnez pas et vous ne serez pas condamnés ! Déliez et vous serez déliés ! » (6,37). Il s'agit donc de la propension spontanée à éliminer autrui définitivement, à l' « exécuter ». En grec, *krinein*, « juger », aboutit à *katakrinein*, « condamner à mort, exécuter » : « Personne ne t'a exécutée ? » demandera Jésus à la femme adultère. Mais ils avaient déjà commencé à l'exécuter par leurs pensées et leurs paroles. Parce qu'on peut exécuter autrui autrement qu'à coups de pierres, en sauvant les apparences, Jésus assortissait sa recommandation de ne pas juger de l'apostrophe « *hupokrita* ! [hypo-crite !] » (Mt 7,5), « toi qui fais semblant », littéralement « toi qui récites ou déclames », ou « toi qui contrefais », « toi qui "sous-juges" » — on pourrait dire familièrement « toi qui juges par le petit bout de la lorgnett » !

Il est à noter que Jésus ne faisait appel ni aux impératifs moraux (c'est mal de juger autrui) ni aux affirmations spirituelles (Dieu seul a le droit de juger). Afin d'être entendu, il utilisait le levier de notre motivation profonde : ne jugez pas parce que c'est dans votre intérêt. C'est encore plus clair en inversant la phrase : pour que vous ne soyez pas jugés, ne jugez pas ! Tentait-il ainsi de réveiller en nous le désir de ne pas être discriminés, caricaturés, éliminés par autrui ? Mais ce désir n'a-t-il pas été étouffé depuis trop longtemps ? En effet, qui est plus vulnérable à la caricature, au jugement sans appel que le petit enfant ? Il suffit de penser aux ravages que provoquent dans une existence d'enfant des jugements péremptoires d'adultes tels que « il fait un caprice ! elle joue la comédie ! ce sont des larmes de crocodile ! ».

Le Christ s'adresse à des êtres qui ont derrière eux une longue histoire d'incompréhension. Il n'ignore pas que nous jugeons avec d'autant plus de férocité ceux et celles qui nous ont *déjà* jugés et « exécutés » : le mal est déjà fait. C'est pourquoi, chez Luc, le Christ commence par en appeler à notre capacité d'aimer les « méchants » et d'être miséricordieux (6,37). Et chez Matthieu, il vient de rappeler qu' « à chaque jour suffit sa méchanceté/sa souffrance/son affliction » (6,34). L'appel à ne pas juger s'inscrit sur ce fond-là : nous portons les séquelles de jugements qui nous ont « tués ». La question est de savoir comment nous pouvons casser l'engrenage des jugements meurtriers que nous reproduisons avec d'autant plus d'inconscience que nous avons oublié ceux dont nous avons été victimes.

L'urgence, aux yeux du Christ, est-elle alors de retrouver en nous la trace du désir de ne pas être jugés, d'être *respectés* dans le mystère de notre personne ? Il ne semble pas que nous soyons à même d'établir tout de suite une relation quelconque entre ces deux éléments de notre condition humaine : la propension à juger autrui d'une part, et le désir de ne pas être jugés d'autre part. À notre étonnement, au moment où nous condamnons autrui, il n'y a aucune place en nous pour le désir de ne pas être jugés. Ce désir semble ne pas compter, car condamner autrui nous procure *sur le moment* un soulagement indéniable, l'expression de notre violence (le plus souvent mentale et/ou verbale) semblant dans un premier temps nous faire du bien. Mais le soulagement est de courte durée : en éliminant autrui, nous pressentons que nous n'avons pas réellement fait le tour de la question, et nous pouvons alors nous trouver confrontés à une sorte de désespoir.

2.

Comment le Christ
fait fond sur le sentiment

Au premier abord, il semble que l'exhortation du Christ tombe à plat : profondément convaincus que nous n'avons pas à juger, nous avouons difficilement que nous le faisons. Nous croyons sincèrement voir la réalité telle qu'elle *est*, les autres tels qu'ils *sont* (c'*est* une menteuse, c'*est* un orgueilleux, il/elle n'est que cela, il/elle ne changera jamais). Nous n'allons pas jusqu'au bout de notre jugement prétendument lucide : nous demeurons « hypo-crites », en dessous du jugement pleinement éclairé qui consisterait à *nous* surprendre en flagrant délit de condamnation d'autrui. Preuve en est la petite phrase autodisculpatrice : « Je ne juge pas, je constate ! » Il n'empêche que nous sommes très souvent sincères : nous ne désirons pas juger au moment où nous le faisons à notre insu.

Voilà pourquoi le Christ ne fait pas appel à notre (bonne) volonté, car elle n'a pas de prise directe sur notre esprit de jugement. Mais il ne fait pas davantage appel à notre raison, car nous avons beau *savoir* qu'autrui peut évoluer et que nous ne valons pas davantage, la compulsion à juger demeure intacte. Enfin, il est apparu que le Christ ne fait pas fond non plus sur le désir archaïque et légitime d'être respecté comme un être unique et inclassable, car ce désir a trop souvent été étouffé, à l'insu même de la personne.

Le Christ fait fond sur le *sentiment* douloureux d'être jugé. C'est que, nous le disions plus haut, l'Évangile n'a pas d'autre point d'accrochage que notre réalité — et notre réalité est une réalité blessée : Pâques n'a pas d'autre ancrage que la croix. Si nous ne savions pas ce que c'est que d'être jugés sans appel, condamnés sans avoir été entendus, éliminés sans avoir pu s'expliquer, l'exhortation du Christ resterait lettre morte. C'est sur une blessure, et non sur un désir positif, que le Christ fait fond. Cette exhortation en appelle précisément à ce qui entrave notre désir : à ce sentiment d'être jugés qui a fini par prendre une telle place que nous n'avons plus guère accès au désir positif d'être perçus dans notre mystère unique, comme si nous n'y croyions plus !

Lorsque nous prétendons ne pas connaître le sentiment d'être jugés, il est vraisemblable que ce sentiment a été profondément enfoui parce que trop douloureux. Mais il reste la pointe de l'iceberg : le *besoin* de juger. Pourquoi l'éprouvons-nous ? Nous nous empressons alors de nier ce que nous considérons en effet comme une inconséquence, ou une tournure d'esprit incompréhensible : nous prétendons ne pas juger mais être lucides... sur les autres ! Or, le Christ est venu subvertir nos jugements, pour que nous renoncions à y voir clair *chez les autres* : « C'est pour un jugement/une remise en question que moi je suis venu dans ce monde : afin que ceux qui ne voient pas voient et que ceux qui voient deviennent aveugles » (Jn 9,39), afin que ceux qui jugent les autres ou croient voir clair en eux s'aperçoivent qu'ils n'y voient rien du tout.

Le besoin récurrent de juger, lorsqu'il est pleinement conscient, peut devenir très douloureux. C'est alors le moment de l'accueillir comme quelque chose de positif : comme le moyen de retrouver la trace de ce sentiment d'être jugés qui avait été interdit de séjour parce que trop lourd à porter. La variante la plus répandue du besoin de juger est le besoin de changer autrui. Or, l'énergie que nous mettons à vouloir qu'autrui change est l'indice de notre impuissance à nous changer nous-mêmes. Pire, c'est l'indice d'une cécité à *notre* égard, qui nous échappe complètement. En effet, il suffit que nous nous découragions de changer autrui, et nous voyons tout à coup comment réinvestir bien plus efficacement toute cette énergie dans une « remise en question » de nous-mêmes, selon l'expression même de Jésus. En outre, il suffit que nous nous sentions en paix avec nous-mêmes, dans une attitude d'accueil et de bienveillance envers nous-mêmes, pour que nous n'éprouvions plus aucun besoin de changer autrui.

On objectera que Jésus n'a pas dit : « afin que vous ne vous sentiez pas jugés » mais : « afin que vous ne *soyez* pas jugés ». Comme la voie passive, dans la Bible, indique très souvent la main de Dieu, il s'agirait d'une menace à peine voilée : attention, si vous jugez autrui ainsi, Dieu vous jugera de la même manière... et l'enfer se profile à l'horizon. Renonçant à s'appuyer sur notre réalité blessée et sur nos sentiments, le Christ ferait appel à notre connaissance de Dieu et à notre raisonnement, pour nous proposer un marchandage de la part de Dieu, selon une logique semblable à la loi du talion : jugement pour jugement, condamnation pour condamnation ; et cette logique serait particulièrement perceptible chez Matthieu, comme si Dieu disait : si vous ne jugez pas, je ne vous jugerai pas.

Pourtant, ces paroles ne s'inscrivent pas dans un contexte de jugement dernier, même chez Matthieu, mais dans celui de la vie quotidienne, dans le cadre des relations interpersonnelles où la question de la réciprocité se pose constamment. Chez Luc, Jésus vient de dire : « Votre récompense sera grande » (6,35 b), et on attendrait « dans le ciel », puisque quelques versets auparavant il avait conclu les Béatitudes par : « Voici votre récompense, grande dans le ciel » (v. 23). C'est donc d'ici-bas qu'il est question dans le passage sur la propension à juger autrui.

Mais Jésus brandit-il la menace d'un jugement divin pour ici-bas ? Non, car c'est précisément Dieu qui casse notre logique du donnant-donnant, au moins dans l'évangile de Luc : ne jugez pas et vous ne serez pas jugés, « donnez et on vous donnera : c'est une bonne mesure tassée, secouée, débordante qu'ils donneront dans votre sein/vos entrailles [trad. A. Chouraqui] ou dans le pli de votre vêtement » (6,38). Cette notion de surplus, d'excès, de débordement est toujours, dans la bouche de Jésus, la marque de ce Royaume auquel nous avons accès présentement — notons au passage que le verbe grec qui correspond à l'adjectif verbal « débordante » existe seulement au présent ! En outre, cet aboutissement de notre attitude de non-jugement pulvérise notre raisonnement. N'est-ce pas alors, dans la bouche de Jésus, une manière de dire qu'il n'avait pas fait appel avant tout à notre sens logique, mais qu'il s'adressait à un *autre registre* ?

En effet, le sujet de cette démesure est remarquablement imprécis : « Donnez et *on* vous donnera. » Qui ? ces autres que nous n'avons pas jugés ? Dieu ? les deux ? Imprécision nécessaire si l'important n'est pas de savoir d'où cela vient mais ce que cela nous fait. Car cette démultiplication du don est bien l'expression de ce que nous ressentons alors immédiatement : nous avons un bénéfice immédiat et inattendu à renoncer à juger autrui. Ce n'est pas là une récompense extérieure, qui surviendrait à la manière d'un effet issu d'une cause : « donner », c'est-à-dire abandonner l'esprit de jugement, c'est *en soi* être bénéficiaire, recevoir au centuple dans son être intime (dans son « sein », ses « entrailles », ou dans le « pli du vêtement » qui évoque aussi notre intériorité, ce qui nous revient à nous seuls, ce qui est caché aux regards).

Enfin, il convient de souligner le « afin que » de l'invitation : « ne jugez pas afin que vous ne soyez pas jugés ! ». Dans les évangiles, ce « afin que » est déterminant : le problème est posé en même temps que l'indication de sa solution ; la situation piégée est à peine évoquée qu'elle est immédiatement orientée vers son issue. On pourrait même dire que le mal et la souffrance ont retenu l'attention de Jésus dans la seule et unique mesure où il savait comment les surmonter et montrait comment en sortir. Il s'agit toujours de la visée de Dieu sur notre existence : toute situation déplorable est à envisager lucidement *afin que* Dieu s'en mêle ; toute situation déplorable est à orienter *de manière à ce que* Dieu puisse s'en mêler. Jésus ne se laisse pas fasciner par les causes de la maladie, l'important est le « afin que » de Dieu qui va éclairer de l'intérieur cette situation : c'est arrivé « *afin que* les œuvres de Dieu soient mises en lumière en cet homme » (en l'aveugle de naissance de Jn 9,3). De même dans un contexte de trahison et de mort, au moment où il va être arrêté, Jésus oriente ce qu'il dit exclusivement vers la visée de Dieu : « afin qu'ils aient ma joie parfaite en eux » (Jn 17,13).

Ici, il semble que Dieu ait pour visée de *nous* protéger. Il semble que Dieu se préoccupe de nous comme si nous étions davantage en danger que la personne jugée par nous. En effet, Jésus ne dit pas : ne jugez pas afin de ne pas faire du tort à la personne que vous jugez ! Pourquoi Dieu n'aurait-il pas à cœur d'être du côté de la personne jugée injustement ? Parce qu'il sait la personne jugeante très vulnérable et qu'il tente ici, par la bouche de Jésus, de lui venir en aide. On a raison d'insister beaucoup sur la sollicitude de Dieu à l'égard des personnes jugées injustement, exclues, « exécutées ». Mais on aurait tort d'occulter la non moins grande sollicitude de Dieu à l'égard des personnes victimes de leur esprit de jugement.

Jésus s'est fait le porte-parole de ce Dieu qui nous sait souffrants avant même que nous le sachions. En effet, que nous importerait d'être jugés si cela ne nous atteignait pas ? Il nous suffirait de renvoyer le jugement à son auteur en sachant qu'il n'a pas d'autres lunettes pour nous voir et que lui seul peut en changer. Inversement, que nous importe de savoir avec notre seule raison que l'autre ou l'Autre ne nous juge pas, si nous continuons à nous sentir jugés par lui ? Force irrépressible de ce sentiment qui résiste à toute dénégation humaine

et à toute proclamation divine ! Force encore plus irrépressible de cette cécité qui nous empêche de reconnaître en nous
la peur et la souffrance d'être jugés !

C'est donc bien le sentiment d'être jugés que Jésus vise en
dernier ressort. C'est bien de la libération de ce sentiment qu'il
est question. L'exhortation prend alors une coloration différente, comme si Jésus disait : si vous vous sentez jugés et que
vous en souffrez, si vous désirez profondément en être libérés,
commencez par ne plus juger, et cela vous permettra de mettre
au jour *votre propre blessure* pour en guérir. Il a donc suffi à Jésus
de transformer le « parce que » en « afin que ». Au lieu de dire :
vous jugez autrui *parce que* vous vous sentez jugés par lui (ce qui
est vrai, c'est bien la pente naturelle), Jésus dit : ne jugez pas
autrui *afin que* vous ne vous sentiez plus jugés par lui !

Cependant, dans l'ordre de l'expérience, n'avons-nous
pas *d'abord* à comprendre le mécanisme ? Car c'est déjà
quelque chose de libérateur que de ne plus avoir à subir passivement cet esprit de jugement qui est, en notre for le plus
intérieur, aussi puissant qu'incompréhensible. Mais Jésus,
lui, ne nous invite pas d'abord à démonter le mécanisme. Il
semble commencer par la fin, comme si le problème était
déjà résolu. Or, précisément, nous ne *pouvons* pas commencer par ne pas juger — même si nous admettons notre désir de
ne plus nous sentir jugés par autrui. C'est ici que resurgit dans
tout son éclat le recours ultime de tous les personnages bibliques, des psalmistes aux apôtres en passant par les rois et les prophètes : la confession, la possibilité de confesser à Dieu — avec
ou sans témoin humain — ce qui nous pèse au-delà de toute
expression.

Voilà pourquoi Jésus parle comme il le fait, parce que c'est
là le point de départ de toute évolution, de toute guérison, de
toute libération : *entendre* dans nos profondeurs les plus
cachées cette injonction à ne pas juger nous fait mesurer la
force invincible en nous de l'esprit de jugement, et, dans l'ordre
de l'expérience, c'est bien là que tout commence — avec cette

confession, devant Dieu, de l'abîme qui nous sépare de l'esprit de non-jugement. Nous *commençons* bien par prendre acte de ce besoin indéracinable que nous avons de condamner autrui pour exister. Nous *commençons* bien par être confrontés à une sorte de désespoir devant notre radicale incapacité de ne pas juger. Nous *commençons* bien par en faire l'aveu devant Dieu, et alors, dit le Christ, notre situation se trouve immédiatement, de ce fait, orientée vers son issue en Dieu : vivre libérés du sentiment d'être jugés.

3.

Un besoin de juger qui occulte la peur

L'évangile de Luc insiste beaucoup sur les fruits de l'esprit de non-jugement : « Chaque arbre se reconnaît à son fruit » (6,44). Le meilleur moyen de savoir si nous sommes libres de l'esprit de jugement est précisément de nous interroger sur la deuxième partie de chaque injonction chez Luc. Sommes-nous des êtres que l'on ne « juge » pas, que l'on ne « condamne » pas, que l'on « acquitte » aisément, à qui l'on « donne » volontiers amitié et soutien (v. 37 s) ? Si tel n'est pas le cas, nous seuls sommes en mesure, en faisant retour sur nous-mêmes, d'entendre les critiques dont nous sommes l'objet comme des échos éventuels de notre propre esprit de jugement.

Il se peut que nous n'ayons rien dit explicitement, mais les jugements non dits sont souvent plus éloquents qu'une franche condamnation. Le danger auquel le Christ nous rend attentifs consiste en ce que ces jugements tacites deviennent en nous une deuxième nature. Nous sommes alors sincèrement étonnés qu'on nous parle de notre esprit de jugement.

Un autre moyen de savoir si nous sommes réellement libres de cet esprit comme nous nous l'imaginons est de nous demander avec honnêteté et lucidité si le regard que nous portons sur autrui et nos pensées intimes le concernant nous rendent « débordants » ou nourrissent notre sentiment de plénitude — en termes lucaniens, si nous en retirons « une bonne mesure tassée, secouée, débordante » dans notre « sein », c'est-à-dire dans notre être profond (cf. 6,38). Si tel n'est pas le cas, il y a fort à parier que l'esprit de jugement assombrisse notre perception d'autrui.

Une autre manière encore de tester en nous cet esprit de jugement qui, en échappant à notre discernement, à notre capacité de juger sainement, nous rend hypo-crites (littéralement « en dessous de notre opinion propre ») consiste à tenter un regard bienveillant. S'exercer à bénir autrui, à lui souhaiter du bien, à « dire du bien » de lui (selon l'étymologie de béné-diction), c'est expérimenter un bénéfice *immédiat*. Comment en serait-il autrement, si la parole humaine a ce pouvoir étonnant de devenir vecteur de la Parole créatrice ? Car déclarer bonne une réalité créée ou en dire du bien nous rend immédiatement contemporains de la Parole des origines : « Dieu vit que cela était bon » (TOB) ou : « Elohim voit : quel bien ! » (A. Chouraqui), refrain de Gn 1.

Nous expérimentons alors en nous-mêmes quelque chose de la force créatrice de Dieu : en déclarant bon le fait qu'autrui existe tel qu'il est, en disant du bien de sa simple existence, nous participons de l'intérieur à cette jubilation de Dieu devant toute créature qui vit. C'est, du même coup, voir de quoi nous nous privions, car c'est laisser apparaître notre regard coutumier — un regard parasité par nos projections de ce que l'autre *devrait* être pour que nous puissions le bénir sans arrière-pensée. Il apparaît alors que notre esprit de jugement est à la mesure de cette continuelle et incontrôlable attente qu'autrui soit ce que nous voudrions qu'il soit.

Jésus n'a pas moralisé. Il n'a pas formulé d'interdits gratuits. Il a toujours assorti ses exhortations d'une promesse de bien-être, car c'est là le seul levier susceptible de nous faire bouger en profondeur : si nous acceptons un jour de changer d'attitude, c'est parce que nous entrevoyons un bénéfice *pour nous*. Il faut bien que ce à quoi le Christ nous invite soit porteur d'un mieux-être ou d'une libération très personnelle, pour que nous parvenions à nous impliquer. Si nous demeurons dans l'illusion que c'est dans l'intérêt *des autres* qu'il ne faut pas juger, notre démarche sera volontariste et donc vouée à l'échec. L'obéissance à l'appel du Christ se fera d'abord à nos dépens, avec le risque d'en rester là, pour la simple raison que nous sommes chacun le seul être, en définitive, sur lequel nous pouvons avoir un contrôle assuré. Cela revient à entendre « ne jugez pas » dans l'absolu, *sans ce qui suit*. Nous commençons alors par nous juger nous-mêmes et nous condamner pour notre incapacité à ne pas juger, alors que l'exhortation du Christ s'applique également à nous-mêmes : nous n'avons à juger définitivement ni les autres ni nous-mêmes.

On objectera que pour éviter la complaisance envers soi-même, il est nécessaire d'être lucide : nous n'avons pas le droit de juger autrui car nous ne le connaissons jamais parfaitement tandis que nous, nous nous connaissons ! Et d'ailleurs, y a-t-il un sens à comprendre la phrase ainsi : ne vous jugez pas vous-mêmes afin de ne pas être jugés ? Pourtant, il se pourrait que ce soit là la racine de notre besoin de juger : si nous commençons par nous condamner définitivement, comment pouvons-nous envisager d'avoir un regard sur autrui *différent de ce regard-là* ? En outre, notre jugement définitif sur nous-mêmes nous interdit d'entrevoir que Dieu puisse porter un regard différent sur nous. Dès lors, nous percevrons le regard de l'autre et de l'Autre comme lourd de jugement, parce que nous avons commencé par nous enfermer nous-mêmes dans la condamnation : nous nous sommes jugés de telle manière que nous nous sentions jugés, nous nous sommes jugés « afin que nous soyons jugés ».

Lutter contre soi-même est épuisant et inutile. Lorsque, ayant cru être fidèles à l'Évangile, nous en arrivons cependant à avouer que nous nous trouvons sur une voie de garage, il est temps désormais d'exercer cette faculté de juger, au sens d'« évaluer » ou « discerner », qui curieusement demeure intacte. Il apparaît alors que notre prétendue lucidité cache un étonnant besoin de puissance. En effet, très vraisemblablement victimes du jugement d'autrui dès nos jeunes années, nous avons non seulement pris pour argent comptant le regard réducteur dont nous étions l'objet, mais nous avons, en outre, tellement intériorisé ce regard qu'il est devenu le nôtre, plus impitoyable encore. C'est ainsi que nous exerçons à notre encontre un pouvoir que nul ne nous conteste et qui, de plus, nous évite de subir de nouveau cette souffrance ancienne d'être condamnés sans pouvoir nous expliquer.

La lucidité qui s'exerce à bon escient implique au contraire une grande humilité. Nous avons à accueillir notre propension à juger, *en renonçant à nous condamner nous-mêmes*. Nous avons à accueillir telle qu'elle se vit en nous cette propension incompréhensible que nous ne parvenons pas à contrôler. Nous avons à nous recevoir tels que nous sommes pour le moment — des êtres plus ou moins incapables de ne pas se prendre pour Dieu, sans cesse enclins à juger ce qu'ils voient comme si c'était la vérité dernière. Il y a là un renoncement qui est sans doute le fruit d'un certain désespoir : non seulement je ne connais ni ne connaîtrai jamais autrui à fond, mais je ne me connais pas non plus, car d'une part je peux vivre des années sans savoir ce que je porte en moi, et d'autre part je n'ai pas de prise sur moi-même au moment où je vois pourtant clairement ce qu'il faudrait éradiquer de moi-même pour me sentir libre.

Cela rejoint le désespoir de l'apôtre Paul : « Le bien que je veux, je ne le fais pas, mais le mal que je ne veux pas, je le fais ; mais si ce que je ne veux pas [moi] je le fais, ce n'est plus moi qui l'accomplis mais c'est le péché qui habite en moi » (Rm 7,19 s). Il y a humilité à accepter qu'une force quasiment extérieure ait investi mon « moi » profond à mon insu, de manière désespérante, et que cette puissance de division ou de rupture d'avec Dieu qu'est le péché au sens biblique ait commencé par me diviser d'avec moi-même. Le simple fait que je me *découvre* divisé-e d'avec moi-même et d'avec Dieu — toujours quand le mal est déjà fait, en quelque sorte — peut me mettre sur la voie de mon impuissance radicale et barrer la route à cette autocondamnation où je m'enferre dans l'illusion d'être à moi seul-e l'origine de mon mal-être.

Rappelons, avec l'évangéliste Luc, que l'enjeu est de « devenir miséricordieux comme votre Père est miséricordieux » (6,36). Qu'est-ce qui nous mettra sur la voie de ce « devenir », alors que nous venons de découvrir notre incapacité à ne pas juger autrui ? Comment devenir « matriciels » (trad. A. Chouraqui), avoir des entrailles pour autrui quasiment sur commande ? Partons de notre réalité : déprécier ou condamner autrui ne rend pas heureux. Lorsque nous sommes en proie à l'esprit de jugement, nous sommes suffisamment mal avec nous-mêmes pour ne pas prendre avant tout en considération le tort que nous faisons à autrui. Le seul levier qui peut alors nous faire bouger est la miséricorde de Dieu *à notre égard.* En effet, en proie à ce mal-être et à cette dépréciation de nous-mêmes liés à notre hargne impuissante à l'égard d'autrui, nous pouvons entendre la parole du Christ « devenez miséricordieux comme votre Père » en l'inversant : de même que votre Père ne vous condamne pas mais vous accueille tels que vous êtes dans votre mal-être, *avec* cet esprit de jugement dont vous souffrez, de même vous deviendrez progressivement accueillants et miséricordieux envers ces autres qui vous ressemblent.

Nul ne peut *être* miséricordieux dans l'absolu comme le Père l'est envers tous. On ne peut que « devenir comme », ressembler plus ou moins à ce que Dieu *est* pour l'éternité. Or, il m'appartient de rester toujours en contact avec ce que Dieu *est,* en ne m'excluant pas de cette miséricorde qui nous veut tous — ni moi sans les autres ni les autres sans moi. Jésus commence par faire envie : devenir l'image, l'icône, la ressemblance plus ou moins pâle de cet Être dont la miséricorde n'est pas sélective signifie que je n'exclus ni moi ni personne de cette miséricorde. Ainsi tombe l'objection selon laquelle Jésus ne pensait pas à une miséricorde envers soi-même mais exclusivement à une attitude altruiste. Car, d'une part, la parole de Jésus, formellement, n'exclut pas une miséricorde à l'égard de soi-même ; d'autre part, comment une attitude serait-elle réellement altruiste si le moi profond n'est pas mis en mouvement ?

Le mouvement qui nous rapproche d'autrui ne semble pas fondamentalement différent de celui qui nous rapproche de nous-mêmes. Si la miséricorde à l'égard d'autrui ne présupposait pas la miséricorde à l'égard de soi-même, pourquoi l'exhortation qui fait suite à l'appel à aimer les ennemis chez Matthieu serait-elle à la fois si proche et si complémentaire de l'exhortation parallèle chez Luc ? Là où il disait : « Devenez miséricordieux comme votre Père céleste l'est », Jésus dit chez Matthieu . « Soyez parfaits/accomplis/parachevés comme votre Père céleste l'est » (5,48), ce qui implique également un devenir, un processus de maturation, mais *explicitement personnel*. On peut penser que ces deux paroles sont l'écho d'une même pensée : une maturation intérieure ou un « accomplissement » de soi à l'image de Dieu ne peut aller sans une ouverture bienveillante à l'égard d'autrui.

Il faudra descendre jusqu'au cœur d'un accueil de soi-même à la fois lucide et inconditionnellement bienveillant pour entrevoir ce qui alimente le besoin de juger. C'est un réflexe de défense qui apparaît alors. En effet, en jugeant on cherche sans le savoir à remédier aux blessures passées : parce que personne ne s'est levé pour prendre notre défense, et surtout pas Dieu, le grand silencieux d'alors, nous tentons de nous faire justice nous-mêmes, dans les circonstances actuelles qui sont pourtant différentes ; nous disons « la » vérité, déclarons coupable, condamnons ; et moins le tort a été reconnu jadis, plus le besoin de juger grandit aujourd'hui. C'est ainsi qu'une hypertrophie du besoin de juger signale souvent l'occultation d'une profonde blessure. On ne juge pas pour le plaisir de juger : ce plaisir est trop vain, trop passager pour ne pas céder la place tôt ou tard à une douleur, à un désespoir même, dont on n'avait pas soupçonné l'existence.

En outre, en jugeant on cherche à se protéger des blessures à venir, parce que les anciennes ne sont pas fermées. En effet, juger permet de mettre autrui à distance, de savoir désormais à quoi s'en tenir, de ne plus se trouver exposé ou pris au dépourvu, de maîtriser l'inconnu à venir. Avoir classé quelqu'un, c'est se prémunir contre toute déception et, en ce sens, juger c'est tenter de ne plus souffrir : ne plus rien attendre de quelqu'un, c'est alors le considérer comme mort, *c'est-à-dire inoffensif.* C'est pourquoi une société qui, à son tour, « classe » ses fanatiques et ses terroristes en les jugeant irrécupérables passe si souvent à côté de ce désespoir, profondément enfoui en eux, de n'avoir jamais été entendus — désespoir d'autant plus occulté qu'eux-mêmes se trouvent ainsi renforcés dans un besoin de juger qui leur tient lieu d'identité.

Il y a, dans la parole de Jésus, une invitation à dénicher sous l'attitude intolérante une peur qu'il faudra apprivoiser, un sentiment de menace qu'il s'agira d'abord de nommer et d'accueillir. Paradoxalement, il est constructif de commencer par porter un regard bienveillant sur notre propension à juger : cette bienveillance — faible reflet de l'accueil inconditionnel par lequel Dieu commence toujours à s'approcher de nous — nous permet de voir qu'en jugeant autrui, nous n'étions pas nécessairement ces êtres gratuitement méchants, à l'esprit mal tourné par nature qu'on nous avait dit être. Si l'on commence par tendre à une personne en proie à l'esprit de jugement le miroir de sa laideur morale — pour ne pas dire de sa *nature* foncièrement malveillante — on ne fait que renforcer en elle une propension qu'elle-même vit souvent comme quelque chose d'absurde et d'incontrôlable. D'une part, on lui ôte la possibilité de rechercher ce qu'elle tentait désespérément de compenser et de guérir en accablant autrui. D'autre part, on exerce à son égard ce même esprit de jugement qu'on lui reproche d'avoir, sous couvert de neutralité et de bienfaisance !

Le premier pas est l'aveu d'un mal-être qui peut aller jusqu'au sentiment d'une véritable torture. C'est que le besoin de juger est dévastateur. Il annihile l'exercice libre de la pensée. Il verrouille à l'intérieur d'une vision des choses qu'on est incapable de changer par soi-même. On en est victime bien plus qu'agent : il fait mal, à la manière d'une obsession implacable qui ne cesse de renvoyer le sujet à la stérilité de sa révolte et à son sentiment déchirant de dépendance. On ne dira jamais assez l'impuissance et la douleur d'une personne en proie à l'esprit de jugement. Toucher le fond, alors, c'est reconnaître qu'on est en enfer. C'est trouver, au fond de ce fond, ce qu'on ne savait pas y être : cette plaie encore béante, cette humiliation encore brûlante, ce désespoir de vivre qu'on maintenait cachés sous une carapace de jugements à l'emporte-pièce. Par peur de ce qui grouillait en dessous, hors catégories, hors repères, hors contrôle cérébral.

C'est pour avoir entendu parler d'une vie *autre,* c'est pour l'avoir entrevue peut-être, qu'on en vient un jour à se risquer à cet aveu. « Ce n'est pas une vie », dit-on alors au nom de ce que pourrait être une vie qu'on sait confusément exister autrement, ailleurs... Il a fallu sans doute ce premier regard bienveillant de quelqu'un sur cet être en proie à l'esprit de jugement, un regard posé au nom du Dieu de la vie-autrement ! De plus, tout être humain qui invoque le nom du Christ n'a de cesse de parvenir à poser ce regard-là sur autrui dévasté par l'esprit de jugement. Parce que Jésus y est lui-même parvenu *pour* l'en rendre capable à son tour.

II.

CHRONIQUE
D'UNE PEUR SURMONTÉE

Jean 8,1-12

1   Jésus s'en alla au mont des Oliviers.

2   Dès le point du jour, il revint au Temple et tout le peuple venait à lui, et, s'étant assis, il les enseignait.

3   Les scribes et les pharisiens amènent une femme prise en adultère et l'ayant mise debout, au milieu,

4   ils disent à Jésus : « Maître, cette femme a été prise en flagrant délit d'adultère.

5   Dans la Loi, Moïse nous a prescrit de lapider celles-là. Toi, donc, que dis-tu ? »

6   Or, ils disaient cela en le tentant, pour qu'ils aient de quoi l'accuser [litt. de quoi le « catégoriser »]. Mais Jésus, ayant incliné -la-tête vers le bas, écrivait du doigt sur la terre.

7   Mais comme ils continuaient à l'interroger, Jésus leva-la-tête et leur dit : « Celui d'entre vous qui est sans déviation/égarement/erreur/faute, qu'il jette le premier une pierre sur elle ! »

8   Et, ayant à nouveau incliné-la-tête, il écrivait sur la terre.

9   Alors, ayant entendu, ils sortaient un à un, à commencer par les plus âgés, et [Jésus] fut laissé seul, la femme étant au milieu.

10   Ayant levé -la-tête, Jésus lui dit : « Femme, où sont-ils ? Personne ne t'a condamnée/exécutée ? »

11   Elle dit : « Personne, Seigneur. » Et Jésus dit : « Moi non plus je ne te condamne pas. Va, et à partir de maintenant, ne dévie plus/ ne t'égare plus / ne faute plus ! »

12   Jésus à nouveau leur adressa la parole : « Moi je suis la lumière du monde. Celui qui me suit ne marchera pas dans la ténèbre, mais il aura la lumière de la vie. »

1.

« Moi, je ne juge personne » (Jn 8,15) :
le fruit d'un combat

Pourquoi ce récit de la rencontre entre Jésus et la femme adultère a-t-il tant fait problème ? Pourquoi n'a-t-il pas trouvé sa place dans les évangiles synoptiques (Matthieu, Marc et Luc), en particulier chez Luc qui semble bien en être l'auteur ? En effet, on a pu relever que ni le style, ni le vocabulaire, ni les éléments du récit, ni la conclusion n'étaient habituels à l'évangéliste Jean. Par exemple, le mot que l'on traduit par le « point du jour », d'une part, et la mention des scribes, d'autre part, ne se retrouvent nulle part ailleurs dans cet évangile, alors qu'ils sont fréquents chez Luc. Il est bien établi aujourd'hui que cette péricope ne faisait pas partie, à l'origine, de l'évangile de Jean. Mais pourquoi est-elle absente des plus anciens manuscrits et de tous les témoins majeurs, à l'exception de D (Codex de Bèze) ? Pourquoi ne possède-t-on aucun commentaire grec de cet épisode avant le XIIe siècle ? Il faut ajouter que si l'on ignore son origine exacte, sa date, le pourquoi de son insertion chez Jean alors qu'il n'est pas de sa plume, il a cependant été clairement reconnu comme étant inspiré et ayant sa valeur historique : c'était un élément de la tradition orale, qui circulait dans certaines parties de l'Église occidentale et qui fut incorporé à divers endroits dans plusieurs manuscrits. Enfin, il est à noter que ce récit est bien attesté chez les Pères latins et qu'il a été inclus dans la Vetus Latina et la Vulgate : la tradition de l'Église latine le connaît depuis le IVe siècle — même s'il fut encore discuté au concile de Trente en 1546 !

Le mystère qui entoure ce texte est un peu moins épais lorsqu'on s'intéresse aux divers emplacements qui lui ont été attribués au cours de l'histoire. On peut distinguer trois options principales :

1. On l'a placé soit à la fin de l'évangile de Luc soit à la fin de l'évangile de Jean, comme si l'on n'avait décidément pas su qu'en faire, comme si ce texte était apparu hétérogène, inassimilable aux évangiles. N'était-ce pas là l'indice qu'il dérangeait, parce qu'il touchait quelque chose de profond, dès le début de l'ère chrétienne et pendant de longs siècles ? Nous tenterons de trouver en quoi il pouvait gêner.

2. On l'a placé là où il est dans l'évangile de Jean. Cet emplacement s'explique, dit-on, à la fois par ce qui suit et ce qui précède : il fallait raconter une histoire où Jésus s'était abstenu de condamner, pour pouvoir le croire lorsqu'il dirait ensuite : « Moi, je ne juge personne » (8,15) ; et il fallait voir Jésus à l'œuvre, faisant lui-même ce qu'il venait de dire aux autres de faire : « Ne jugez pas sur l'apparence mais jugez d'un juste jugement ! » (7,24 ; trad. A. Chouraqui). Il apparaît alors clairement que ce texte est étroitement lié à la problématique de l'esprit de jugement, et à la victoire remportée sur la tentation de condamner.

3. On l'a placé à trois endroits précis à l'intérieur des évangiles de Luc et de Jean :

— Après Jn 7,36 : « Là où moi je suis, vous, vous ne pouvez pas venir. » Cette parole s'inscrit dans le contexte de la fête des Tentes. Jésus enseigne dans une atmosphère où rôde la peur — une peur non dite que perçoit le lecteur ou la lectrice : « ils cherchaient alors à l'arrêter » (7,30) ; « les grands prêtres et les pharisiens envoyèrent des gardes pour l'arrêter » (7,32). Il semble, alors, que Jésus ait dû, comme tout être humain, aller seul au pays de la peur, affronter dans la solitude cette peur qui le séparait de son « moi » inaltérable : « Là où *moi* je suis, vous, vous ne pouvez pas venir. »

— Après Jn 7,43 s : « Il y eut donc une division [litt. un schisme] dans la foule à cause de lui. Quelques-uns d'entre eux voulurent l'arrêter mais personne ne porta les mains sur lui. » Lui qui était venu restaurer les relations pour que les humains puissent vivre dans l'harmonie d'un seul peuple, « un seul troupeau », le voilà cause principale de la rupture des relations. C'est que la peur rôde toujours à l'arrière-plan, entraînant la « division » protectrice — « c'est l'autre qui a tort ». Or, si l'on a cru pouvoir placer ici le récit de la femme adultère, c'est peut-être pour faire apparaître comment Jésus a su se confronter à cette peur d'autrui, matrice de tous les schismes, dans laquelle il se trouvait pris à la manière de tout être humain.

— Après Luc 21,37 s : « Le jour, il était dans le Temple à enseigner ; la nuit il sortait vivre en plein air sur le mont dit des Oliviers. Et tout le peuple se levait de bonne heure [venant] vers lui dans le Temple pour l'écouter. » Et après le récit de la femme adultère, placé à cet endroit, vient immédiatement le récit du complot de Judas. L'étau se resserre. Or, notre récit, placé chez Jean là où il est aujourd'hui, s'inscrit sur la *même* toile de fond que chez Luc — cette menace sourde qui ne va pas tarder à se concrétiser de manière dramatique — puisque ces deux versets de Luc se retrouvent, quasiment identiques, au début de notre récit : « Jésus s'en alla au mont des Oliviers. Dès le point du jour, il revint au Temple, et tout le peuple venait à lui, et, s'étant assis, il les enseignait. »

On admet généralement que le récit de la femme adultère présuppose le cadre synoptique de la semaine sainte, c'est-à-dire le séjour de Jésus à Jérusalem, depuis son entrée (les Rameaux) jusqu'à sa mort. Dans le contexte des trois derniers emplacements que nous avons signalés, l'atmosphère s'alourdit. La peur n'est pas nommée, mais il semble bien que Jésus enseignait au Temple pendant la journée et qu'il se réfugiait la nuit sous les oliviers ou hors de Jérusalem *pour sa sécurité*. On peut relever ici ce qui va dans ce sens, en faisant état des habitudes de Jésus durant cette ultime semaine qui devait le conduire à la mort. Chacune des citations suivantes a pour cadre spatio-temporel la semaine sainte :

Mc 11,11 : « Comme l'heure était déjà tardive, il sortit vers Béthanie avec les douze. »

Mc 11,19 : « Et quand était venu le soir, [Jésus et ses disciples] sortaient hors de la ville. »

Mc 13,1 et 3 : « Et comme il sortait hors du Temple (...) Comme il était assis au mont des Oliviers en face du Temple (...) »

Lc 21,37 s : « Le jour, il était dans le Temple à enseigner ; la nuit il sortait vivre en plein air sur le mont dit des Oliviers. »

Lc 22,39 (en introduction au récit de la nuit à Gethsémani et de son arrestation) : « Étant sorti, il alla *comme d'habitude* au mont des Oliviers. »

Jn 8,1 s : « Jésus s'en alla au mont des Oliviers. Dès le point du jour, il revint au Temple. »

Il est frappant que Jean, d'une part, ne mentionne jamais le mont des Oliviers dans son évangile et que, d'autre part, il soit le seul à ne pas raconter l'épisode de Gethsémani, ce jardin situé au mont des Oliviers. Car c'est précisément la peur de Jésus qui trouve son expression déchirante dans les trois récits synoptiques : « Il commença à être frappé d'effroi/ d'angoisse » (Mc 14,33) ou « de tristesse/d'affliction » (Mt 26,37), « à avoir l'âme inquiète/tourmentée » (Mc 14,33 et Mt 26,37) ; « Et il leur dit : "Mon âme est accablée/affligée à mort" » (Mc 14,34 et Mt 26,38) ; il était « en agonie/pris dans la lutte, l'agitation, l'anxiété » (Lc 22,44). Jean n'a rien gardé de tout cela et s'est contenté de reprendre la conclusion du récit : « Levez-vous, partons d'ici ! » (14,31). C'est à croire qu'il ne voulait laisser aucune place à la peur de Jésus dans son évangile !

Faisons l'hypothèse suivante : l'épisode de la femme adultère occupe chez Jean la place prise par le récit de Gethsémani dans les évangiles synoptiques. À travers l'histoire de cette femme terrifiée se fait jour la peur de Jésus face à sa propre mort. Ce qui est dit dans le texte concerne la Loi, le jugement, l'exécution, mais à y regarder de près, tous les personnages vivent dans la peur : la femme, les scribes et les pharisiens, Jésus lui-même. Pour parvenir à ne « juger personne », Jésus avait à surmonter sa propre peur, peur qui affleure ici à la veille de son arrestation, alors qu'elle est patente dans le récit de ces mêmes événements chez les trois autres évangélistes.

Notre hypothèse commence à se vérifier lorsque nous voyons comment les options prises au cours du temps quant à l'emplacement de ce texte peuvent être complémentaires et non exclusives l'une de l'autre. En effet, il est vrai que ce texte dérange. S'il a pu être considéré comme inclassable au point de demeurer longtemps dans la seule tradition orale, au point ensuite d'être rejeté à la fin des évangiles de Luc et de Jean, c'est sans doute que la vérité dont il était porteur était difficile à recevoir. Si cette histoire semblait ne pas « coller » avec le reste de l'Évangile aux yeux de ceux qui l'ont insérée dans le Canon des Écritures, c'est peut-être parce qu'elle touchait en eux quelque chose d'assez profond pour les dérouter, pour leur faire perdre leurs repères.

En outre, il est vrai que ce texte est étroitement lié au besoin humain de juger et de condamner. Et cela explique certainement qu'on ait pu le placer là où nous le trouvons, au milieu de paroles fortes sur l'esprit de jugement prononcées par ce maître qui faisait ce qu'il disait. Mais il est vrai, par ailleurs, que ces paroles ont pour toile de fond la haine, la division, le besoin de tuer, le complot. Certes, la peur n'est jamais dite, dans le récit johannique de la semaine sainte ; tout au plus Jésus avoue-t-il : « Maintenant mon âme est agitée/troublée » (Jn 12,27). Mais la peur liée à la menace constante, et décuplée la nuit, est précisément quelque chose d'impalpable et d'incommunicable : elle est véritablement ce « rien » qui isole celui ou celle qu'elle étreint et lui ôte jusqu'à la possibilité d'en parler. S'il est donc vrai que Jean présente un Jésus sans cesse maître de la situation, on peut supposer que la tradition chrétienne a senti un manque dans l'humanité de Jésus telle que Jean la dépeignait — manque qu'elle a pallié en attribuant à cet évangile un épisode où la peur de Jésus pouvait se lire au moins en filigrane.

Notons encore que le récit de la femme adultère aurait pu *suivre* la parole de Jésus : « moi je ne juge personne » et non la précéder : cette histoire aurait alors illustré de manière éclatante une affirmation qui pouvait paraître gratuite. Au contraire, tous les développements de Jésus sur le besoin de juger et d'y voir clair suivent ce récit, comme s'il lui avait fallu *d'abord* traverser et surmonter quelque chose en lui-même. Il convient alors de partir de notre propre expérience, de cette propension à (mal) juger qui se trouve attisée non seulement par le manque de critères objectifs, mais aussi par un certain désarroi devant l'ambiguïté des êtres et des choses, et également par le désespoir de ne pas savoir, en définitive, où est la vérité.

Il apparaît qu'émettre des jugements définitifs peut avoir pour fonction essentielle de nous rassurer. En effet, il est insupportable d'avoir à admettre qu'autrui puisse *être* à la fois odieux et aimable. Classer quelqu'un a pour résultat immédiat de satisfaire aux exigences de la pensée : une chose ne peut être à la fois ceci et son contraire. Mais la vie se charge alors d'apporter rapidement un démenti à cette classification rassurante : telle personne n'est pas aussi noire qu'on l'avait cru, telle autre se révèle bien en deçà de l'image qu'on en avait. Dans le premier cas, on peut avoir l'honnêteté de reconnaître qu'on avait mal jugé ; dans le second, on peut se sentir assez fort pour ne pas noircir autrui sous le coup de la déception. Cependant, le désarroi grandit : à qui peut-on se fier pour de bon ? Jésus lui-même ne s'est-il pas montré tour à tour violent et non violent, dur et compatissant, hostile et accueillant ? À quel moment a-t-on affaire à la « vraie » personne ? C'est ainsi que s'interdire de juger peut aboutir à un grand tourment intérieur.

En outre, il est désécurisant d'admettre l'ambivalence des décisions que l'on prend. En effet, ne pas savoir clairement, une fois pour toutes, où est le Bien et où est le Mal, à qui on peut toujours se fier et à qui on ne peut jamais se fier, c'est vivre exposé. Car laisser les contradictions de la vie, ou plutôt les contradictions des vivants qui nous entourent, prendre le pas sur les représentations que nous en avons, c'est inscrire sa propre vie et ses propres choix dans le registre vertigineux du relatif. C'est prendre pleinement ses responsabilités sur la base de jugements personnels dont on accepte de mettre à tout moment en question la valeur définitive.

Il faut dire ici que la soif de connaître définitivement la valeur des choses et des êtres nous est tellement constitutive que nous parvenons difficilement à en faire le deuil. C'est que cette soif ne se réduit pas — loin de là ! — à une aspiration à la toute-puissance. Elle est fondamentalement désir de vie : si nous cherchons désespérément à nous raccrocher à des choses sûres, vraies, authentiques, si nous aspirons désespérément à nous appuyer sur des personnes fiables, c'est pour nous donner les moyens de vivre. Cette quête de vérité qui se fourvoie si souvent en jugements définitifs et en intolérance est donc en définitive désir légitime de bâtir sa maison sur le roc, d'*assurer* sa vie sur quelque chose de solide. C'est chercher à y voir clair en nous-mêmes, en autrui et en Dieu *afin de se sentir un jour en sécurité*, et pouvoir vivre une vie digne de ce nom.

Or, la parole de Jésus qui suit immédiatement l'épisode de la femme adultère est précisément : « Moi je suis la lumière du monde. Celui qui me suit ne marchera pas dans la ténèbre, mais il aura la lumière de la vie » (v. 12). Que nous importe la lumière « du monde », si elle n'est pas la nôtre ? C'est pourquoi Jésus la destine à quiconque se met à sa suite. Mais que nous importe alors une lumière qui éclaire notre seule intelligence et satisfait notre seul entendement, si elle n'est pas lumière « de la vie » — de notre vie ? C'est pourquoi Jésus accède ici à notre désir d'y voir clair quand nous avançons sur le chemin de notre vie : « Il aura la lumière de la vie. » Mais cette promesse peut également se comprendre ainsi : il aura la lumière qu'*est* la vie. Parce que la seule vie vraiment digne d'être vécue *est* lumière, selon le prologue de ce même évangile : « La vie *était* la lumière des humains » (Jn 1,4).

Mais cette vie-là — qui est *en elle-même* illumination de l'intelligence, clarté émanant des êtres et des choses, éclairage donné à tout ce qui nous arrive, com-préhension lumineuse de ce qui était apparu si contradictoire — cette vie-là a sa source en Dieu seul. Elle ne se possède pas : elle n'a pas sa source dans l'acte de bien juger, c'est-à-dire dans cette démarche de la pensée qui vise à mettre en lumière la vérité des êtres et des choses. Il en va bien autrement : cette vie-là est tout entière dans l'acte de « suivre » cet Autre mystérieux apparu un jour sur les sentiers de Palestine. La lumière qu'est cette vie-là ne s'expérimente qu'en marchant. C'est dire si Jésus lui-même ne pouvait l'expliquer.

Ce verset semble conclure notre épisode à la manière d'un témoignage : je ne suis pas venu pour vous faire la leçon, pas plus qu'aux pharisiens ou à cette femme ; je suis venu pour qu'en marchant à ma suite vous trouviez votre sécurité affective, intellectuelle, spirituelle : c'est en bougeant *vous-mêmes* que vous y verrez clair, que vous « aurez la lumière de la vie » — de votre vie. En effet, émettre des jugements définitifs en croyant avoir fait la lumière sur les autres et sur soi-même équivaut à s'arrêter au bord du chemin... et ne plus vivre. En revanche, abandonner ses jugements définitifs au fur et à mesure de sa marche, c'est « avoir » cette vie-là, ou encore donner la préférence à la vie : c'est rester en chemin avec cet Autre insaisissable, si souvent contradictoire, inclassable, imprévisible.

Or, Jésus ne pouvait pas précéder les humains sur ce chemin ni aider autrui à « avoir la lumière de la vie » sans être parvenu à y voir clair en lui-même. C'est pourquoi on peut avancer que c'est là l'enjeu principal de l'épisode de la femme adultère. La tradition chrétienne l'aurait placé ici en raison de l'évolution intérieure de Jésus lui-même : l'homme Jésus devait faire l'expérience d' « avoir la lumière de la vie » — de sa vie — pour pouvoir ensuite parler de manière crédible de la lumière, du jugement éclairé et de la vérité. Voici ce qu'il en disait :

« Vous, vous jugez selon la chair ; moi, je ne juge [*krinein*] personne. Et s'il arrive que moi je juge, mon jugement [*krisis*] est authentique/véridique [*alèthinè*] parce que je ne suis pas seul, mais moi-et-le-Père-qui-m'a envoyé » (Jn 8,15 s).

Ainsi, la compréhension de ce qui s'est joué dans l'histoire de la femme adultère s'éclaire à partir des paroles de Jésus rapportées dans la suite du texte. Il s'agit effectivement d'y voir clair, c'est-à-dire d'accéder à ce qui est vrai. Notons d'emblée la mention récurrente de *egô* dans ces versets où Jésus parle de lui-même. Cet *egô* apparaît souvent sur les lèvres de Jésus dans cet évangile, mais on peut dire que jusqu'ici le contexte n'avait jamais été aussi polémique, et que Jésus n'avait jamais été aussi concrètement pris au piège. C'est comme si maintenant, plus que jamais, il devait se raccrocher à son seul « moi » indestructible, celui qui est fondé sur le rocher de l'Invisible.

Or, quiconque marche à la suite du Christ est destiné à faire la même expérience. En effet, lorsque nous pouvons dire « moi » sans nous sentir envahis, parasités ni menacés par personne, lorsque nous sommes authentiquement « moi », c'est-à-dire nous-mêmes en vérité, et que ce moi « a la lumière de la vie » en lui-même, alors nous n'éprouvons nul besoin de juger quiconque : « Moi [je] ne juge personne. » Si l'on refuse systématiquement d'entendre du mépris dans une quelconque parole de Jésus, on ne verra aucune condescendance dans ce contraste entre « vous [qui] jugez selon la chair » et « moi [qui] ne juge personne ». On verra seulement là l'expression de ce que le Christ précède tout être humain sur un chemin qu'il invite à emprunter à sa suite, une manière de dire : vous, vous jugez *encore* selon la chair, moi je goûte déjà à ce « moi [qui] ne juge personne » et je sais qu'il vous est destiné, même si vous en niez l'existence. Ce moi qui est assez ancré dans l'Être pour ne pas avoir besoin de condamner autrui n'est pas un sujet de gloire pour Jésus. C'est un « moi-avec », un moi qui ne pouvait espérer accéder à ce qui est vrai sans être étroitement lié au « Père-qui-m'a-envoyé ». Jésus ne se place donc pas en position de supériorité, comme s'il se targuait d'un naturel tolérant.

On n'évolue pas non plus ici dans un contexte d'amélioration morale, comme s'il s'agissait de se débarrasser du défaut de juger les autres. Par-delà ses composantes éthiques et psychologiques, le problème est ultimement d'ordre spirituel et c'est à ce niveau-là qu'on peut espérer un dénouement. Nous le disions en introduction, notre point de départ est cette faculté de juger (*krinein*) qui nous est si constitutive que Jésus ne la met pas en cause. Il ne s'agit pas de juger au sens d'évaluer une situation de manière à faire des choix judicieux. Il s'agit exclusivement de juger *autrui*, puisque Jésus dira : « Moi, je ne juge *personne*. » Puisque nous jugeons « selon la chair » (Jn 8,15), c'est-à-dire selon la pente naturelle des apparences humaines, puisque nous ne *pouvons* pas

faire autrement que de juger également autrui d'après ce que
nous voyons, entendons, percevons de lui, puisqu'une exhortation à ne pas le faire n'aboutirait probablement qu'à une
évacuation de la sphère consciente, mieux vaut aborder le
problème à partir de ce « moi » qui n'est pas le seul moi de
Jésus.

Il est arrivé à l'homme Jésus d'avoir à juger, d'être incité à
devoir prendre position, décider, trancher : on se souvient de
ses invectives à l'égard des scribes et des pharisiens, ou de
« cette génération ». En outre, on vient de l'acculer à émettre
un jugement sur cette femme adultère. Mais il se trouve dans
un contexte où lui-même est jugé : il n'est pas entendu dans
le mystère insaisissable de sa personne, son témoignage n'est
pas reçu. Si nous étions à sa place, nous porterions sur eux
un jugement condamnateur *dans l'exacte mesure* où nous ne
serions pas nous-mêmes suffisamment ancrés dans notre
« moi » indestructible. Ainsi, lorsque nous sentons notre
faculté de juger se pervertir et devenir mortifère, il nous est
possible de détourner les yeux — de ne plus nous laisser fasciner par cet autre dont nous jugeons les « apparences », mais
de porter notre regard sur ce « moi » qui vacille *en nous*. C'est
une discipline spirituelle et, si l'on en croit le Christ, elle tient
ses promesses !

« Et s'il arrive que moi, je juge, ajoute Jésus, mon jugement [*krisis*] est authentique/véridique [*alèthinè*] parce que je
ne suis pas seul, mais moi-et-le Père-qui-m'a envoyé. » Le
mot *krisis* est intéressant : il désigne d'une part l'action ou la
faculté de distinguer, donc de choisir, d'autre part l'action de
décider et la décision elle-même, le jugement, mais aussi la
phase décisive, la crise. On pourrait donc traduire : « mon
jugement est véridique » ou, en valorisant l'étymologie : « ma
crise est authentique ». Et il en est bien ainsi : Jésus vient de
vivre une « crise » au sens le plus existentiel du terme, un
incident de la vie où il s'est trouvé pris au piège, où il lui a
fallu prendre position de manière à trouver une issue. Et il en

est résulté un « jugement véridique [*alèthinè*] », c'est-à-dire
« conforme à la vérité [*alètheia*] » » : « Celui d'entre vous qui
est sans déviation/égarement/erreur/faute, qu'il jette le premier une pierre sur elle ! » (Jn 8,7).

En quoi cette parole est-elle « véridique », « conforme à la
vérité », « authentique » ? En ce sens précis qu'elle est porteuse de vie pour chaque personne présente. C'est bel et bien
une prise de position, une option, une décision. C'est un
jugement né de la situation et apte à résoudre la crise, mais
qui ne condamne personne et se contente d'offrir une porte
de sortie à chaque personnage présent. Cette parole de Jésus
ne prétend pas *être* la vérité dernière sur la situation, mais elle
est « *conforme* à la vérité » — à la vérité de chaque personne
concernée — en ce sens que, grâce à cette parole, chacune
peut reprendre pied dans son existence personnelle, au plus
près de ce qu'elle est. Cette parole en appelle à ce qu'il y a de
plus « authentique » en chaque protagoniste du récit.

Voilà pourquoi le seul « jugement » qui ait des chances
d'accéder à cette « vérité/authenticité » dont chacun a besoin
— y compris la personne qui juge — est un jugement issu
d'une « crise » personnelle, un jugement qui déplace et met
en mouvement, avant tout, la personne qui juge. Jésus ajou-
tait que lui-même ne pouvait y accéder tout seul : un tel jugement n'émane pas d'un « moi » autosuffisant mais d'un
« moi-et-le Père-qui-m'a envoyé ». Or, qui dit envoi dit mouvement, mouvement de la part de quelqu'un vers autrui.
Lorsqu'il est « conforme à la vérité » de cette Personne
vivante qu'est le Père et « conforme à la vérité » de ces personnes *vivantes* que sont les protagonistes de toute crise, un
jugement ne peut pas être une condamnation définitive, un
jugement dernier : c'est une poussée de l'Être en vérité, pour
éveiller en soi-même et en autrui ce « moi » vacillant qui
aspire à être en vérité.

Dans un nombre restreint de manuscrits, on trouve l'adjectif le plus approprié au mot « jugement » : « mon jugement est

juste [*dikaia*] » ; mais il est admis que ce n'est pas là la version originale. Dans un plus grand nombre de manuscrits, on trouve l'adjectif « vrai » : « mon jugement est vrai [*alèthès*] », mais c'est l'adjectif *alèthinè*, « conforme à la vérité », qui a été retenu car il est tout de même mieux attesté. Ces deux remarques nous paraissent lourdes de sens : l'homme Jésus n'a pas eu la prétention spirituelle de croire ses jugements « justes », ou simplement « vrais ». Il les a seulement crus « conformes à la vérité ». Comme lui, nous disposons d'un seul critère pour savoir si nos jugements sont conformes à la vérité : lorsque nous prenons position, le faisons-nous en tête à tête avec nous-mêmes, ou avec le sentiment d'être accompagnés, d'être « avec-le-Père-qui-nous envoie » ? Dans le deuxième cas, comment s'assurer qu'il en est bien ainsi ? Comment repérer, dans l'histoire de la femme adultère, ce « compagnonnage » de Jésus avec le Père qui l'a envoyé, compagnonnage qui allait l'aider à surmonter la crise et inspirer une prise de position « conforme à la vérité » ? Au simple fait que ce jugement devait sonner juste dans la vie de tous les protagonistes. La sagesse populaire dit : « Qui ne dit mot consent. » Une prise de position est « conforme à la vérité » quand, à l'évidence, elle renvoie *chacun* à son face-à-face intime et inviolable avec Dieu, dans le silence.

Au terme du long développement sur le jugement véridique et la vérité qui fait suite à ces paroles, est relatée au chapitre 9 la guérison de celui qui n'y voyait rien, guérison si controversée que Jésus en viendra à affirmer :

> « En vue d'un jugement [*krima*] moi je suis venu dans ce monde afin que ceux qui ne voient pas voient, et que ceux qui voient deviennent aveugles » (Jn 9,39).

À côté de *krinein* et de *krisis*, quelle nuance apporte *krima* ? C'est quelque chose dont Jésus n'est pas lui-même l'instigateur : son « moi » fermement ancré dans l'Être provoque chez ceux et celles qui l'entourent une « contestation/ querelle/remise en question », selon le premier sens de *krima*, qui aboutira, selon un autre sens, à une « décision », un « jugement» de leur part. La progression apparaît clairement : « moi, je ne juge personne », disait Jésus, ou alors, acculé à prendre position, je juge-avec-le-Père, c'est-à-dire dans un mouvement vers davantage de vie pour tous. Maintenant, en voyant clair en lui-même, ce « moi » devient lumière pour les autres sans le savoir : il éclaire en eux les zones cachées et provoque sans le vouloir une remise en question. On se trouve aux antipodes de la volonté de changer autrui !

Qu'il le veuille ou non, ce « moi » qui ne juge personne parce qu'il voit clair en lui-même renvoie les autres à eux-mêmes. Les voilà au pied du mur. Vont-ils ouvrir *leur* moi à cette « crise » bénéfique dont parlait Jésus ? Vont-ils continuer à émettre sur autrui des jugements définitifs, ou bien « jugeront »-ils plus utile de s'intéresser à *leur* moi vacillant ? Notons au passage le dynamisme de la formulation « moi je suis *venu pour*, en vue de », où se devine la visée dernière du Père-qui-m'a-envoyé : c'est de Dieu que Jésus est venu puisque c'est « en vue » d'une remise en question, d'une décision, d'une clairvoyance ou d'un auto-aveuglement qui se joue en définitive entre Dieu seul et chaque être humain (à commencer par Jésus lui-même).

D'une manière similaire et à la suite du Christ, lorsque au lieu de juger autrui nous tentons d'être clairvoyants avec nous-mêmes, nous l'incitons sans le vouloir à s'interroger sur lui-même, à se remettre en question, à faire la lumière en lui. C'est ainsi que notre vie s'inscrit dans le « afin que » *de Dieu* : le « afin que vous ne soyez pas jugés » est aussi un « afin que vous y voyiez clair » nécessairement précédé d'un « afin que vous vous jugiez aveugles ». La remise en question (*krima*) est et demeure notre condition première. Le « afin que », lui, est la visée de Dieu sur cette condition. C'est pourquoi il est toujours en devenir : c'est que la tentation renaît sans cesse de prétendre y voir clair dans la vie *des autres*.

Nous ne sommes pas seulement des aveugles qui croient qu'ils voient, nous sommes aussi, en même temps, pour peu que nous le voulions, *dans ce mouvement* qui nous fait sortir de l'aveuglement. Nous nous situons toujours entre le jugement statique des aveugles que nous sommes sans le savoir, d'une part, et l'apaisement du « moi » qui ne juge personne, d'autre part. Là est le lieu de notre combat, dans cette « contestation », cette « décision », ce « jugement » toujours provisoires, constamment en mouvement parce que étroitement liés à ce Vivant en qui il n'y a aucune condamnation définitive. Et c'est lors de sa confrontation avec les accusateurs de la femme adultère que Jésus a sans doute été le plus proche de notre combat quotidien.

2.

Là où Jésus a vu clair en lui-même

Tous les personnages mus par la peur

Nous disions qu'à y regarder de près, tous les personnages du récit vivent dans la peur. Pourtant, le texte ne porte pas trace de la moindre émotion, et c'est à se demander si la vie d'un être humain est réellement en jeu. Il ne s'agit pourtant pas là d'une paisible discussion académique sur un point précis de la Loi ! Certes, il est impossible de démontrer qu'autrui a peur, et il en est de même pour toute émotion et tout sentiment. Mais en l'absence de témoignage explicite, on peut néanmoins repérer les *effets de la peur*, découvrir quelle peur cachée peut être à l'origine du comportement de tel ou tel personnage.

La femme

Le non-dit à son sujet est impressionnant. Il révèle à quel point elle importe peu à ses accusateurs. Personne ne lui adresse la parole, hormis Jésus, deux versets avant la fin du récit. Elle n'a pas de nom, pas d'âge. Pourtant, c'est vraisemblablement une toute jeune fille, car les femmes adultères étaient étranglées si elles étaient mariées, et lapidées si elles étaient fiancées (cf. d'une part l'exégèse rabbinique de Lv 20,10 et d'autre part les instructions de Dt 22,23 s : « Quand

une jeune vierge est fiancée à un homme, et qu'un homme
la trouve dans la ville et couche avec elle, faites sortir les deux
à la porte de cette ville : lapidez-les, les deux, avec des pierres.
Ils meurent, l'adolescente à propos de ce qu'elle n'a pas crié
dans la ville » — sinon, ce serait un viol : « Si un homme
trouve *dans un champ* une adolescente fiancée, que l'homme
la saisisse et couche avec elle, l'homme qui a couché avec elle
mourra seul. À l'adolescente, tu ne feras rien » (trad. A.
Chouraqui). Or, l'âge normal des fiançailles était douze ans
ou douze ans et demi, et à l'époque de Jésus il semble bien
qu'on imposait aux hommes et aux femmes leur conjoint !
Celle dont il est question n'a pas de parole, elle n'a aucune
réaction, elle n'exprime aucun sentiment. La seule chose qui
soit dite d'elle, c'est qu'elle a été « mise debout au milieu » —
au milieu d'un cercle d'hommes bien-pensants qui ont Dieu
et la société entière de leur côté. Elle est un simple numéro
dans la catégorie méprisable des « celles-là » (v. 5) qu'il faut
éliminer.

Une deuxième chose est dite d'elle, comme en écho : elle
avait été « mise debout *au milieu* »... ils s'en vont et Jésus
reste seul, « la femme étant *au milieu* ». Elle était le point de
mire, couverte de honte au milieu d'un cercle sans issue ;
mais maintenant le cercle a disparu ! Qu'est-ce que l'évangéliste Jean laisse entendre, sans doute à son insu, par cette précision étrange, « la femme étant au milieu », alors qu'elle se
trouve désormais dans un face-à-face avec Jésus ? On peut
repérer ici l'un des effets de cette peur qui n'est jamais
mentionnée : bien que les accusateurs aient quitté les lieux,
la femme a intériorisé une telle terreur qu'*elle-même se sent
toujours « au milieu » de leur cercle*. Ce petit détail fait apparaître de quelle manière subreptice peut resurgir la peur, jusque dans la littéralité du texte.

De la même façon, notons les deux seuls mots qu'elle parvient à prononcer, à la fin du texte : « Personne, Seigneur ! »,
en réponse à la question insolite de Jésus : « Personne ne t'a

exécutée ? » Il le sait, puisque ayant levé la tête, il la voit bien
en vie et lui parle. Cette question semble effectivement avoir
posé problème à la tradition chrétienne, car un certain nombre de manuscrits ont apporté les corrections suivantes :
« Jésus, ne regardant personne sinon la femme, lui dit... » ou :
« Jésus la regarda et lui dit... ». En fait, n'a-t-il pas senti en
elle cette peur implacable et impalpable qui lui fait douter
d'être encore en vie ? Parce qu'il la sent morte de peur,
« exécutée », il lui paraît urgent qu'elle puisse recouvrer
l'usage de la parole en mettant des mots sur la réalité :
« Personne ne t'a exécutée ? » En es-tu tout à fait sûre ?

En répondant : « Personne, Seigneur » au lieu de « Non,
Seigneur », ne commence-t-elle pas à exorciser sa peur ? Ne
devine-t-on pas derrière ce « personne » la radicalité de toute
libération authentique de la peur ? Etant donné qu'une personne seule n'aurait pas pu l' « exécuter » — au sens d'exécuter un verdict *(katakrinein)* — on peut plutôt entendre dans
sa réponse « personne [ne m'a exécutée] » une sorte de déclaration ou de confession adressée au *kurios* (à la fois
« monsieur » et « Seigneur » selon l'usage de l'Église
primitive) : je n'ai plus peur de *personne*, je n'ai plus peur que
personne ne m'exécute. Jésus seul est parvenu à la faire sortir
du mutisme où la peur la tenait encerclée.

Les scribes et les pharisiens

Dans cet évangile, on ne les voit jamais mentionnés
ensemble ailleurs qu'ici, comme s'ils avaient dû conjuguer
leurs forces pour venir à bout de ce Jésus : si condamner
autrui dénote un état de faiblesse et d'amoindrissement dû
à la peur, il n'est guère étonnant qu'on ait besoin de se coa-
liser contre un seul. Faisons l'hypothèse que scribes et pharisiens se sentaient terriblement menacés par Jésus. Il était à
peine de retour au Temple que, déjà, « tout le peuple venait
à lui », avant même qu'il ne se soit assis pour enseigner. Et,
précisément, il enseigne assis, à la manière des rabbins et de

la plupart des maîtres de l'Antiquité. En outre, ce n'est certainement pas un hasard si les interrogations sur l'identité de Jésus et ses déclarations les plus solennelles sur sa personne ont eu lieu dans l'enceinte du Temple, et si la guérison de l'aveugle-né et l'épisode de la femme adultère ont eu ce même cadre. Les scribes et les pharisiens — gardiens de la Loi et défenseurs de l'orthodoxie et de l'orthopraxie religieuses — avaient tout lieu de ressentir la présence de Jésus dans le Temple comme une véritable provocation, à cause de son succès auprès de la foule.

« Tout le peuple venait à lui », dit le texte. Or, il enseignait ce jour-là dans la cour des femmes, seul espace du Temple où il leur était possible d'introduire une femme. On pourrait alors comprendre que « tout le peuple » signifie hommes *et femmes*. Mais que sait-on du succès réel de Jésus de son vivant ? Il suffit de penser à la diversité des chiffres avancés quand il s'agit d'estimer le nombre de participants à une manifestation, selon que l'on appartient à tel ou tel bord, pour rester perplexe devant le témoignage biblique ! Avonsnous là une illustration de la tendance des évangélistes à faire de la surenchère par souci apologétique ? Un autre éclairage est possible : il s'agit de lire en creux, derrière l'affirmation massive « *tout* le peuple venait à lui », le « personne n'allait [plus] vers eux » qui lui fait pendant. Ici encore, on ne peut mesurer la peur qu'à ses effets : Jésus en inspirait suffisamment aux chefs religieux de son temps, il les menaçait assez d'inexistence pour qu'ils en viennent rapidement à le faire « exécuter ».

Pour se confronter à Jésus, ils ne se montrent pas tels qu'ils sont *eux*, ils mettent en avant une personne à accuser d'une part, et la Loi qui l'accuse d'autre part. Leur fragilité intérieure est telle qu'ils se rangent d'emblée du côté de la Loi, en fidèles disciples de Moïse, comme si cela allait de soi : « Maître, cette femme *a été prise* en flagrant délit d'adultère. Dans *la Loi, Moïse* nous a prescrit... » Mais eux, qui sont-ils ?

On n'en sait rien. Leur être disparaît complètement derrière leur besoin de condamner autrui et derrière leurs valeurs morales et religieuses érigées en bouclier. Supposons la peur comme mobile de leur comportement, une peur cachée à tous et avant tout à eux-mêmes. Ils sont si peu sûrs d'eux que, pour affronter Jésus, ils ont dû réquisitionner à la fois une femme, la Loi et Moïse lui-même ! Mais toute cette mise en scène et leur péroraison n'ont-elles pas en définitive pour motivation essentielle ce Jésus qui les menace infiniment plus qu'ils ne pourront jamais l'avouer ? « Toi, donc, que dis-tu ? »

La peur a ceci d'insaisissable et d'invincible qu'on peut l'exporter facilement sans même s'en rendre compte. Terroriser quelqu'un permet de jouir d'un spectacle qu'on détesterait offrir soi-même. Plus on étouffera et niera sa propre peur, plus on se convaincra qu'*autrui* a peur, et plus on éprouvera le besoin de provoquer en lui l'expression de la peur. Quoi de plus rassurant que la faiblesse d'autrui quand on s'imagine fort ? Quelle preuve plus éclatante de sa propre « force » que le spectacle d'autrui en proie à la peur ? Mais le spectacle de cette femme prise en flagrant délit ne suffit pas à rassurer les pharisiens sur leur valeur profonde. C'est par *Jésus* qu'ils se sentent menacés : « Toi, donc », nous te tenons, maintenant c'est à toi d'avoir peur... « Que dis-tu » pour ta défense ? Poussée dans ses derniers retranchements, la peur se mue en condamnation de la personne qui l'inspire. Par femme interposée, c'est Jésus qu'ils condamnent pour tenter de se débarrasser de cette peur puissante et inconnue qui vit en eux et dont il leur a révélé l'existence en étant simplement lui-même.

Cependant, il semble que Jésus, et lui seul, ait senti cette peur cachée de tous, y compris d'eux-mêmes. Là encore, c'est en lisant l'histoire à rebours qu'on peut remonter à un tel non-dit. Si la parole que Jésus finira par prononcer désamorce en eux l'esprit de jugement, c'est qu'elle aura touché juste et profond, à cet endroit inconnu d'eux-mêmes où se terrait leur peur de l'Autre. Jésus, en leur parlant, sera parvenu là où la peur se mue en violence aveugle sur soi-même. Il fallait un Autre regard sur la perversion, la cruauté, l'esprit de condamnation... De la même façon, il arrive parfois qu'on parvienne à désarmer un forcené *en le rassurant*, en lui parlant d'égal à égal. Il n'en va pas autrement de la violence verbale : si la polémique aggrave les choses, c'est que l'enjeu est ailleurs. La peur n'est pas formulée dans le texte, pas plus qu'elle ne s'avoue dans une situation conflictuelle. Mais alors qu'elle n'est pas dite non plus au sujet de la femme adultère, tout le monde la présuppose. Par conséquent, en ce qui concerne les scribes et les pharisiens, gardons l'hypothèse de la peur et nous verrons si elle se trouve confirmée par les gestes et les paroles de Jésus.

Jésus

L'Église primitive a compris et affirmé que Jésus avait été à la fois vrai Dieu *et vrai homme*, et dès le Ier siècle, on s'est donc demandé si Jésus pouvait avoir été tenté. Parmi les épîtres du Nouveau Testament, c'est l'épître aux Hébreux qui répond avec le plus d'insistance : oui, Jésus a dû affronter les mêmes tentations et les mêmes peurs que nous.

> « Car étant tenté lui-même dans ce qu'il a souffert, il peut porter secours à ceux qui sont tentés » (He 2,18).
> « Nous n'avons pas un grand prêtre incapable de compatir [litt. de souffrir-avec] à nos faiblesses mais ayant été tenté *en toutes choses à [notre] ressemblance/par la similitude [avec nous]* à l'exception de la faute » (He 4,15).

Dès lors, confronté à la terrible peur de la torture et de la mort, Jésus fut, selon la lettre aux Hébreux, tenté de ne pas suivre sa voie ou la voix de Dieu en lui. Car dans cette épître, la tentation consiste toujours à ne pas écouter Dieu en fuyant la souffrance.

Or, qu'est-ce qui peut « conduire/introduire dans la tentation » sinon la peur ? Est-ce un hasard si cette demande du *Notre Père* intervient juste après la mention de « ceux qui nous ont offensés » ? La peur ne vient-elle pas de ce que nous avons *déjà* souffert, redoutant que cela recommence et que ce soit pire encore ? Incontestablement, Jésus a souffert tout au long de sa vie et de son ministère, comme un « vrai être humain ». Il a donc également eu à surmonter sa peur du pire à venir, se demandant peut-être à chaque pas jusqu'où Dieu allait le mener. Nous l'avons vu, cette peur (et la tentation de fuir qu'elle provoque) est clairement nommée dans le récit synoptique de Gethsémani. Elle apparaît aussi dans la lettre aux Hébreux, avec une nuance : à Gethsémani, Jésus a été délivré de la « crainte/précaution/circonspection [*eulabeia*] », mot dérivé de *eulabeomai*, qui signifie « prendre garde à », « prendre ses précautions ». La victoire de Jésus sur la tentation a donc été en définitive une victoire sur cette peur qui génère repli sur soi, méfiance et surdité à l'égard d'autrui et de Dieu :

> « [C'est] lui qui, aux jours de sa chair, a présenté/apporté besoins/demandes/prières et supplications, avec grand cri et larmes, à celui qui pouvait le sauver de la mort, et [c'est lui qui] a été entendu/exaucé/*délivré de la crainte [eulabeia]* ; quoique étant Fils, il a appris l'écoute/l'obéissance à partir de ce qu'il a souffert. Et conduit-jusqu'à-son-propre-accomplissement (ou accompli/parachevé) il est devenu pour tous ceux qui l'écoutent/lui obéissent cause de salut/préservation/sécurité éternel(le) » (He 5,7-9).

Nous avons déjà eu l'occasion de parler de la peur qui rôdait tapie derrière les enseignements de Jésus au Temple tout au long de la semaine sainte. Il y a tout lieu de croire qu'encerclé par ce groupe impitoyable de bien-pensants, Jésus se soit suffisamment identifié à cette femme menacée de mort pour ressentir la même peur qu'à Gethsémani devant sa propre mort. Le verset 6 a (« ils disaient cela en le tentant pour qu'ils aient de quoi l'accuser ») serait alors l'indice de la clairvoyance habituelle de Jésus. En Mc 2,8, par exemple, le texte dit : « Sachant aussitôt dans son esprit qu'ils délibéraient ainsi en eux-mêmes, Jésus leur dit : "Pourquoi délibérez-vous ainsi dans vos coeurs ?" » Ici, l'annotation de 6 a est si bien le fruit de la lucidité de Jésus lui-même qu'on la trouve (avec quelques variantes minimes) à quatre emplacements différents du récit, selon les manuscrits :

— Après le v. 4 : « Maître, cette femme a été prise en flagrant délit d'adultère. » Ils n'ont pas même achevé leur réquisitoire que Jésus sait déjà de quoi il retourne : il voit très bien « pourquoi ils disent cela » !

— Après le v. 6 (à l'emplacement finalement retenu) : ils sont allés jusqu'au bout de leur discours, mais Jésus ne se précipite ni dans l'autojustification ni dans la contre-attaque. Il commence par prendre la mesure, intérieurement, de leurs motivations implicites. Ce qui l'intéresse avant tout, c'est « pourquoi ils disent cela ».

— Après le v. 8 : la tête inclinée, Jésus écrit à nouveau sur la terre, et c'est comme s'il prenait acte de l'endurcissement des coeurs. Car il est assez réaliste pour comprendre « pourquoi ils disent cela » : ils n'ont parlé que de la femme — et lui aussi, à l'instant — mais il ne perd pas de vue qu'en définitive c'est de *lui* qu'ils veulent se débarrasser. Placée ici, cette annotation est impressionnante de lucidité : il est entré dans leur jeu, faisant comme si cette femme était l'enjeu de l'histoire ; et pourtant, une fois la « solution » proposée (au v. 7), il prend la pleine mesure de la condamnation dont *il* est la cible : tout cela ne rimait à rien d'autre qu'à l'accuser lui !

— Après le v. 11 : placée ici à la toute fin du texte, après la dernière parole de Jésus à la femme : « Va et à partir de maintenant ne dévie plus/ne t'égare plus/ne faute plus ! », l'annotation semble suggérer que pour Jésus la tentation demeure, parce qu'elle est indissociable de la condition humaine. En effet, ils sont partis sans qu'il les ait condamnés ; elle va partir à son tour, sans qu'il l'ait condamnée. Mais la question reste en lui, directement liée à sa clairvoyance : ils vont continuer à le tenter, selon leur pente naturelle — et si ceux-ci ont opéré une conversion, d'autres prendront la relève — alors va-t-il écouter la voix de Dieu jusqu'au bout malgré ses peurs ? Ne va-t-il pas « s'égarer » lui aussi, à l'heure de la tentation suprême en tout cas ?

Ici, il *sait* qu'ils cherchent à le faire mourir ; comme à Gethsémani, il *sait* qu'on vient l'arrêter. Il se sait en danger la nuit et il sait qu'il mourra de mort violente (cf. Jn 10,31 ; 5,18 ; 7,1 et 19 s et 25 ; 8,37 et 40). Mais il a longtemps cru qu'il mourrait lapidé :

Jn 8,59 : « Alors ils ramassèrent des pierres pour les lancer contre lui, mais Jésus se déroba et sortit du Temple. »

Jn 10,31 s : « Les juifs ramassèrent à nouveau des pierres pour le lapider. En réponse Jésus leur dit : "Je vous ai fait voir tant d'œuvres belles qui venaient du Père. Pour laquelle de ces œuvres voulez-vous me lapider ?" »

Jn 11,8 : « Les disciples lui disent : "Rabbi, juste maintenant les juifs cherchaient à te lapider et tu retournes là-bas ?" »

Mt 23,37 (//Lc13,34) : « Jérusalem, Jérusalem, toi qui tues les prophètes et lapides ceux qui te sont envoyés... »

Est-ce un hasard si l'histoire de la femme menacée de lapidation a finalement été incorporée dans le seul évangile où Jésus soit explicitement menacé de lapidation ? Si l'on suppose qu'ici comme à Gethsémani la tentation a été grande pour

Jésus de se libérer de la peur par la violence, physique ou verbale, on peut entendre dans ce récit l'écho du combat de Jésus contre la tentation de condamner ceux qui le menaçaient.

La tentation de Jésus

« Ils disaient cela en le tentant », du même verbe (*peirazein*) que celui du récit de la tentation de Jésus au désert, récit qui ne figure précisément pas dans l'évangile de Jean ! Pour éclairer notre texte, il vaut donc la peine de se demander ce que représente « le tentateur » dans la narration synoptique :

« Alors Jésus fut entraîné dans le désert par l'Esprit pour être tenté par le diable. Après avoir jeûné quarante jours et quarante nuits... le tentateur lui dit... » (Mt 4,1 s)

« Aussitôt l'Esprit le jette-dehors dans le désert. Et il était dans le désert quarante jours, tenté par le satan/ l'adversaire... » (Mc 1,12).

« Jésus rempli d'Esprit saint revint du Jourdain, et il fut conduit dans l'Esprit dans le désert, quarante jours, tenté par le diable » (Lc 4,1 s).

Qui est ce « tentateur », à la fois invisible et redoutable ? Notons qu'il n'est pas désigné par un nom propre mais par sa fonction : il est ce qui s'oppose, une force adverse (« l'adversaire ») et ce qui divise, le *diabolos* qui « jette de part et d'autre ». Cela se passe « au désert » et cela dure un temps qui paraît interminable, puisque, dans le symbolisme biblique, le chiffre 40 signifie une longue durée (cf. les quarante ans qu'Israël a passés dans le désert avant d'entrer en Terre promise).

N'avons-nous pas là l'évocation d'un grand combat intérieur, de ce temps désertique où il nous arrive de nous trouver seuls face à nous-mêmes, aux prises avec une force « adverse » qui nous « divise » profondément ? Nous n'avons alors aucune prise sur ce mal-être qui nous étreint à la manière d'un adversaire insaisissable trop intime pour que nous puissions le définir, le nommer, l'affronter. Pendant longtemps au désert, Jésus ne savait pas non plus ce qui le « divisait » (ce qui était « dia-bolique » en lui). C'est seulement *après quarante jours* qu'il a pu mettre des mots sur ce qui se passait en lui et formuler la contradiction intérieure qui l'avait tant tourmenté. C'est du moins de cette manière-là que Matthieu et Luc témoignent de ce qui advenait dans son for intérieur : le besoin de puissance et le désir de n'être que soi-même se livraient un tel combat en lui qu'il ne pouvait plus se nourrir. Or, dans le seul évangile où l'on ne voit pas Jésus tenté, ni au désert ni à Gethsémani, ce sont les scribes et les pharisiens qui viennent le tenter en plein Temple, dans un récit reprenant les principaux éléments de la tentation au désert : tête inclinée, Jésus semble plongé dans un débat intérieur, en proie à une force adverse qui le paralyse et l'empêche d'affronter l' « adversaire », et ce débat dure assez longtemps pour que, devant son mutisme, « ils continuent de l'interroger».

Dans la Bible, la tentation est une expérience relative à l'être. Son enjeu n'est pas avant tout éthique. Le danger n'est pas d'abord de mal *agir* mais de mal *se situer*, face à Dieu et face aux autres. On est tenté de prendre la place de Dieu, d'abord dans sa propre vie fantasmatique, ensuite dans ses rapports avec autrui. On sera alors poussé à condamner autrui sans même s'apercevoir que pour le faire on s'est investi du pouvoir même de Dieu, ou plutôt de son Être, car en condamnant autrui, on a alimenté le fantasme de se sauver soi-même, c'est-à-dire d'assurer soi-même la valeur de son être. Même refus dans le Temple qu'au désert ! En ne se situant pas au-dessus d'eux, Jésus refuse de se prendre pour Dieu : « Celui d'entre vous qui *est* sans déviation, qu'il jette le premier une pierre sur elle ! » (v. 7). Et lui-même ne lui jettera pas la pierre : « moi non plus… » Il a surmonté la même tentation qu'au désert. Lui-même ne prétendra jamais de lui-même *être* sans déviation/égarement/faute. À celui qui l'appelait « bon maître », ne répondait-il pas avec fermeté : « Pourquoi m'appelles-tu bon ? Nul n'est bon sinon Dieu seul » (Mc 10,18//Lc 18,19) ?

Il est à noter que dans la narration synoptique, la tentation au désert vient toujours en second lieu, *après* la mention de l'Esprit, et chez Marc il est même dit explicitement que l'*Esprit* « jette-dehors » Jésus au désert, comme si l'Esprit avait un rapport étroit avec le tentateur, comme s'il fallait chercher la racine de la tentation jusque dans l'expérience intime de l'effusion de l'Esprit. En effet, Jésus vient de recevoir le baptême et c'est « rempli de l'Esprit saint », raconte Luc, qu'il se trouve immédiatement « tenté par le diviseur ». Faut-il comprendre qu'une expérience aussi valorisante réveille en tout humain la tendance à se prendre pour Dieu et hypertrophie alors son besoin de dominer autrui ? Sans doute, mais il faut creuser plus profond.

Une effusion de l'Esprit — c'est-à-dire une expérience d'intense communion avec Dieu — réveille d'abord en tout humain un doute terrible : suis-je vraiment cet être choisi, béni, fils ou fille de Dieu ? Jésus venait de recevoir la certitude qu'il était fils bien-aimé de Dieu, et la première parole du « diviseur » sera précisément : « *Si* tu es fils de Dieu… », comme si ce n'était pas sûr, comme s'il y avait un doute là-dessus *en Jésus lui-même*. D'où le contenu de la tentation : si tu es fils de Dieu, tu as à faire tes preuves. Or, ce doute semble aussi présent en Jn 8 : « Toi donc, que dis-tu ? » demande le « diviseur » par la bouche des scribes et des pharisiens. Toi, le soi-disant fils de Dieu, prouve que ta parole est conforme à Dieu ! Et Jésus commence par *ne pas savoir* que dire, comme si la perspective de sa mort violente commençait par ébranler en lui la certitude qu'il était fils béni de Dieu, comme si effectivement il n'avait rien à dire de la part de Dieu...

Eux *savent* ce que Dieu dirait et ferait, et c'est précisément ce prétendu savoir que le « diviseur » proposait à Jésus au désert. Chez Matthieu et Luc, qui ont le récit le plus détaillé, on trouve deux manières similaires d'être tenté de faire ses preuves : transformer des pierres en pains d'une part, se jeter dans le vide sans se faire mal d'autre part. En revanche, la troisième proposition du « diviseur » est très différente ; Luc l'a placée entre les deux autres, comme si là se trouvait le cœur même de toute tentation. La littéralité du texte fait penser à un vertige intérieur : « *tous* les royaumes » à moi... « *tout* ce pouvoir »... pour moi « *tout* entier » (Lc 4,5 s). C'est comme si Jésus rêvait à cette toute-puissance, « en un instant *ponctuel* », dit le texte, d'un mot qui signifie « piqûre », c'est-à-dire sous l'empire d'un fantasme qui semble le soustraire brutalement à la réalité temporelle. « Si toi tu te prosternes *en face de* moi », propose le « diviseur ». Mais comment peut-on se prosterner « en face de » quelqu'un, *en lui faisant face* — l'adverbe *enôpion* étant bâti sur le mot *ôps*, « vue, visage » ? Cet adverbe ne se trouve pas dans le récit de Matthieu. La nuance qu'il apporte est de taille : c'est par soi-même qu'on est tenté, en un jeu de miroir qui conduit à se prosterner devant soi-même !

Mais si Jésus a été lui aussi tenté de « tout » trouver en lui-même — d'être à lui-même son origine et sa fin —, ce n'est pas qu'il trouvait son plaisir à évincer Dieu de sa vie. C'est parce qu'en ce temps désertique, l'Autre (et pas seulement les autres humains) lui faisait cruellement défaut. En effet, on peut lire en creux sa faim *de Dieu* : « Il ne mangea rien en ces [quarante] jours-là, et lorsqu'ils furent terminés, il eut faim » (Lc 4,2) ; sa faim physique n'était-elle pas passée à l'arrière-plan ? On peut également lire en creux cette absence de Dieu dans le récit de Matthieu : c'est au moment où le « diviseur » s'en va que « des anges s'approchent de Jésus et le servent »

(Mt 4,11) — n'est-ce pas l'indice qu'auparavant il était tout seul, sans aucun signe de la part de Dieu ?

De même, lorsque se perd notre sentiment d'être valables aux yeux de Dieu, c'est le vertige du vide intérieur qui vient alimenter en nous le fantasme de « tout » avoir et de « tout » dominer. En ce sens, on peut dire qu'être tenté signifie toujours, en dernière analyse, douter d'être vraiment fils ou fille de Dieu et vouloir le prouver aux autres pour s'en convaincre soi-même. C'est ainsi que Jésus devait inaugurer son ministère, en trouvant comment désamorcer la tentation, toute tentation possible, pour le reste de sa vie. Et effectivement, « ayant fini-avec toute tentation, le diviseur s'éloigna de lui jusqu'à une occasion » (Lc 4,13) : Jésus en a « fini-avec » sa division intérieure... « jusqu'à [la prochaine] occasion ». Il a désormais les moyens de surmonter toute nouvelle tentation, y compris la plus violente, celle de Gethsémani.

Jésus ne cherchera jamais à prouver qu'il est fils de Dieu car ce serait prendre la place de Dieu. C'est le renoncement le plus radical de sa vie. On en a encore un écho en Jn 8 : il lui faut, ici aussi, retrouver au fond de lui *l'assurance* qu'il est fils de Dieu, pour ne pas prendre la place de Dieu en émettant un jugement définitif, soit sur la femme adultère soit sur les défenseurs de la Loi. Plus il se ré-assure sur son être de fils béni de Dieu, moins il a besoin de prouver qu'il l'est, et moins il cède à la compulsion de faire le jugement dernier à la place de Dieu. Si Jésus lui-même a dû partir de cette distorsion naturelle où l'on est tenté de *prouver* qu'on est valable dans l'absolu (c'est-à-dire aux yeux de Dieu) — quitte à écraser tout le monde pour s'en convaincre —, il nous sera plus facile, à notre tour, de prendre pour point de départ l'impasse qui est la nôtre : ce « prosternement devant » nous-mêmes, semblable à une prostration absurde et sans issue, indissociable d'une compulsion diabolique, c'est-à-dire déchirante, à faire nos preuves.

Notons encore que Jésus est venu à bout de cette tentation au moment où il a entendu résonner en lui la Parole : « [Devant] le Seigneur ton Dieu tu te prosterneras et lui *seul* tu serviras » (Dt 6,13). Si Jésus a ajouté « seul » à la citation hébraïque, ce n'était pas par servilité à l'égard d'un Dieu jaloux. C'était la *seule* manière pour lui de surmonter la division intérieure. De même que c'est notre *seule* issue à ce narcissisme qui cherche désespérément à donner de la valeur à notre existence. Une manière de confesser qu'un seul « Je suis » inaccessible en est le fondement : Quelqu'un a parlé le premier, dont l'Être nous précède et nous assure l'être, et *seul* notre ancrage dans ce « Je suis » peut nous délivrer de la hantise d'avoir à faire nos preuves, aux yeux des autres et à nos propres yeux.

Ainsi apparaît la convergence entre la narration synoptique du séjour de Jésus au désert et l'histoire de la femme adultère : être tenté par la toute-puissance et être tenté de condamner autrui semblent avoir pour racine commune un doute sur soi lié à la peur de souffrir. En effet, si nous avons besoin de dominer les autres, c'est dans la mesure où ils mettent en question et menacent notre statut de fils et de fille de Dieu — c'est-à-dire la valeur de notre existence dans l'absolu ; plus précisément, c'est dans la mesure où ils l'ont déjà fait dans le passé et où désormais nous ne cessons de redouter qu'ils recommencent : nous sommes donc toujours tentés de dominer les autres pour ne pas avoir à en souffrir. À la lumière de ces deux récits, on peut admettre que Jésus s'est personnellement associé à quiconque prie le *Notre Père* : « Ne *nous* introduis pas dans la tentation » — dans la tentation de fuir nos peurs, de condamner autrui pour éviter de souffrir — « mais délivre-*nous* du mal », et d'abord de cette hantise du mal qui nous accule à vouloir tout contrôler, en nous et chez les autres, et nous empêche de laisser Dieu être Dieu !

Le plus ancien évangile, celui de Marc, ne rapporte pas le contenu de la tentation. Or, il est par ailleurs le seul à mentionner les bêtes sauvages : « Aussitôt [après le baptême], l'Esprit le jette-dehors dans le désert. Et [Jésus] était dans le désert quarante jours, tenté par le satan/l'adversaire, et il était avec les bêtes sauvages et les anges le servaient » (Mc 1,12 s). L'important, ici, n'est pas de décrire de quelle manière « l'adversaire » qui était en Jésus exacerbait son « pouvoir » de dominer autrui et de le juger. Tout l'accent est mis sur ce que Jésus a en définitive surmonté : s'il « était avec les bêtes sauvages », n'est-ce pas qu'il avait surmonté la peur ? qu'il se savait suffisamment béni de Dieu, en sécurité à sa place de fils pour ne pas redouter la souffrance (les « bêtes sauvages ») et pour sentir la présence de Dieu (les « anges [qui] le servaient) » ? De même, dans le Temple où il sera tenté d'exercer un « pouvoir » de vie et de mort, Jésus descendra profond en lui pour affronter la peur de la souffrance, et c'est aussi de la peur, en définitive, qu'il sortira vainqueur.

Revenons donc à Jn 8 : « Ils disaient cela en le tentant, pour qu'ils aient de quoi l'*accuser* », du verbe *katègorein* qui a donné « catégorie ». Ils cherchaient à le « catégoriser », c'est-à-dire à l'étiqueter pour mieux le condamner. Il ne s'agit pas là de simple médisance mais d'un rejet « catégorique », un rejet que Jésus avait perçu dès le début de son ministère, si l'on en croit l'évangile de Luc. En effet, dès sa première prédication, à la synagogue de Nazareth, il disait avec lucidité : « Aucun prophète n'est accepté dans sa patrie » (Lc 4,24). Parole dont tous les évangiles se font l'écho, de manière encore plus radicale : « dans sa patrie *et dans sa maison* » (Mt 13,57), « dans sa patrie, *dans sa parenté* et dans sa maison » (Mc 6,4). Dans l'évangile de Jean, on trouve la même clairvoyance, dans les mêmes termes : « Jésus lui-même avait témoigné de ce qu'un prophète n'a pas de valeur/honneur/considération dans sa propre patrie » (4,44).

Mais il y a plus. L'épisode de la femme adultère suit immédiatement un verset qui donne la même coloration au rejet dont Jésus est l'objet : « "Cherche et vois !" disent les

pharisiens à Nicodème, "de la Galilée il ne se lève pas de prophète." Et ils s'en allèrent chacun dans sa maison » (Jn
7,52 s). « Et Jésus s'en alla au mont des Oliviers » (8,1).
Lorsqu'on se souvient de l'étymologie du mot « prophète »
— de *prophèmi,* « penser/dire/parler devant ou au nom
de... » — on comprend que pour enfermer quelqu'un dans
une « catégorie » réductrice de manière à l'éliminer complètement, il faut d'abord avoir tué ce qui fait de lui un sujet
parlant : si un « prophète » est quelqu'un qui « pense et parle
devant ou au nom de Dieu », tout être humain *peut* l'être.
Dès lors, dire de quelqu'un qu'il n'y a rien de prophétique en
lui revient à dire qu'on le connaît assez pour *savoir* qu'il n'a
et n'aura jamais rien à « dire au nom de Dieu », c'est-à-dire
au nom de cette Parole qui habite en lui et fait de lui un sujet
parlant.

C'est ainsi qu'ils disaient de Jésus : lui ? il n'est que le fils
du charpentier de Nazareth, il n'a rien d'Autre à nous dire que
ce que nous connaissons déjà ! C'est ainsi que l'on tue en
l'humain ce qu'il a de plus authentiquement humain : sa capacité à être porteur d'une Parole dont il n'est pas l'origine et qui
demande à être transmise. Mais ce besoin de « catégoriser »
autrui, de pulvériser le mystère de sa personne, de le réduire à
ce que nous voyons de lui, ne s'explique pas par une mal-
veillance congénitale. Nous avons toujours commencé par
nous sentir étiquetés, réduits à l'image qu'autrui se faisait de
nous. C'est une histoire très ancienne : *qui dira la souffrance
de l'enfant caricaturé, sans défense devant des adultes persuadés
de le connaître mieux que lui-même* ? N'est-ce pas jusque-là
qu'il faut aller chercher l'origine de notre compulsion à juger
autrui ? N'est-il pas naturel, si nous n'y prenons pas garde, de
reproduire ce dont nous avons souffert, comme pour l'exorciser, comme pour exporter cette souffrance ancienne que nous
ne « voulons » pas assumer ? C'est alors que nous nous en
allons, comme les pharisiens, « chacun dans sa maison », seuls,
isolés, après avoir réduit l'autre à ce qu'il n'*est* pas, tant il est

vrai que « catégoriser » autrui tue le sentiment de communion et d'appartenance : le contraste n'est-il pas aveuglant entre les pharisiens s'en allant « chacun dans sa maison » et, aux versets suivants, « tout le peuple » rassemblé autour de Jésus ?

Tout le passage qui précède le récit de la femme adultère illustre la manière dont Jésus se trouvait « catégorisé ». Mais lui, comme en réponse à cela, « s'en alla au mont des Oliviers » (Jn 8,1), en ce lieu d'ombre et de silence où il puisait sa force et son sentiment de sécurité. C'est ce qu'il nous invite à faire lorsque nous nous sentons menacés par le jugement d'autrui. Il n'a pas perdu son énergie à se demander « mais qu'est-ce que je leur ai fait ? » Lorsque autrui nous condamne parce qu'il n'y voit pas clair en lui-même, Jésus nous invite à nous mettre à l'abri sous les oliviers, là où le grand calme de Dieu nous assure et nous r(é)assure dans ce sentiment d'être aimés et bénis tels que nous sommes, sans condition. C'est alors que notre moi peut s'appuyer de tout son poids douloureux sur ce « Je suis » divin sur lequel Jésus n'a jamais cessé de s'appuyer.

« Dès le point du jour il revint au Temple. » C'est là que la tentation fait irruption, en plein Temple, alors qu'il fait connaître à ses semblables la Parole vivante de Dieu. Il en était de même au désert : la tentation avait surgi alors qu'il venait d'être envahi par la Parole bienveillante de Dieu lors de son baptême. Il en sera de même à Gethsémani, et c'est chez Luc qu'on trouve ce même contraste effrayant : « Un ange se fit voir à lui du ciel, le fortifiant. Et étant en agonie/pris dans la lutte, l'agitation, l'anxiété, il priait plus instamment et sa sueur devint comme des caillots de sang tombant à terre » (Lc 22,43 s). Si un bon nombre de manuscrits ont omis ces versets, ce n'est pas seulement parce qu'on avait de la peine à les concilier avec l'idée qu'on se faisait de la divinité du Christ, c'est peut-être aussi parce qu'on avait encore plus de peine à admettre qu'une forte expérience spirituelle — « un ange le fortifiant » — soit immédiatement suivie d'un état d'anxiété insupportable, proche d'une perte de connaissance. On a pourtant là un reflet très fidèle de l'expérience humaine : souvent il apparaît qu'il fallait faire le plein de joie de vivre, être assuré de la solidité de ses relations, goûter la présence de Dieu, pour avoir la force d'affronter ce qui allait suivre. C'est comme s'il fallait d'abord recevoir des forces pour être à même de mener le combat à venir sans succomber à la tentation de fuir par peur de la souffrance. En Jn 8, la tentation est grande pour Jésus d'escamoter cette peur en contre-attaquant. Ici aussi, il semble avoir reçu les forces nécessaires pour faire face à ce « diviseur » intérieur qui le pousse à se détacher et à se couper de sa propre peur en fuyant dans la contre-attaque. En effet, c'est dans le Temple qu'il a trouvé une nouvelle confirmation de son autorité de fils béni de Dieu, puisque « tout le peuple » vient écouter la Parole dont il est porteur. Quoi de plus « fortifiant » que cette expérience d'être entendu lorsqu'on parle au nom de Dieu ?

Mais ce qui suit est d'autant plus choquant : scribes et pharisiens viennent brutalement saper la valeur de ce que vivait Jésus. Son combat intérieur sera d'autant plus violent qu'ils mettent radicalement en question sa parole de fils du Dieu vivant : le voilà brusquement atteint dans son identité profonde, fragilisé par le fait que cela se passe en plein Temple, là où le silence de Dieu, en cette heure critique, va peut-être résonner en lui comme un désaveu. D'une manière analogue, ne sommes-nous pas encore plus vulnérables au jugement d'autrui lorsqu'il nous menace à l'intérieur même de l'Église ou, plus globalement, au cœur même de notre expérience de croyant-e ? N'est-ce pas alors que nous nous sentons terriblement mis à l'index, « catégorisés », condamnés comme si nous l'étions par Dieu lui-même, tentés plus que jamais de juger à notre tour en prenant la place de ce Dieu qui persiste à se taire ?

Solitude et silence

Il se trouve que Jésus va réussir à leur parler sans prononcer une seule parole blessante. Chaque personnage, le corps auparavant statique, figé dans cette non-vie où la peur et la condamnation l'enfermaient, va pouvoir retrouver chaleur et mouvement. Car la parole qui permet à la vie de circuler à nouveau — à eux d' « entendre » ce que dit Jésus (v. 9), à la femme et à Jésus de dialoguer — cette parole (v. 7) vient à coup sûr du Dieu vivant. En effet, elle n'humilie, ni ne caricature, ni ne condamne personne. Celui ou celle qui y voit une ironie de Jésus envers ses adversaires, et une volonté de leur faire honte, oublie qu'on ne transmet jamais rien du Dieu vivant par le moyen de l'humiliation. L'évangile de Jean ne cesse d'approfondir le thème de la lumière, témoignant d'un homme qui aspirait à être « lumière du monde », ce que, précisément, il affirmera directement à la suite de notre récit, comme si l'enjeu en avait été avant tout de voir clair *en lui-même*. On devient sensible à sa démarche de retrait et de silence dès lors qu'on renonce à projeter sur lui la volonté de jeter une lumière crue sur la noirceur d'autrui. C'est *en y voyant clair en lui-même,* dans sa propre vie, que Jésus a pu être lumière pour autrui et donner envie de le suivre sur un chemin libéré à la fois de la peur et du besoin de juger.

On devient encore plus sensible à sa démarche au moment où l'on perçoit en elle le renoncement à changer autrui. Car juger autrui va de pair avec la croyance fantasmatique au pouvoir de le changer ou, pire, avec l'illusion qu'on a été mandaté d'en haut pour le changer. Si Jésus ne condamne pas la femme adultère, ce n'est pas pour donner une bonne leçon à ses adversaires dans le but de les changer ; il ne s'agit pas d'un truc, d'un bon procédé pédagogique. Jésus n'a pas non plus travaillé à surmonter la tentation de condamner autrui *pour* donner le bon exemple à ses disciples. Ce n'est pas là un moyen en vue d'une fin extérieure, car toute transformation en profondeur de notre vie intérieure a sa fin en elle-même, faute de quoi on peut douter de son authenticité.

Ainsi, lorsque Jésus disait : « Moi je suis la lumière du monde », ce n'était pas en ayant avant tout à cœur d'éclairer « le monde ». Il n'a pas cherché à être lumière *dans le but* d'éclairer les autres. Il a intensément aspiré à *être* lumière, c'est-à-dire à devenir lumière au contact du « Je suis » divin dans l'intimité duquel il se tenait sans cesse... Ce n'était pas une « bonne méthode » pour que le monde y voie clair ; il faisait l'expérience d'être lumière jusqu'au tréfonds de son moi... et il rayonnait, il devenait lumière du monde comme malgré lui. Si, en méditant sur le récit de Jn 8, nous abordons les faits et gestes de Jésus comme l'expression de son être profond et non comme une leçon pour les spectateurs, alors c'est *notre* être profond qui se trouve à son tour interrogé, mis en mouvement et attiré par la « lumière de la vie ».

Or, cela commence toujours par la solitude. « Tout le peuple » semble avoir disparu : personne ne s'interpose ni n'intervient. Les disciples sont étonnamment absents de l'histoire. Dieu n'est jamais mentionné, et c'est à se demander si la femme adultère présente encore un quelconque intérêt. Jésus est totalement seul, dans un face-à-face qui n'en est pas un puisqu'ils l'ont déjà condamné, avant même d'avoir trouvé « de quoi l'accuser ». Cette solitude s'accentue encore avec la mention de leur acharnement à le piéger : « ils continuaient de l'interroger » comme si cela ne devait jamais s'arrêter. Or c'est en Jésus lui-même que le combat semble ne pas devoir prendre fin. C'est à nouveau le désert, le pire des déserts, celui qu'on traverse tout seul au milieu de la foule. Le silence de Jésus, ici, ressemble à son retrait à l'écart des disciples, au jardin de Gethsémani :

Mt 26,39 : « Allant un peu plus loin, il tomba à terre sur son visage, priant et disant... »

Jn 8,6 b et 7 : « ayant incliné-la-tête vers le bas, il écrivait du doigt sur la terre. Mais comme ils continuaient de l'interroger... »

Chaque fois, la confrontation avec soi-même passe par un retrait dans la solitude — retrait physique à Gethsémani, retrait à l'intérieur de soi dans ce Temple grouillant de monde où aucun ami ne se manifeste, aucun disciple, même endormi comme à Gethsémani, personne.

Seul avec sa peur, seul avec la prémonition de sa mort, Jésus choisit le silence, faisant face à ce qui étouffe toute parole, toute possibilité d'entrer en communication avec les autres et même avec l'Autre. De même qu'au désert, aucune prière n'est rapportée ici, comme si Dieu s'était lui aussi retiré, comme si Jésus acceptait de se laisser immerger dans une impuissance qui le frappe de mutisme. Qui pourrait vaincre en lui cette peur sans mots, et en eux ce besoin de juger aveuglément ? Qui pourrait vaincre en eux cette peur inavouée, et en lui cette envie de les juger en retour ? Dieu seul le pourrait mais il se tait...

Il se tait parce que le « diviseur » fait trop de bruit. Nul ne sait ce que Jésus se met alors à écrire par terre, et c'est comme s'il tentait de traduire ce qui le divise et le tourmente en mots ou en signes qui n'appartiennent qu'à lui. Si ces mots ou ces signes ne nous ont pas été rapportés, c'est sans doute qu'ils étaient l'expression indicible de ce désarroi que Jésus déposait là, au ras du sol, dans l'espace protégé du Temple, tout près du Saint des Saints... Jésus, comme chacun-e de nous, devait *se taire*, c'est-à-dire déposer devant Dieu ce qui le divisait et le tourmentait, de manière à pouvoir entendre une Autre voix que la sienne lui parler. Or, cette voix Autre semble alors lui donner d'être rejoint dans sa propre peur par la peur de cette inconnue. Dieu seul permet une telle proximité, par son Esprit qui ne cesse de tisser des liens entre les humains, au-delà de toutes les « divisions », de toutes les situations « diaboliques ».

On dirait que Jésus se trouve alors touché, rejoint, atteint par la peur de la femme et par celle de ses accusateurs, au plus intime de son silence intérieur. Et c'est comme s'il déchiffrait maintenant sur le sol, à la lumière de l'histoire de cette femme, toutes les étapes de la passion qui l'attend :

— Comme elle, il sera arrêté peu avant l'aube, avant que le coq ne chante : « Dès le point du jour (...) le peuple venait à lui (...) ils amènent une femme prise en adultère » (Jn 8,2 s).

Quelques jours plus tard, « ils conduisent Jésus de chez Caïphe au prétoire. C'était le point du jour » (Jn 18,28).

— Comme elle, il sera lâché par tous : elle se retrouve seule sans mari ou fiancé, et sans cet amant pour lequel la Loi prévoyait le même châtiment (cf. Lv 20,10 et Dt 22,22). Quelques jours plus tard, au moment de l'arrestation de Jésus, « tous, l'ayant abandonné, s'enfuirent » (Mc 14,50//Mt 26,56 qui précise : « tous ses disciples »).

Dans la même optique relevons, dans les quatre évangiles, l'importance donnée à la trahison et au reniement de Jésus par ses plus proches amis !

— Comme elle, il sera exposé aux regards et aux sarcasmes : elle est « au milieu », objet de honte et de mépris, comme « celles-là », celles de son espèce. Par la suite, Jean sera le seul évangéliste à ne pas se contenter de relater les humiliations et les coups endurés par Jésus avant sa mise à mort. Il fera dire à Pilate, pour désigner ce roi de pacotille, affublé d'un manteau de pourpre et d'une couronne d'épines : « Voici l'homme ! », « *anthrôpos*, l'être humain », et non « *anèr, andros* », le « mâle ». N'avons-nous pas ici un écho de la même conviction que dans l'épisode du Temple : l'être humain, femme ou homme, ne se réduit jamais à l'objet de mépris qu'on fait de lui.

— Comme elle, il sera traîné devant les autorités religieuses pour être jugé. Comme elle, il sera condamné par la Loi de Dieu que la soif de pouvoir a pervertie en outil de mort :

> « Cette femme a été prise en flagrant délit (...) Dans la Loi, Moïse nous a prescrit... » (Jn 8,4 s). Quelques jours plus tard, le grand prêtre s'écriera : « "Qu'avons-nous encore besoin de témoins ? Vous avez entendu le blasphème (...)" Et tous le condamnèrent [litt. l'exécutèrent, comme en Jn 8,10] comme passible de mort » (Mc 14,64).

Mais en résonance avec l'épisode du Temple, c'est chez Jean que la perversion de la Loi du Dieu vivant par la soif de pouvoir est la plus explicite : « Nous, nous avons une Loi et selon la Loi il doit mourir car il s'est fait lui-même fils de Dieu » (Jn 19,7).

— Comme elle, il se réfugiera dans le silence : elle n'ouvre la bouche qu'au v. 10, pour entrer en relation avec le seul être qui la respecte, de même que Jésus, selon le témoignage de Luc (23,42 s), parlera avec le seul être qui l'ait respecté à l'heure de la torture, « l'autre malfaiteur ». Le silence de Jésus lors de son procès sera attesté par les quatre évangélistes. Plus on cherchera le moyen de le « condamner », plus on « l'interrogera », plus il se taira, comme au Temple :

> « Il écrivait (...) Comme ils continuaient à l'interroger (...) » (Jn 8,6 b et 7). Quelques jours plus tard, « lui gardait le silence, il ne répondit rien. De nouveau le grand prêtre l'interrogeait (...) Pilate l'interrogeait de nouveau (...) Mais Jésus ne répondit plus rien, de sorte que Pilate était étonné » (Mc 14,61 et 15,4 s).

Et Matthieu est encore plus insistant : « Il ne lui répondit pas un seul mot sur rien » (Mt 27,14).

C'est chez Luc qu'on voit clairement le lien entre le silence de Jésus et la violence des accusations dont il est l'objet :

> « Hérode l'interrogeait avec force paroles mais il ne lui répondait rien. Or, les grands prêtres et les scribes se dressaient et le condamnaient ou le "catégorisaient" avec beaucoup de tension » (Lc 23,9 s).

Est-ce un hasard, là encore, si c'est chez Jean qu'on entend Pilate questionner Jésus sur son silence ? « Jésus ne lui donna pas une réponse. Pilate lui dit alors : "[c'est] à moi [que] tu ne parles pas ? Ne sais-tu pas que j'ai le pouvoir de te relâcher et que j'ai le pouvoir de te crucifier ?" » (Jn 19,9 b et 10). Cette question semble indiquer que Pilate présupposait la peur de Jésus et ne comprenait donc pas son attitude de retrait et de silence. Or, l'épisode du Temple a précisément trouvé place dans le seul évangile où le récit de la passion témoigne de la victoire de Jésus sur la peur, depuis son arrestation jusqu'à sa mort !

Cependant, on peut objecter qu'indépendamment de tout ce qui rapprochait Jésus de cette femme inconnue, lui seul était « sans péché », c'est-à-dire *sans la moindre rupture avec le Dieu vivant*. Mais n'était-ce pas là le fruit du plus dur de ses combats ? Pour être « vrai homme », n'avait-il pas à descendre jusqu'aux racines les plus enfouies de la condition humaine, jusqu'à cette peur sans mots et sans maître que déchaîne et alimente le mal une fois enduré dans l'abîme de l'impuissance ? En deçà des catégorisations, en deçà des étiquettes coupable/non coupable, Jésus ne s'est-il pas, lui aussi, retiré dans ce pays de la peur que nous avons tous en commun ? Une telle communion en humanité se devine au cœur du mystère de l'incarnation : Jésus fut « vrai homme » ; or tout être humain, bien-pensant ou mal-agissant, est une créature qui connaît la peur ; Jésus a donc accepté d'aller lui aussi jusqu'au bout de la peur... pour ne pas se couper des autres et de Dieu, c'est-à-dire pour rester sans péché.

On dit que la peur est contagieuse. La paix l'est peut-être davantage, surtout lorsqu'elle naît des cendres de la peur. Comment la paix qui émanait de Jésus aurait-elle pu atteindre ses proches s'il n'avait pas su communiquer avec eux dans la peur ? Lorsqu'on lit les chapitres 15 à 17 de l'évangile de Jean, on est frappé de la paix qui se dégage des paroles de Jésus à la veille de son arrestation. On l'est d'autant plus qu'il ne fait pas l'économie des réalités auxquelles ses disciples sont et vont être confrontés :

« Que votre cœur ne soit pas troublé/tourmenté ! » (14,1)

« Que votre cœur ne soit pas troublé/tourmenté ni effrayé ! » (14,27)

« Parce que je vous ai dit ces choses, la tristesse a rempli/remplit votre cœur » (16,6)

« Vous pleurerez et vous vous lamenterez (...) vous serez tristes » (16,20)

« Maintenant vous, vous avez la tristesse » (16,22).

On peut se demander alors pour quelle raison les paroles de Jésus n'ont rien de ces discours artificiels prononcés à peu de frais pour rassurer autrui. La paix qui émanait de Jésus en ces heures tragiques n'était-elle pas profondément ancrée dans l'expérience humaine de la peur ?

L'expérience montre que la peur passe souvent inaperçue : il nous arrive de mourir de peur à l'insu des autres et combien de peurs d'enfant sont « oubliées », c'est-à-dire simplement refoulées intactes, parce que l'entourage les a ridiculisées sans les prendre en compte ! Il n'est donc guère étonnant que la peur de Jésus ait échappé pour une large part à ses contemporains. Cette frayeur et ce désarroi, que la tradition orale puis écrite a passablement occultés, nous sont cependant parvenus,

principalement chez Luc, cet évangéliste si sensible aux émotions, à la miséricorde de Dieu, à l'expérience de la compassion, qu'on s'est demandé s'il ne s'agissait pas d'une femme :
dans l'épisode du Temple aussi bien que dans le récit lucanien
de Gethsémani, on rencontre en Jésus un être si profondément
humain qu'aucune expérience liée à la condition humaine ne
pouvait lui être étrangère. Quand Luc raconte que « sa sueur
devint comme des caillots de sang qui tombaient à terre »
(22,44), on n'est pas dans l'objectivité d'un rapport de police :
les seuls témoins oculaires potentiels dormaient ! C'est donc
qu'on se situe à un autre niveau, dans une communication
interpersonnelle touchant au mystère de l'Esprit.

C'est jusque-là qu'il faut aller chercher la source de la paix,
jusque dans cette « agonie/agitation/anxiété » (Lc 22,44), qui
semble désespérément indissociable de notre condition
humaine, du « monde » auquel nous appartenons, et donc
désespérément incompatible avec la paix. Mais autant cette
paix ne peut venir que d'Ailleurs, autant cet Ailleurs se rencontre dans ce « monde » même où la peur est reine,
lorsqu'on accepte de s'y laisser immerger, dans la solitude et
le silence. En lui-même, le « monde » de notre expérience
humaine se montre incapable d'engendrer la paix :

> « Je vous laisse la paix, je vous donne ma paix ; moi, je
> ne vous [la] donne pas comme le monde [la] donne »
> (Jn 14,27).

Cette parole de Jésus, peu avant son arrestation, est
étonnante : comment un sentiment aussi intime que la paix
serait-il transmissible ? Par « donner ma paix », ne faudrait-il
pas comprendre « indiquer le chemin de ma paix », ma
manière d'y accéder et, par conséquent, de devenir chemin
pour vous ? En d'autres termes, ce n'est pas à partir de vous-
mêmes que vous trouverez la paix, c'est à partir d'un « moi »
qui, creusant profond dans le « monde » de l'expérience

humaine, trouve ses racines dans le « Je suis » divin : « *moi* ne donne pas la paix comme le monde la donne ». Si Jésus n'avait pas fait ce chemin, comment aurait-il pu parler de la solitude extrême, de l'abandon par tous ses amis dans un tel sentiment de paix ? Ses paroles témoignent d'un « moi » habité par la Présence plus présente que toutes les peurs, un « moi » qui a « vaincu le monde » d'une condition humaine impuissante à produire la paix :

> « Voici l'heure vient et elle est venue où vous serez dispersés chacun chez soi, et vous me laisserez seul. Mais je ne suis pas seul, parce que le Père est avec moi. Je vous ai dit cela afin qu'en moi vous ayez la paix. Dans le monde vous avez l'oppression ; mais ayez confiance, *moi* j'ai vaincu le monde » (Jn 16,32 s).

Sous la dictée du Très-Bas

Mais Jésus, « ayant incliné-la-tête vers le bas, écrivait du doigt sur la terre » (Jn 8,6). Ce contact avec la terre n'est pas sans évoquer encore Gethsémani. C'est comme si Jésus avait alors pressenti, acculé qu'il était par ses accusateurs, que la peur et le sentiment d'« agonie » allaient finir par le jeter à terre, à l'heure du plus implacable des combats intérieurs. En effet, on trouve aussi, dans la tradition synoptique, à la fois l'évocation de cette terre d'où *l'adam* fut tiré et ce même geste, bouleversant d'humilité, d'abaissement jusqu'au sol de celui qu'on appelait fils de Dieu :

> « Ayant incliné-la-tête vers le bas, il écrivait du doigt sur la terre [*eis tèn gèn*] » (Jn 8,6).
> « Il tomba la face contre terre » (litt. il tomba sur le visage) (Mt 26,39).

« Il tombait sur la terre [*epi tès gès*] » (Mc 14,35).

« S'étant mis à genoux... sa sueur devint comme des caillots de sang tombant sur la terre [*epi tèn gèn*] » (Lc 22,41 et 44).

Jamais Dieu n'était tombé si bas : comment mieux dire la filialité offerte ici à tout être humain, par ce contact quasi matériel de Dieu avec ce qu'il y a de plus terreux ou de plus terrestre en l'humain ? Dans l'épisode du Temple, alors que Jésus était déjà assis (v. 1), il se rend encore plus proche de la terre puisqu'il « incline-la-tête vers le bas... sur la terre » (v. 6). Dieu le Très-Haut pouvait-il davantage se faire le Très-Bas, pour reprendre un titre de C. Bobin ? Dieu pouvait-il se faire plus petit ? Dans cette histoire, chaque geste de Jésus ressemble à Dieu : en cet homme au ras du sol, Dieu s'incline jusque-là où vivent et souffrent les humains. C'est l'heure de l'humilité, l'heure où, en communion avec le Christ, tout être humain est invité à descendre intérieurement jusqu'à cette terre épaisse dont il est fait... parce que Dieu se tient là, là où la vie se terre à en mourir lorsqu'elle se sent menacée.

Le geste de Jésus ressemble à Dieu parce qu'il désamorce la peur en lui-même et en ses accusateurs : en effet, s'incliner jusqu'au sol, c'est en quelque sorte abdiquer, laisser libre cours à ses sentiments terrifiants d'impuissance et de fragilité, regarder le néant en face... jusqu'à voir s'y dessiner le visage de Dieu. Or, ce face-à-face de Jésus avec sa propre peur, en toute authenticité, c'est exactement ce qui pouvait désamorcer la peur dans le cœur de ses accusateurs. Car dans cette attitude de prostration au sol, comment leur inspirerait-il encore de la peur ? Comment pourraient-ils encore se sentir menacés par un maître qui a *perdu la face*, au propre et au figuré ? En effet, d'une part Jésus baisse la tête, apparemment incapable d'affronter un face-à-face, et d'autre part, il est en passe de perdre sa popularité devant « tout le peuple », apparemment incapable de répondre adéquatement.

C'est là, au ras du sol, que la peur rampe parmi les humains. C'est donc là que Dieu se tient incliné, aussi bas que possible, en cette attitude de Jésus qui sera aussi son dernier geste sur la croix : « inclinant la tête, il rendit le souffle » (Jn 19,30), geste que Jean seul mentionnera — étrange coïncidence encore ! Or, c'est toujours ainsi qu'est balayée la peur, dans le grand souffle de Dieu. Au Temple, maintenant, c'est l'heure du plus insondable des mystères, l'heure où la Parole vient « habiter parmi nous » (cf. Jn 1,14). De toujours à toujours, la Parole vient dissoudre la peur sans mots et sans maître : « Jésus écrivait du doigt sur la terre » (v. 6). Qu'écrivait-il ?

On a été gêné par l'absence de complément. Quelques manuscrits y ont suppléé en ajoutant, au v. 8 « (il écrivait) les péchés de chacun d'eux ». Par ailleurs, la TOB indique en note : « Le terme employé suggère que Jésus traçait des traits successifs comme un dénombrement (des péchés de chacun ?) : cf. Jb 13,26. On traduit généralement *écrivait*, ce qui est plus obscur. » Plusieurs arguments s'opposent à une telle interprétation. Dans la Bible, le péché désigne une réalité infiniment plus profonde, *inquantifiable* : la rupture de la relation avec Dieu, la coupure d'avec Dieu et le prochain. Ensuite, on ne voit jamais Jésus, dans les évangiles, se transformer ainsi en juge et se prendre pour Dieu. En outre, comment un tel calcul d'épicerie pouvait-il aboutir, en lui, à cette parole de sagesse qui allait mettre chaque personnage sur le chemin de sa liberté personnelle ? Enfin, si la traduction « il écrivait » est « plus obscure », n'est-ce pas que nous sommes précisément en présence du mystère de la Parole — cette Parole qui prend chair, qui prend forme, qui prend mots au cœur de l'homme Jésus comme au cœur de tout humain, dans un silence nécessairement long, pour ainsi dire soustrait au temps ?

Mais, objectera-t-on, cette advenue de la Parole en Jésus pouvait s'effectuer sans un tel geste d'écriture, geste d'autant plus surprenant qu'il n'est mentionné nulle part ailleurs dans les évangiles : Jésus n'a jamais écrit quoi que ce soit. On imagine mal qu'il ait voulu ainsi se donner bonne contenance. En outre, traqué, encerclé, acculé en quelque sorte à condamner ceux qui voulaient l'éliminer, il n'avait guère le loisir de prier et de rechercher la communion avec Dieu : n'est-ce pas également notre expérience lorsque nous sommes prisonniers de la peur ? Il convient alors d'approfondir le sens de ce verbe *kata-graphein*. L'adverbe et préposition *kata* semble donner un éclairage particulier au verbe *graphein*, « dessiner, écrire ». En effet, *kata* signifie « de haut en bas », « en bas de », « sur », « en vue de », « du temps de », et aussi « selon, suivant, conformément à », « contre ». On dirait que ce *kata* vient renforcer l'adverbe *katô*, « en bas », qui précédait : « ayant incliné-la-tête *vers le bas*, il écrivait-de haut en bas, du doigt, sur la terre », comme s'il était inspiré d'en haut. On peut entendre également :

« il écrivait-en vue de », comme s'il était animé par l'intention de Dieu ;
« il écrivait-du temps de » Dieu, dans cette Autre dimension du temps ;
« il écrivait-sur/sur l'étendue de », comme s'il inscrivait quelque chose sur la terre de notre humanité ;
« il écrivait-conformément à », en conformité avec... l'Invisible ;
« il écrivait-contre ce qui n'était pas de Dieu ».

Ce geste s'éclaire encore davantage quand on se souvient des Dix Paroles reçues d'en haut à l'intention du peuple d'Israël et écrites par Moïse sur des tables de pierre :

« Une voix parlait et vous l'entendiez, mais vous n'aperceviez aucune forme, il n'y avait rien d'autre que la voix. Il vous a communiqué son alliance, les dix paroles qu'il vous a ordonné de mettre en pratique, et il les a écrites sur deux tables de pierre » (Dt 4,12 b-13, trad. TOB ; cf. aussi Dt 10,4).

Jésus n'écrit-il pas maintenant « en conformité avec » ce qu'il entend de Dieu, lui aussi, dans son silence intérieur ? N'est-il pas pris alors dans une Autre dimension du temps, comme s'il écrivait sous la dictée une Parole de vie destinée à ses contemporains et à tout être humain ? N'écrit-il pas « sur la terre » ce qu'il écrira avec son propre sang à Gethsémani (selon Luc) et surtout sur la croix ? « Quel juif devant cet homme écrivant sur le sol ne se souvient des commande-ments gravés par le doigt de Dieu sur les tables ? » note F. Quéré. « Pourquoi des tables de pierre ? interroge Augustin, qui répond aussitôt : À cause de la dureté des cœurs (...) Mais la miséricorde ne s'écrit pas dans la matière dure. La loi nou-velle se trace sur le sol meuble du cœur, que Jésus restitue d'instinct à la souple chair de la terre. »

« Il n'y avait rien d'autre que la voix », dit la Bible hébraï-que... Cette voix d'en haut qui dissipe toutes les images de mort, les visages de haine, le monde sans issue de ce qui se voit... Cette voix d'en haut à laquelle nous aspirons ardem-ment quand la peur nous tient à sa merci... Le Christ nous ouvre alors le chemin : lorsque nous laissons la peur nous étreindre sans lutter contre elle, lorsque nous la laissons museler toutes nos paroles, nos images, nos représentations, il vient un moment où nous entendons une parole d'Ailleurs-que-nous. Alors que nous étions pris dans un vertige, comme happés dans un néant pire qu'une souffrance bien réelle, la voix qui vient d'Ailleurs commence par nous bousculer, comme s'il s'agissait de nous réveiller, comme si Dieu mettait tout en œuvre pour que la réalité reprenne ses droits.

Or, le geste d'écrire n'est-il pas, très concrètement, une manière d'entrer en contact avec la réalité ? Et ce verbe *gra-phein* n'a-t-il pas pour premier sens « écorcher, égratigner » c'est-à-dire, symboliquement, être en prise avec le réel ?

Ainsi, la parole d'en haut n'est pas d'abord douce comme le miel. Elle commence par imposer silence à nos sécurisations habituelles. Alors nous cessons de nous fourvoyer et comprenons en quoi la peur est mauvaise conseillère : mieux valait nous taire que d'imaginer exorciser notre peur en condamnant autrui ! La parole d'en haut commence par « écorcher » nos oreilles, pour que nous nous sentions exister. Elle s'écrit d'abord en lettres qui nous brûlent le cœur, ce cœur que nous avions cru mort de peur.

Mais qu'est-ce qui permet d'affirmer que Jésus écrivait sous la dictée du Très-Bas ? Nous l'avons vu, une interprétation moins répandue mais très ancienne voit en Jésus celui qui accuse. J. Calvin rappelle que saint Jérôme s'appuyait sur Jr 17,13 pour se représenter Jésus écrivant sur le sol la liste des péchés de ses accusateurs. Calvin lui-même affirme qu'ainsi Jésus « a voulu montrer combien ils étaient indignes d'être écoutés », et exhorte les fidèles à en faire autant avec Satan... « et avec les papistes » ! Pourtant, ajoute Calvin, « il semble bien que notre Seigneur Jésus ôte les jugements du monde », ce qui introduit pour le moins une tension dans son enseignement. En effet, une autre attitude est maintenant préconisée : « Que chacun interroge sa conscience et soit témoin contre lui-même, voire juge, avant d'en venir aux autres ! » Cette apparente contradiction n'est-elle pas l'indice d'une authentique évolution personnelle, d'une écoute plus attentive de cette voix venue d'Ailleurs ? Et n'est-ce pas là le fruit d'une profonde communion avec ce Christ dont Calvin cherchait à comprendre les paroles et les comportements ?

En effet, la tentation était grande, pour Jésus, d'écouter la voix du « diviseur-tentateur » en condamnant à son tour. Mais c'eût été se mettre en contradiction totale avec son propre enseignement : « Ne jugez pas, afin que vous ne soyez pas jugés ! » Or, la contradiction intérieure ne se trouve-t-elle pas au cœur de notre condition ? « Si Jésus est un homme, il a des contradictions, note F. Dolto, sinon il n'est pas incarné, charnel, humain. » Il est donc possible de faire un pas de plus que Calvin : Jésus le premier a « interrogé sa conscience » en descendant jusqu'au fond de ses contradictions. F. Dolto commente son geste à sa manière : « Son silence, son griffonnage de graffiti, la position de son corps penché qui ne brave personne, me font penser qu'il rentre en lui-même (...) Peut-être que, rentrant en lui-même, il se rappelle ses tâtonnements humains, à lui, ses contradictions. Alors seulement il peut parler (...) L'autre ne peut s'approfondir que si nous-mêmes, nous rentrons à l'intérieur de nous (...) Dans la mesure où je me pose des questions sur moi, je permets à l'autre de faire le même chemin. Sinon je l'attaque et il se défend. »

Ce que Jésus écrivait était de Dieu, et non du satan, de l'accusateur-adversaire. Un détail du texte le confirme : « il écrivait *du doigt* sur la terre ». Nous avons dit que l'épisode du Temple est très probablement de la plume de Luc. Or, c'est précisément chez Luc que, lors de la controverse sur l'autorité de Jésus — guérissait-il au nom de Dieu ou au nom de Béelzéboul, le chef des démons ? —, il est question du « doigt de Dieu », là où Matthieu parle du « souffle de Dieu » (Marc, lui, ne parle ni de souffle ni de doigt en 3,22-27) :

« Si c'est par le souffle de Dieu que moi j'éjecte les démons, alors le royaume de Dieu vous a surpris/atteints » (Mt 12,28).

« Si c'est par le *doigt de Dieu* que [moi] j'éjecte les démons, alors le royaume de Dieu vous a surpris/atteints » (Lc 11,20).

La mention de ce « doigt », propre à Luc, est-elle un pur hasard ? N'évoque-t-elle pas, dans la mémoire des lecteurs et des lectrices de cet évangile, la controverse de l'Exode sur l'autorité de Moïse, autorité que les magiciens de Pharaon avaient fini par attester, en disant des miracles opérés par Moïse : « c'est le doigt de Dieu » (Ex 8,15) ?

Or, dans l'épisode du Temple, l'autorité de Jésus est, à nouveau, violemment contestée : parlera-t-il au nom de Dieu — de la voix qui vient d'Ailleurs — ou parlera-t-il au nom du « tentateur-diviseur-accusateur » que tout être humain porte en soi ? Un tel geste est trop unique, insolite, incomparable dans les évangiles pour qu'on n'y voie pas la main (le doigt !) invisible de Dieu. C'est comme si Dieu lui-même, par le geste symbolique de Jésus, tentait d' « égratigner » notre peau épaisse, d'inscrire une parole d'en haut dans notre terreau humain, de donner à la glèbe inerte de nos existences les deux seules impulsions qui pouvaient nous libérer à la fois de la peur et du besoin de juger. Ces deux impulsions ont tellement mis Jésus lui-même en mouvement qu'il a vu en elles non seulement la source de toute sa tradition (« à ces deux commandements sont suspendus toute la Loi et les prophètes », Mt 22,40), mais aussi la source de toute existence indestructible parce que libre (« Que faire pour hériter la vie éternelle ? (...) Fais cela et tu vivras ! », Lc 10,25 et 28) :

> « Tu aimeras le Seigneur ton Dieu de tout ton cœur, de tout ton être et de toute ton intelligence. Tel est le plus grand et le premier des ordres. Le deuxième lui est semblable : Tu aimeras ton compagnon comme toi-même » (Mt 22,37 s, trad. A. Chouraqui ; // Mc 12,30 s et Lc 10,27).

Aimer Dieu de tout son cœur, de tout son être, de toute son intelligence, c'est porter toute son attention sur ce « Je suis » en qui la vie ne fait jamais défaut. Ce faisant, on renonce à porter son regard sur le monde vertigineux et désespérément divisé qu'enfante la peur. On refuse alors de se laisser fasciner par ce qui n'est pas le « Je suis » divin. C'est une discipline du « cœur », ce que nous appelions une impulsion : il s'agit de faire crédit, sans méfiance, à l'élan qui nous pousse vers l'Autre, en croyant que là est la seule issue à la peur et au besoin de juger. En outre, c'est une discipline de l' « être » — de la « psychè » ! — qui consiste à déposer inlassablement toutes les agitations, tous les tourments, tout le mal-être aux pieds de ce seul Vivant sur qui la peur n'a aucune prise. Enfin, c'est une discipline de l' « intelligence », par laquelle on refuse de laisser vagabonder ses pensées obsessionnelles, pour concentrer son esprit sur une seule pensée, voire un seul mot : Dieu, mon Dieu, mon Seul, ma Vie libre... Dieu, mon Dieu...

Une deuxième impulsion nous est donnée, qui est « semblable à la première », disait Jésus : lorsque tu ne sauras plus à quoi te raccrocher, « tu aimeras ton compagnon comme toi-même », c'est-à-dire comme quelqu'un qui a *lui aussi* besoin de ne pas se sentir jugé. Car penser à l'autre comme à un frère ou une sœur en humanité, c'est déjà désamorcer la peur et s'appuyer sur ce minimum que l'on a en commun : la même origine en un Autre-que-nous. Toutefois, le souvenir de cette proximité ne suffit souvent pas à nous libérer du besoin de juger. Mais si l'exhortation à aimer autrui comme quelqu'un qui a besoin de bienveillance *comme nous-mêmes* reste si souvent lettre morte, n'est-ce pas que nous mettons la charrue avant les bœufs ?

En effet, si ce « commandement » nous ouvre à une libération de l'esprit de jugement, il demeure pourtant second par rapport à celui qui nous mène à une libération de la peur : « Tu aimeras le Seigneur ton Dieu de tout ton cœur, de tout ton être et de toute ton intelligence. *Tel est le plus grand et le premier des ordres.* » La base de tout, l'alpha et l'oméga d'une vie digne de ce nom, c'est la libération de la peur : la peur de souffrir encore, parce qu'on n'a pas pu traverser ce qu'on a déjà souffert en restant « vivant ». Mais il se peut que le souvenir du Vivant ait lui aussi sombré dans le vertige de la peur, avant d'être englouti dans la spirale plus ou moins rassurante des jugements condamnateurs. Il est alors urgent de prendre en compte cette peur qui séquestre la part la plus vivante de notre personne et nous empêche d'aimer Dieu « de *tout* notre cœur, de *tout* notre être, de *toute* notre intelligence ».

Sous la dictée du Très-Bas, Jésus se laisserait donc investir par ces deux impulsions venues d'Ailleurs. On objectera qu'on ne les trouve formulées nulle part dans cet évangile, alors qu'elles le sont dans les trois autres. Certes, chez Jean, Jésus ne cite pas expressément cet appel de la Bible hébraïque à aimer l'autre et l'Autre sans peur et sans esprit de jugement. Mais par cet épisode du Temple, en particulier, nous pouvons *voir* comment il a traversé la peur et l'esprit de jugement pour accéder à l'amour. Or, il se trouve que le combat intérieur constitue, également dans la tradition synoptique, la toile de fond de cet enseignement sur l'amour. En effet, à l'arrière-plan du récit de Matthieu, on trouve le même cadre (Jérusalem, après les Rameaux), la même opposition avec les scribes et les pharisiens et le même acharnement à « interroger » Jésus pour le « tenter » :

> « L'un [des pharisiens] l'interrogea en le tentant [*peirazôn*] : "Maître, quel est le grand commandement dans la Loi ?" (...) Et depuis ce jour-là, nul n'osa plus l'interroger » (Mt 22,35 s et 46 // Mc 12,34).

Chez Luc, alors que Jésus s'était mis en route vers Jérusalem (9,51), « un légiste [c'est-à-dire un scribe] se leva pour le tenter [*ekpeirazôn*] et dit : "Que faire pour hériter la vie éternelle ?" » (10,25). Et après l'énoncé des « deux ordres », Jésus raconte la parabole du Samaritain, qui illustre magnifiquement une vie libérée de la peur et de l'esprit de jugement.

Dans les quatre évangiles, c'est donc bien l'amour qui est en jeu : si la grande tentation — la matrice de toutes les tentations — est de condamner autrui parce qu'on est mû par la peur, on comprend que Jésus ait été acculé, dans chacun des évangiles, à prendre position pour l'amour inconditionnel, au risque de signer par là son arrêt de mort, y compris chez Jean où n'apparaît pas la formulation de cette option sans compromis. Dans ce silence poignant où il fait face à sa peur, Jésus écrit sous la dictée du Très-Bas les mots invisibles qui parlent d'amour sans peur et sans jugement. Parce qu'il laisse Dieu prendre toute la place dans son cœur, son être, son intelligence, et dissoudre ainsi toute peur en lui, Jésus est rendu capable d'aimer son prochain, fût-il menaçant ou condamnateur, avec cette bienveillance même dont il est l'objet.

Une parole qui rend la vie

Nous disions que les gestes de Jésus ressemblent à Dieu : tout se passe au ras du sol d'une existence qui assume sa pesanteur, et dans un silence assez criant pour que les plus sourds entendent... Et puis, il y a ce verbe *kuptô*, qui revient quatre fois :

« ayant incliné-la-tête [*katakuptô*]... il leva-la-tête [*anakuptô*] » (v. 6 et 7) ;
« ayant à nouveau incliné-la-tête [*katakuptô*]... ayant levé-la-tête [*anakuptô*] » (v. 8 et 10).

Si l'on voulait évoquer gestuellement le mystère de l'incarnation, il ne suffirait pas de voir l'homme Jésus s'incliner vers le sol jusqu'à ce que la Parole vienne « habiter » en lui et, de ce fait, « parmi nous », pour reprendre les termes du prologue de Jean. Il faudrait *en même temps,* pendant ce temps hors du temps où Jésus consent de tout son être à baisser la tête sous la menace et le rejet, le voir *déjà*, en quelque sorte, la tête levée : une même racine verbale, un même « verbe », une

même « Parole » orientée tour à tour vers le bas (*kata-kuptô*)
— le monde de notre expérience humaine — et vers le haut
(*ana-kuptô*) — l'Origine insaisissable... Car avant d'« habiter
parmi nous », toujours selon le prologue de Jean, « le Verbe
était au commencement tourné vers Dieu » (1,2).

Mais même si l'on ne voyait dans le geste de Jésus incliné
au sol que défaite et humiliation désespérément humaines,
même si l'on était incapable d'y discerner la Parole venue
habiter en nous et parmi nous, la suite de l'histoire suffirait
à révéler que cette Parole était à l'œuvre en Jésus déjà à
l'heure de son impuissance. En effet, voici que l'homme haï,
traqué, condamné « lève-la-tête » comme on se lève du tombeau, comme on se relève d'une peur paralysante, libéré des
paroles de mort ou des jugements anéantissants. Si tout à
coup Jésus « lève-la-tête » et si ce geste ressemble à Dieu, c'est
qu'il est lui aussi porteur d'une Parole qui *est* la Vie — « en
elle était la vie » (Jn 1,4) : le geste et la parole qui suit sont
une seule et même Parole, une seule et même Vie à la fois à
l'œuvre en Jésus et offerte à ses accusateurs, à la femme
inconnue, à quiconque dans la foule...

« Celui d'entre vous qui est sans déviation/égarement/
erreur/faute, qu'il jette le premier une pierre sur elle ! » (v. 7).
Cette seule et unique parole que profère alors Jésus n'est-elle
pas parole d'en haut ? En effet, elle éclate à la manière de la
vie et elle va se révéler telle pour chaque protagoniste de l'histoire. Cette parole porteuse de la Parole « en qui est la vie »
illustre remarquablement ce que Jésus dira de lui-même quelques versets plus loin, après l'épisode du Temple, dans ce passage que nous avions mentionné plus haut :

« Moi, je ne juge personne. Et s'il arrive que moi je juge,
mon jugement [*krisis*] est authentique/véridique [*alèthinè*]
parce que je ne suis pas seul, mais moi-et-le-Père-qui-m'a
envoyé » (Jn 8,15 s).

Effectivement, la parole que Jésus adresse à ses accusateurs « ne condamne personne ». Elle est « authentique », en ce sens qu'elle émane de toute sa personne, qu'elle est le fruit d'une « crise » intérieure très profonde et qu'elle s'inscrit dans un mouvement de tout son cœur, de tout son être, de toute son intelligence vers davantage de discernement et de lumière. En outre, elle est « véridique, conforme à la vérité » car elle n'est pas issue de ce monde imaginaire, clos sur lui-même, que chaque être humain porte en soi et qui le pousse à penser en autarcie, à son insu.

C'est une parole vivante, porteuse de la Parole-Vie, parce que Jésus ne la prononce pas seul : elle émane de « moi-et-le-Père-qui-m'a envoyé ». Elle est donc lestée d'Esprit saint, puisque l'Esprit saint est cette force qui sans cesse relie les êtres divisés, séparés, diabolisés. Cette parole vivante est « conforme à la vérité » parce que la seule vérité vraiment vivante, vraiment porteuse de vie pour chaque être humain, est une vérité-en-relation : fruit du compagnonnage de Jésus avec son Dieu (« moi-et-le-Père-qui-m'a envoyé »), elle est parole porteuse de vie relationnelle, parole qui désamorce la division mortifère et qui incite à refuser de lancer les pierres blessantes, en faveur d'un compagnonnage entre humains vivants.

Cette parole est dé-routante. Elle détourne chacun-e du chemin tout tracé par la peur et l'esprit de jugement. Elle introduit un doute : est-ce vraiment là le droit chemin de Dieu, le chemin qui conduit à la vie ? « Celui d'entre vous qui est sans dé-viation, qu'il jette le premier une pierre sur elle ! » Si cette parole est vraiment lestée d'Esprit saint, comment y voir de l'ironie et du sarcasme ? Comment en faire le fruit d'un bon calcul ? Au contraire, ç'aurait pu être très mal calculé : Jésus lui-même dira que le pire des aveugles est celui qui croit qu'il voit ; par conséquent, le risque était grand qu'un certain nombre de pharisiens s'estiment assez irréprochables, dans leur conduite religieuse, pour s'accorder en toute bonne conscience le droit de lapider la femme !

Certes, objectera-t-on, mais ils savaient, *et Jésus le savait aussi,* que seule l'autorité romaine avait le droit de mettre à mort. C'est ce dont témoignera Jean dans son récit de la passion : « Pilate leur dit alors : "Prenez-le vous-mêmes et jugez-le selon votre loi !" Les juifs lui dirent : "À nous il n'est pas permis de mettre quelqu'un à mort !" » (Jn 18,31). Quant à la lapidation, même si à l'époque de Jésus on avait parfois le droit de la pratiquer, elle était rare. Jésus savait pertinemment qu'ils n'iraient pas jusqu'à lapider cette femme.

Mais alors, comment comprendre la question de Jésus au v. 10 quand, « ayant levé-la-tête, il dit : "Femme, où sont-ils ? Personne ne t'a exécutée ?" », comme s'il ne le savait pas, comme s'il n'avait rien remarqué ? N'est-ce pas qu'il se trouvait, effectivement, en silence et en retrait dans une Autre dimension de l'existence ? Si cette parole n'émanait pas de lui « seul » mais de « lui-et-le-Père », si l'*origine* de cette parole était en définitive hors de sa portée, alors sa *fin* ne lui appartenait pas non plus : il n'en attendait pas un résultat nécessaire, comme on se sait gagnant parce qu'on a rivé son clou à l'adversaire. La surprise de Jésus, au moment où il relève la tête, atteste que sa parole était venue d'Ailleurs et qu'il n'avait pas cherché à argumenter, encore moins à acculer ses interlocuteurs.

Un épisode dont j'ai été témoin permettra peut-être de se représenter ce qui s'est passé au Temple ce jour-là. Un homme défendait avec conviction la légitimité de la peine de mort ; les arguments pour ou contre fusaient, la discussion s'enlisait. Tout à coup, une personne présente dit : « Si tu devais, toi précisément, presser sur le bouton pour actionner la chaise électrique, le ferais-tu ? » L'homme en face resta sans voix. La personne avoua par la suite qu'elle s'était *entendue* poser cette question, sans avoir cherché à réduire son interlocuteur au silence. Simplement, elle avait reçu une parole d'Ailleurs... et elle était témoin d'un résultat qu'elle n'avait ni imaginé ni escompté : en un instant presque hors du temps, ce ferme partisan avait accepté d'être dé-routé !

La formulation de cette parole de Jésus qui rend la vie n'est pas sans rappeler le récit des origines : « Que la lumière soit ! Et la lumière fut » (Gn 1,3) ; « Que celui d'entre vous qui est sans faute (...) jette le premier (…) ! » Dans l'ordre de la narration, la lumière est la première création de Dieu. Dans l'ordre de l'expérience spirituelle, l'enjeu n'est-il pas, depuis toujours, d'y voir clair dans la vie ? Il est alors possible d'entendre dans les paroles de Jésus qui ponctuent l'épisode du Temple (« moi je suis la lumière du monde. Celui qui me suit ne marchera pas dans la ténèbre, mais il aura la lumière de la vie ») comme un écho au dessein créateur : « Dieu vit que la lumière était bonne. Dieu sépara la lumière de la ténèbre » (Gn 1,4, trad. TOB). En outre, le « doigt » de Jésus, écrivant sur le sol, ne nous trace-t-il pas un chemin vers cette « lumière de la vie » que le Créateur nous destine de tout temps ? Pensons encore au doigt du Dieu de la Genèse admirablement peint par Michel-Ange dans la chapelle Sixtine ! Tout se passe comme si Jésus avait suffisamment consenti à son humaine impuissance pour que la Parole-Vie, en lui et à travers lui, retrouve ici et maintenant sa puissance créatrice. Tout se passe comme si Jésus écrivait, sous la dictée du Très-Bas, une variante de « Que la lumière soit ! » : que la Parole devienne vie ! parce qu'en ce moment elle est condamnée à mort ; que chacun de vous y voie clair en lui-même !

Jésus place toute sa confiance dans la Parole-Vie pour répondre à la parole pervertie de ses adversaires — per-vertie au sens étymologique de *dé-tournée de son mouvement,* dé-viée, dé-viante. En effet, leur parole a pour origine la peur que Jésus leur inspire et qu'ils passent entièrement sous silence. S'ils avaient suivi le mouvement de leur peur, s'ils avaient été fidèles à ce qu'ils ressentaient profondément, s'ils s'étaient écoutés, ils n'auraient pas eu besoin de se cacher derrière la Loi ni de jouer les justiciers : ils auraient vu clair *en eux-mêmes*. Leur parole est pervertie en ce sens qu'elle détourne l'attention sur la femme et sur Jésus, laissant croire qu'*elle et lui ont un problème*, alors que c'est *leur* problème à eux !

La perversion est encore plus subtile puisqu'ils s'adressent à Jésus comme si *la femme seulement* était en cause, et comme s'ils se contentaient de consulter un spécialiste des Écritures. Or, c'est seulement par le commentaire de Jean que nous, lecteurs et lectrices, comprenons ce qui se cache derrière leur parole : en réalité, ils n'avaient sans doute aucune intention de la lapider, « ils disaient cela en le tentant, pour qu'ils aient de quoi l'accuser ». Ce qui n'apparaissait pas du tout dans leur discours. C'est ainsi que leur parole n'est pas « véridique, authentique » : elle cache d'une part leur peur de Jésus, d'autre part leur besoin de le condamner. Elle est donc doublement mensongère.

Que se passe-t-il au moment où Jésus parvient au bout de sa peur ? Il est désormais en mesure de redonner à *leur* parole son authenticité. Cette parole avait été pervertie, détournée de sa destination : contrairement à la vocation de toute parole humaine, elle ne désignait pas le réel ; elle n'était pas véridique, étant infidèle à ce qu'elle désignait. Et si la vocation de toute parole humaine est en définitive de permettre la communication, de faire circuler la vie à l'intérieur des relations, on peut constater que la parole des pharisiens, étant porteuse de mort, ne répondait pas à cette vocation. C'est pourquoi, afin de redonner à leur parole son authenticité, Jésus commence par entrer en communication *avec leur peur.* Ne faut-il pas se sentir terriblement menacé pour avoir besoin de mettre autrui à mort, comme si, autrui vivant, la vie n'était pas possible ? N'était-il pas urgent pour Jésus de les *rassurer* en leur disant, en somme : c'est vrai, vous pouvez la tuer ; vous n'avez à redouter personne, vous tenez le couteau par le manche ?

Or, en leur donnant confiance en eux, la parole de Jésus les rend auteurs de leur parole, ou encore elle rend à leur parole son autorité, puisque étymologiquement, avoir de l'*autorité*, c'est être pleinement *auteur* de ce qu'on dit. C'est aussi rendre à la parole humaine son poids de vie. En effet, leur parole résonnait comme une condamnation à mort parce qu'elle émanait d'êtres qui n'étaient plus vivants, en proie à une peur bien réelle qu'ils méconnaissaient et dont ils se déchargeaient sur les autres en les terrorisant. Comment leur faire voir que leur parole était porteuse de mort ? Jésus les prend suffisamment au sérieux, au cœur même de leur perversion, pour les encourager à aller *jusqu'au bout de ce qu'ils disent*. Ainsi verront-ils que c'est *leur* parole, en définitive, qui est morte : c'est la mort, en eux, qui tuera cette femme, ce n'est pas Jésus, ni la loi de Moïse.

C'est comme si Jésus disait : votre parole *fera* ce qu'elle dit, à l'image de Dieu dont la Parole ne revient pas à lui sans avoir *fait* ce qu'elle dit, selon l'enseignement constant de la Bible hébraïque. En leur demandant d'aller jusqu'au bout de leur parole, Jésus leur permet de reconnaître qu'ils ne peuvent pas occuper la place de Dieu, lui qui seul réalise *toujours* ce qu'il dit. Et c'est en cela que les humains, eux, n'échappent pas à cette « déviation », cet « égarement » qui consiste à pervertir la Parole-Vie en n'agissant pas toujours en accord avec ce qu'ils affirment. Si leur parole est « authentique, conforme à la vérité », alors elle fera ce qu'elle dit. Confrontés à leur impossibilité de parvenir à occuper la place de Dieu, ils entreront peut-être alors en contact avec la peur mortifère qui les avait fait dé-vier.

Nous disions que Jésus ne cherchait pas, par là, à les piéger. On peut ajouter ceci : les annonces répétées de la passion, dans les évangiles, font penser que Jésus était très lucide sur la perversion dont il allait être victime. Néanmoins, il allait tenter jusqu'au bout de rendre chacun de ses interlocuteurs véritablement auteur de sa parole. Preuve en est son dialogue avec Pilate au cours du procès :

« Pilate lui dit : "Es-tu le roi des juifs ?" Jésus lui répondit : "Dis-tu cela à partir de toi-même ou bien d'autres te l'ont-ils dit de moi ?" (...) Pilate lui dit alors : "Toi, tu es donc roi ?" Jésus lui répondit : "Toi tu dis que je suis roi." » (Jn 18,33 s et 37).

Si la parole de Pilate « Toi tu es roi » était « authentique, conforme à la vérité » de l'homme Pilate et donc, en même temps, conforme à la Parole-Vie, elle *ferait* ce qu'elle dit : elle traiterait Jésus en roi et non en criminel. Mais déjà dans l'épisode du Temple, Jésus devait savoir qu'il mourrait de la perversion de ses accusateurs. Ce n'était que partie remise : si, au Temple, ils semblaient reconnaître qu'ils ne pouvaient pas assumer leur propre parole, ils trouveraient bientôt le moyen d'inciter l'autorité romaine à aller à *leur* place jusqu'au bout de *leur* besoin de condamner.

C'est ainsi que la Parole-Vie continue de venir dans le monde de l'expérience humaine et d'y mourir crucifiée : « Elle est venue chez elle mais les siens ne l'ont pas accueillie » (Jn 1,11). Jésus le savait : ce vendredi-là, ses accusateurs n'allaient pas faire ce qu'ils disaient, ils le feraient faire par d'autres. Et Pilate, lui, allait faire faire ce qu'il ne disait pas : faire crucifier un homme qu'il ne disait pas coupable. Tous s'en laveraient les mains. Il en est ainsi dans le quotidien de nos existences. Les jugements les plus meurtriers se prononcent sous le couvert fallacieux de l'objectivité : cela permet de ne pas s'impliquer dans la souffrance qu'ils engendrent. Un jugement est donc d'autant plus mortifère qu'il détruit l'autre tout en laissant de marbre la personne qui l'émet — et cela est mortifère pour les deux !

Jésus leur adresse vraiment la parole — « celui d'entre *vous* » — dans un face-à-face d'égal à égal où lui se trouve pourtant plus bas, en position physique d'infériorité — et ce n'est certainement pas un hasard s'il est resté assis. Jésus les prend assez au sérieux pour parler dans le vif du sujet. Dans sa réponse, il est bien question d'eux, de la loi de Moïse à respecter, de la femme à lapider. Mais toute l'attention est désormais portée sur eux, et même sur *chacun d'entre eux* : « *celui* d'entre vous (...) qu'il jette le premier !* » Tout l'Évangile retentit de cet appel incessant à faire retour sur soi-même, à n'avoir pour visée que son propre changement, à se mettre en route, avec Dieu, vers une libération de soi-même pour une vie en plénitude avec les autres : « *toi*, suis-moi !* » disait Jésus. C'est pourquoi il ne se met pas à la place de Dieu en portant sur eux un jugement aussi inutile que destructeur (« aucun de vous n'est sans faute »). Il les renvoie à eux-mêmes : c'est à vous de décider si vous êtes sans faute. Ce faisant, il parle *leur* langage : puisque vous croyez pouvoir décider vous-mêmes qui est coupable et qui ne l'est pas, allez jusqu'au bout ! Êtes-vous vous-mêmes sans faute ? Puisque vous ne vous *sentez* pas en faute, puisqu'il n'y a pas de place pour un Autre regard, décidez vous-mêmes si vous ne déviez jamais, si vous n'*êtes* jamais dans l'égarement et la faute ! Le respect de la liberté d'autrui, de ses jugements et de ses actes, va jusque-là.

La parole de Jésus va rendre vie et mouvement à celle et ceux qui étaient figés dans une immobilité effrayante, elle « au milieu », eux l'encerclant : silence de glace, enfermement, emmurement de samedi saint... Jésus consent déjà à accompagner les humains jusqu'au tombeau de leur liberté et de leur humanité. Il n'a aucun moyen de savoir s'ils vont être de bonne foi. Sa parole est simplement fidèle à lui-même. Il parle au plus près de ce qu'il est, lui, en ce moment d'humilité extrême, au ras du sol : aucun défi dans cette parole, aucun désir de les « prendre en flagrant délit » à son tour, par revanche, aucun esprit de jugement, aucune polémique ni même argumentation... C'est pourquoi il baisse à nouveau la tête et se remet à écrire par terre (v. 8), comme s'il n'était pas concerné, ou plutôt comme s'il devait s'effacer pour laisser Dieu être Dieu par le souffle de son Esprit.

La discrétion de Dieu

Ce geste ressemble encore à Dieu. Il s'inscrit dans le prolongement de la parole qui vient de se faire entendre : sobriété de la parole, discrétion du geste. L'homme Jésus s'efface pour que personne ne perde la face. On dirait qu'il se fait aussi petit devant Dieu qu'autrui dans sa défaite : ni par la parole ni par le geste il ne s'est prévalu d'avoir Dieu de son côté, alors qu'il eût été si facile d'invoquer le nom de Celui qui est « sans déviation, sans égarement, sans faute » ! Car se faire petit, ici, signifie laisser le champ libre à autrui pour qu'il vive son propre face-à-face avec Dieu. Aussi longtemps que *nous* jugeons, et surtout si pour ce faire nous mettons Dieu de notre côté, *nous* nous interposons entre autrui et son Dieu. En effet, parce qu'il a perdu la face devant nous, son image de lui-même est trop abîmée pour qu'il ait le désir d'un face-à-face avec Dieu.

On peut donc dire qu'en l'homme Jésus, Dieu lui-même s'efface, jusqu'à ne plus ressembler qu'à la brise du soir, comme dit la Bible hébraïque, afin que personne n'ait le sentiment de perdre la face : en baissant la tête, Jésus donne à chacun de ses accusateurs la liberté de rencontrer Dieu dans un face-à-face de vérité. Peut-on désirer davantage de tact, de délicatesse, de respect d'autrui de la part d'un semblable, de la part de Dieu ? Il en est comme de l'expérience interpersonnelle : comment aborder autrui dans un échange « conforme à la vérité » si l'on a commencé par lui faire perdre la face ? Tout ce que Jésus sait de Dieu en cet instant, c'est son désir brûlant de rencontrer tous les humains de visage à visage, quels que soient leurs actes.

« Ayant à nouveau incliné-la-tête, il écrivait sur la terre » (v. 8) : c'est qu'il vient de les regarder en face, et il a lu dans leurs yeux la haine et l'implacable condamnation. Et il n'éprouve rien de plus urgent que de se remettre sous la dictée de Celui qui jamais ne condamne. Il lui faut au plus vite se réassurer en cette Parole-Vie qui seule assure la victoire sur la peur et le besoin de juger. Mais par quel mystère une simple parole humaine, prononcée par un « fils d'humanité », pouvait-elle être porteuse de la Parole-Vie ? Jésus lui-même le sait-il ? Nous n'avons aucun moyen d'affirmer qu'il ait tablé sur l'efficacité de sa parole. En s'inclinant à nouveau vers la terre, en continuant d'imprimer, sur le sol meuble de son existence, l'alphabet de la langue de son Dieu, il laisse l'Esprit souffler où il veut : il laisse l'Esprit donner souffle à cette succession de pauvres mots qui est sortie de sa bouche. Sa part, à lui, est d'accepter que l'évolution intérieure des autres soit *hors de son pouvoir*.

Son geste apparaît alors sous un autre éclairage : sa parole avait été le fruit d'une profonde acceptation de son impuissance, et il semble qu'il retourne maintenant à cette même impuissance en toute liberté, comme pour vérifier qu'il est resté dans le vrai. C'est qu'il nous est difficile de savoir si nos paroles sont « authentiques, conformes à la vérité » de notre être profond. À la lumière de ce texte, nous pouvons vérifier que c'est le cas en nous posant la question suivante : est-ce que j'ai prononcé cette parole sans tenir compte des conséquences ? Si cette parole ne me rapportait rien, ou bien si elle finissait par me nuire, regretterais-je de l'avoir dite ? Est-ce que la parole qui sort de ma bouche supporte de n'avoir aucun effet sur les autres ? Est-ce qu'elle est suffisamment porteuse de vie, suffisamment ancrée dans la Parole-Vie pour ne pas *dépendre* de la manière dont elle sera reçue par autrui ? Est-ce que je persiste et signe *parce que c'est la vérité pour moi* et non afin d'obtenir quelque chose ? Quiconque incline la tête à la manière de Jésus fait alors une expérience étonnante : il commence certes par retrouver ce sentiment d'impuissance qui l'a poussé à parler sans attendre d'autrui un changement quelconque ; mais il se découvre aussi habité d'une *puissance* intérieure qu'il ne contrôle pas et qui semble jaillir de son être le plus authentique. C'est ainsi qu'il nous arrive d'être stupéfaits de la portée de certaines paroles que nous avions prononcées *sans trop y penser*, en accord profond avec ce que nous sommes : nous n'avions pas du tout imaginé qu'elles dénoueraient la situation, ni même espéré qu'autrui les entendrait. Nous les avions prononcées en quelque sorte en désespoir de cause, avec un sentiment aigu de notre impuissance, mais en même temps avec un souffle et une liberté dont la force nous avait étonnés nous-mêmes.

C'est donc à la manière de Jésus que nous pouvons vérifier si nous sommes restés dans le vrai. Au moment où nous inclinons la tête à nouveau, c'est-à-dire en notre âme et conscience et en présence du Dieu saint, prétendons-nous avoir prononcé par nous-mêmes une parole de vie ? Loin de là, nous ne savons même pas si la Parole-Vie est à l'œuvre ! Mais nous sommes en paix avec nous-mêmes, sans peur et sans esprit de jugement. Le texte se fait l'écho de cette cohabitation entre l'impuissance des humains dans leurs relations interpersonnelles et la puissance de la Parole en eux. Au v. 6, « ayant incliné-la-tête vers le bas, [Jésus] écrivait *du doigt* sur la terre », mais au v. 8, « ayant à nouveau incliné-la-tête, il écrivait sur la terre ». Doute-t-il à présent que sa parole sans peur et sans jugement ait été gravée en son cœur par le doigt de Dieu lui-même ? Ne convient-il pas plutôt de dire que nous sommes invités à *demeurer sous la dictée du Très-Bas*, quand bien même nous n'avons aucun moyen de savoir si nous ne nous sommes pas trompés ? La condition humaine est telle que la voix des accusateurs « continue d'interroger », toujours. Mais la vocation humaine est d' « incliner-la-tête » et d' « écrire sur la terre », toujours « à nouveau », sans savoir, sans prévoir et sans contrôler, pour laisser Dieu être Dieu.

C'est donc l'heure du face-à-face de chaque personnage avec son Dieu : la femme et les hommes, les jeunes et « les plus âgés », le rabbin renommé et les fidèles anonymes. « Alors, ayant entendu, ils sortaient un à un, à commencer par les plus âgés, et [Jésus] fut laissé seul, la femme étant au milieu » (v. 9). Ils n'ont jamais été aussi proches les uns des autres qu'en ce même verset où ils se trouvent pourtant juxtaposés dans un isolement enfin fécond : eux, « un à un » ; elle, seule à être « au milieu » ; lui, « laissé seul ». Ce n'est pas qu'ils sont seuls les uns par rapport aux autres — cela, on le savait depuis le début —, mais ils sont fondamentalement seuls devant la Parole-Vie qui s'est donnée à entendre.

Or, les accusateurs de Jésus vont enfin le « laisser seul » (seul avec son Dieu !) au moment où ils « entendent » la Parole-Vie résonner *en chacun d'eux*. Certains manuscrits semblent insister sur le fait qu'il s'agit d'une démarche individuelle, en précisant : « ayant entendu, ils sortaient un chacun » (cf. notre expression « tout un chacun »), et même : « ils sortaient un chacun d'eux ». Or, *akouô* signifie aussi bien « entendre » qu' « écouter, exaucer la demande, obéir ». Autrement dit, le sens est très fort, comme dans toute la Bible. Il est notamment en consonance avec la première phrase de la profession de foi traditionnelle d'Israël, désignée par ses premiers mots : « [*Shema' Israël*] écoute, Israël ! » (cf. Dt 5,1 et 6,4, et aussi 4,1 ; 9,1 ; 20,3 ; 27,9). Les accusateurs de Jésus n'ont pas simplement *entendu* une succession de mots. Ils ont *écouté* : ils ont été rejoints *et mis en mouvement* par cette Parole-Vie qui ne revient jamais à Dieu sans avoir fait ce qu'elle dit.

C'est dans le silence et la solitude que Jésus l'avait entendue. C'est dans leur face-à-face solitaire avec Dieu que chacun d'eux l'entend maintenant, et il en sera de même pour la femme. C'est ainsi que, selon ce même évangile, « l'Esprit souffle où il veut et tu *entends* [*akoueis*] sa voix » (Jn 3,8) : tu entends sa voix lorsque, laissant autrui s'expliquer seul avec son Dieu, tu acceptes de te retrouver, toi aussi, seul à seul avec ton Dieu. À ce moment-là, tu es peut-être incapable de mettre des mots sur ce revirement intérieur inattendu, mais sans doute en es-tu arrivé au point où tu ne supportes plus que la peur pervertisse toujours tes paroles en jugements de condamnation.

Voilà peut-être pourquoi le texte dit qu'ils « *sortaient* un à un » : la scène se passant très vraisemblablement dans la cour des femmes, seul endroit, au Temple, où la femme avait le droit de se tenir, d'où sortent-ils donc sinon, symboliquement, de leur enfermement intérieur et, en même temps, de ce cercle infernal où ils tentaient d'enfermer définitivement et Jésus et la femme ? Une telle interprétation va dans le sens de certaines variantes du verset : dans quelques manuscrits, il est dit qu' « ayant entendu, ils battirent en retraite un à un », du verbe *anachoreô* qui signifie aussi « reculer, retourner sur ses pas ». Ne faut-il pas entendre par là un véritable *retour sur soi*? Et n'est-ce pas là la meilleure voie pour « sortir » d'une situation sans issue ? Curieusement, on s'« en sort » lorsqu'on accepte de faire un retour sur soi, de se retrouver face à soi-même, c'est-à-dire face à cet Autre imprévisible qui se tient dans l'intimité des « entrailles » !

Ce verset 9 a reçu un grand nombre de gloses explicatives, comme si l'on avait cherché à saisir sur le vif le mystère d'un tel retournement. Or, il est frappant qu'on n'ait pas donné pour explication une intervention divine : il eût été facile de préciser que Dieu avait touché leur cœur à travers les mots de Jésus. La variante la plus souvent attestée en reste strictement au plan de l'expérience humaine : « Ayant entendu et étant désapprouvés/blâmés par leur *conscience*, ils sortaient un à un. » Notons ici que le premier sens de *suneidèsis* n'est pas la conscience du bien et du mal, la conscience morale, mais le sentiment intime, la « *conscience de ses propres pensées et de ses propres actes* » — la racine verbale de ce mot *sunoida* signifiant « savoir avec un autre, être confident ou complice, savoir en soi-même, avoir conscience de ».

C'est que l'Évangile, dans son ensemble, n'a pas pour visée de faire la morale. La parole de Jésus, ici comme ailleurs, suscite et encourage chez ses interlocuteurs une *prise de conscience*

de leurs propres pensées et de leurs propres actes : leur être profond est-il en accord avec ce qu'ils font ? Sont-ils réellement
« complices » de ce qu'ils font ? N'y a-t-il pas contradiction
entre ce qu'ils clament et font d'une part, et ce qu'ils sont
profondément d'autre part ? Ces remarques vont dans le sens
des variantes mentionnées ci-dessus pour l'expression « un à
un » : ils sortaient « *un chacun* » ou « *un chacun d'eux* » peut
s'entendre aussi dans le sens d'une unité intérieure (re)trouvée.
La peur qui dégénère en accusation d'autrui a semé la division
d'abord en soi-même : de « complice » avec soi-même, on est
devenu duplice. Il s'agit de (re)mettre ses pensées-paroles et ses
actes en accord avec son être profond, de (re)devenir « un ».
Et *cela prend du temps* : l'imparfait « *ils sortaient* [*exèrchonto*] »
reflète, dans le texte, cette durée nécessaire à toute prise de
conscience, bien mieux que l'aoriste (temps du passé simple
ou composé) proposé comme variante par quelques rares
manuscrits, « ils sortirent [*exèlthon*] ».

Certains manuscrits ont cru devoir ajouter à l'indication
« à commencer par les plus âgés » les variantes suivantes :
— « [les plus âgés] jusqu'aux derniers » ;
— « [les plus âgés] de sorte que tous soient partis » ;
— « [les plus âgés] ; tous battirent en retraite ».

La tradition semble donc avoir compris que *tous* les accusateurs partirent, même ceux que la société d'alors considérait
comme les plus sages et les plus versés dans les Écritures : on
voit par là comment la Parole-Vie ne fait pas les choses à moi-
tié, mais va jusqu'au bout de ce qu'elle est. Mais quelle
nuance apporte la précision « *à commencer par* les plus
âgés » ? Notons que cette précision est placée au cœur de la
solitude des humains : exactement entre l'isolement de chaque adversaire, « un à un », et l'isolement de Jésus « laissé
seul ». La vieillesse n'est-elle pas précisément le temps du face-
à-face incontournable de chaque humain avec la plus radicale
des solitudes, celle de la mort ? Voilà peut-être pourquoi
les plus âgés ont été les premiers à accepter de se (re) trouver

eux-mêmes dans ce face-à-face solitaire avec Dieu où la dupli-
cité n'est plus possible.

Lorsque Jésus lève la tête à nouveau, c'est pour voir — parce
que lui a des yeux pour voir ! — que Dieu est passé par là,
dans un grand souffle de vie, ou plutôt dans un souffle aussi
discret que la brise du soir. Car il en est toujours ainsi du
Souffle saint : on ne le prend jamais « en flagrant délit », lui !
C'est *après coup* qu'on est sûr de son passage, parce que, contre
toute attente, la vie refleurit. Un dialogue en vérité vient bri-
ser le silence : Jésus semble découvrir que la Parole-Vie est
venue habiter la terre une nouvelle fois. Et c'est comme s'il
n'en croyait pas ses yeux : « Femme, où sont-ils ? Personne ne
t'a exécutée ? » Pourquoi lui demande-t-il ce qu'il sait forcé-
ment, car le bruit d'une lapidation serait nécessairement parvenu à ses oreilles ? Si nous admettons qu'aucune parole n'est
superflue dans la bouche de Jésus, nous aurons à entendre cet
échange au deuxième degré. Il lui faut de toute urgence mettre des mots justes sur ce qui se passe, de manière à en finir
avec la peur. Il lui faut commencer par *parler,* parler vrai,
d'égal à égale avec « celle-là » que personne — ni accusateur,
ni mari, ni amant — n'a jamais prise pour interlocutrice
depuis le début du drame. Jésus non plus ne lui avait jamais
adressé la parole, mais cela va sans doute dans le sens de ce
que nous avons développé : il s'était identifié à elle comme
malgré lui, il avait profondément communiqué avec elle, à
l'intérieur d'une peur qui leur ôtait sans doute, à tous les
deux, l'usage de la parole... Et maintenant sa première question, « où sont-ils ? », pourrait aussi bien être posée par *la
femme,* comme si Jésus exprimait à haute voix la stupéfaction
qu'elle-même éprouve en cet instant. Deux variantes témoignent encore de leur proximité dans la souffrance ; un très
grand nombre de manuscrits ajoutent : « où sont-ils, c*eux-ci,
les accusateurs de toi* » ou « *les accusateurs de toi* », littéralement
« ceux qui te catégorisaient [*hoi katègoroi sou*] », de cette
même racine verbale qui s'appliquait *à Jésus* au v. 6 : « ils

disaient cela (...) pour qu'ils aient de quoi l'accuser, le "catégoriser" ».

On peut admettre que Jésus n'avait pas vraiment besoin de savoir où ils étaient partis. En outre, si l'on suit les variantes, il parle d'eux comme s'ils n'étaient plus ses accusateurs *à lui*. C'est que lui-même a traversé sa peur et se trouve désormais enraciné dans ce « Je suis » divin qui ne souffre aucune mort, aucune condamnation. Ses propres accusateurs ne *sont* nulle part. En tant qu'accusateurs, ils n'ont pas place dans ce « Je suis » qui est Tout-Accueil... et sa propre expérience ouvre ainsi les yeux à son interlocutrice : « où sont-ils ? » où est leur lieu propre, leur consistance, leur être menaçant ? Nulle part ! En tant qu'accusateurs, ils se sont volatilisés. Ils n'étaient que vent, souffle vain, fantasme sans réalité. Et comment avoir encore peur de ce qui *n'est pas* ?

Ici, la discrétion de Dieu en dit long, par contraste, sur nos réflexes à la fois volontaristes et irréalistes. Ce que Jésus dit à la forme interrogative, avec tact et lucidité, nous avons, quant à nous, tendance à l'assener à autrui sans y réfléchir, comme une vérité objective : femme, tu vois bien que tu ne risques plus rien, alors n'aie pas peur ! Comme s'il suffisait d'exhorter autrui à ne pas avoir peur en faisant appel à son bon sens et à sa volonté ! Les pires terreurs ne sont-elles pas celles qui semblent reposer, dans le présent, sur du vent ? La femme voit bien qu'ils sont partis et qu'elle a la vie sauve ! Mais Jésus sait que la terreur peut rester intacte alors même que la réalité n'est plus terrifiante. Il s'agit donc maintenant de *donner du poids à la réalité*, à *sa* réalité. Et si Jésus lui pose la question, c'est que *la femme est seule* à pouvoir donner du poids à sa réalité. Si elle parvient à affirmer que ses accusateurs ne *sont* nulle part et que « personne » ne l'a exécutée, elle aura opposé au souffle vain de leur condamnation l'épaisseur de *son réel*, la densité de *son présent vivant*. Jésus ne tente pas de le lui inculquer de force, et il sait que de toutes façons il ne le pourrait pas.

« Personne ne t'a *condamnée* ? » Lorsqu'on se souvient du sens de *katakrinein*, surcomposé de *krinein* qui signifie simplement « juger », on peut mesurer les dégâts de la terreur : *katakrinein* c'est « condamner », avec la mise à exécution qui en découle. Jésus voit bien qu'ils ne l'ont pas tuée. Mais elle a encore à découvrir qu'ils ne l'ont pas *détruite*, qu'ils ne lui ont pas ôté pour toujours le droit de vivre. Car l'intériorisation de la terreur va jusque-là : lorsqu'on ne parvient pas à l'exorciser, la terreur cadenasse la personne au-dedans d'elle-même en prenant les couleurs d'une interdiction de vivre. On va vivre désormais comme si l'on était toujours « condamné », en attente de l'exécution d'un verdict de mort. On va vivre *détruit*, avec le sentiment plus ou moins confus d'être mort au-dedans de soi-même, sans même se souvenir qu'on est, une première fois, mort *de peur* et qu'on n'en finit pas de mourir de *peur que « ça » recommence.*

En laissant la question ouverte, Jésus lui donne, *à elle*, la possibilité de mettre des mots sur cela. Mais elle ne le ferait jamais s'il n'était pas entré en relation avec elle, s'il ne s'était pas, pour ainsi dire, mis dans sa peau à elle en lui parlant avec tant de tact et de sollicitude. N'en est-il pas de même pour tout être humain en proie à la peur ? Ne faut-il pas qu'une voix libre et amie, venue d'Ailleurs, témoigne de ce qu'une vie où « personne ne nous a condamnés » est possible ? Et lorsqu'une telle voix se fait entendre, ne sommes-nous pas prêts à y croire, tout simplement parce que nous ne sommes plus seuls, enfermés dans notre terreur avec le *fantôme* de nos tortionnaires ? En ce sens, on peut dire que le v. 10 s'inscrit bien dans la continuité du v. 9 (« ils sortaient un à un ») : ils sortaient aussi de son monde intérieur parce qu'elle y accueillait maintenant celui-là seul qui la respectait, et ils sortaient en emportant la terreur qu'ils lui avaient inspirée.

« Personne, Seigneur ! » Ce seront là les deux seuls mots sortis de sa bouche. Et c'est comme si elle disait alors : il n'y a désormais personne d'autre que toi, Seigneur. Or, ce vide serait vertigineux sans la qualité de présence de Jésus. C'est que, souvent, nous préférons rester en compagnie de nos fantômes familiers, même s'ils sont terrifiants, plutôt que d'oser à nouveau un face-à-face avec quelqu'un venu d'Ailleurs, avec tous les risques qu'implique une nouvelle rencontre. Elle, elle a franchi le pas, décidée à lui faire face. Il l'a interpellée : « Femme ! » Elle lui répond : « Seigneur ! », et le silence qui suit semble habité d'une question impossible à formuler : vas-tu me condamner à ton tour ? vais-je retourner à une solitude plus cruelle encore ? Lorsque la peur a détruit les liens que la confiance avait tissés en profondeur, il peut paraître fou de croire encore à une relation possible avec un être dénué d'esprit de jugement. Et si l'on y a cru quelque temps, la déception et le désespoir sont d'autant plus dévastateurs en cas d'échec.

Discrétion de Dieu, encore... Jésus met des mots sur ce qu'elle n'ose pas avouer, et c'est comme s'il lui tendait la main : « Moi non plus, je ne te condamne pas. » Et toute l'humilité du monde est contenue dans ce « moi non plus » : en cela il se fait homme parmi les humains, semblable à eux en ce qu'il renonce à condamner, *comme ils viennent de le faire.* Tout son combat est là en filigrane : en tous points semblable aux humains, il a été tenté de condamner et, ce jour-là, au Temple, il a vécu avec eux le même renoncement... Mais lui s'y tiendra toute sa vie. C'est quelques versets plus loin qu'il dira, en écho à cette confession, et toujours au plus près de ce qu'il vit — il vaut la peine de rapprocher les deux versets :

« moi, je ne juge personne [*egô ou krinô oudena*] » (v. 15) ;
« moi non plus, je ne te condamne pas [*oude egô se katakrinô*] » (v. 10).

Ici, c'est de lui qu'il s'agit, de son propre cheminement, de sa propre entrée dans « la lumière de la vie ». En effet, il est frappant qu'il ne déclare pas, *au nom de Dieu*, ce qu'il déclare en d'autres circonstances à une femme pécheresse, et à nouveau dans le seul évangile de Luc, « tes péchés ont été pardonnés » (7,48), sous-entendu par Dieu, comme l'indique la voie passive dans la Bible. Ici, c'est de lui-même qu'il parle, dans son face-à-face de vérité avec elle, et c'est comme s'il pouvait lui dire maintenant, en toute authenticité, qu'il a traversé la tentation pour se retrouver vivant, libre du besoin de condamner autrui pour exister. On dirait que Dieu s'efface encore pour laisser Jésus se tenir face à la femme, avec la densité de sa présence, l'épaisseur de son corps, la brûlure de son regard, la force de ses mots : moi non plus, Jésus de Nazareth, fils de Joseph et de Marie, un humain parmi les autres, moi non plus je ne te condamne pas ! Car comment acquérir un jour la certitude que *Dieu non plus ne nous condamne pas*, si nous n'avons *jamais* entendu de la bouche d'un humain — un humain habité de l'Esprit du Christ, même à son insu — « je ne te condamne pas » ? C'est comme si Jésus avait deviné que face à des terreurs aussi destructrices, parler de l'accueil inconditionnel de Dieu restait lettre morte si l'on ne témoignait pas, de toute urgence, à la fois de sa propre humanité (moi aussi je connais la peur et le besoin de juger) et de sa propre destination (moi aussi je suis appelé-e à vivre libre de la peur, sans besoin de juger personne). Une personne terrorisée qui accepte d'entrer en relation avec un être libéré de la peur et du jugement parviendra un jour à dire : moi non plus, je ne te condamne pas.

Mais parviendra-t-elle à dire un jour, à la suite du Christ : moi, je ne juge personne ? Nous disions plus haut que seul Jésus s'y était tenu. C'est en cela qu'il était « sans péché » au dire de la tradition chrétienne, « sans déviation, sans égarement ». Or, on peut dire que ce renoncement définitif à condamner autrui se trouve en germe dans la Parole-Vie « moi non plus, je ne te condamne pas », à cause de ce « moi [*egô*] » dont Jésus a découvert la source : derrière ce « moi », qui en cet instant communie avec les humains lorsqu'ils renoncent à condamner, se profile le « Moi » invisible de Dieu — le « Je suis » de la révélation mosaïque, en qui il n'y a pas de place pour la mise à mort de quiconque. C'est pour avoir fréquenté au jour le jour le Dieu vivant en qui son peuple a toujours cru que Jésus en est arrivé à confesser : « moi non plus, je ne te condamne pas. » Et il n'est pas interdit d'entendre ici : moi non plus, pas davantage, pas autrement que *Dieu lui-même*... Cette parole de l'homme Jésus ne va-t-elle pas atteindre la femme en plein cœur, comme si *Dieu lui-même* avait parlé ? Tel est le pouvoir de la Parole-Vie !

« Va, et à partir de maintenant, ne *pèche* plus ! » Il convient, ici, de rendre à *hamartanô* à la fois sa teneur étymologique et sa portée théologique. Littéralement, on peut traduire : ne manque plus le but ! ne te trompe plus de chemin, ne dévie plus ! ne commets plus de faute ! Il s'agit donc bien davantage que d'une simple atteinte à la moralité : s'égarer loin de Dieu, c'est du même coup s'égarer loin de ses semblables et de soi-même, loin des sources vives de son être profond, tant il est vrai que loin de Dieu, nous n'avons pas de *lieu* sûr. « Où sont-ils ? » demandait Jésus, et la parole qu'il adresse ici à la femme peut résonner en nous comme une invitation : va, et à partir de maintenant, *sois* quelque part ! ne t'égare plus dans une vie où tu n'es nulle part, où tu n'es pas toi, toi en vérité, toi en sûreté, toi en relation vivante avec les autres et avec l'Autre !

Ne plus s'égarer loin de Dieu, c'est, pour la femme anonyme, trouver son lieu propre — cette place non interchangeable qui est la sienne dans le cœur de Dieu — de sorte qu'on ne pourra plus dire d'elle : où est-elle ? Elle est... nulle part ! Car si l'accusateur qui « squatte » en chaque être humain n'a, en définitive, aucun lieu propre, aucune consistance, aucune prise sur le réel, on peut dire de la même manière que l'enfant terrifié retranché en chaque être humain l'empêche en définitive de sortir à la recherche de son lieu propre, de sa place au soleil de Dieu.

Il est frappant que Jésus ne renvoie pas la femme au devoir conjugal et au respect de l'institution du mariage. Il semble n'avoir pour préoccupation que son désir à elle, son cheminement de personne à part entière. Ce n'est pas au couple, mais à chaque individu dans son unicité, que Jésus a toujours adressé son appel : « Toi, suis-moi ! » Car comment ne pas nous égarer loin de nos semblables, y compris des plus proches, tant que notre désir individuel le plus profond, notre aspiration à vivre intensément, ne parvient pas à rencontrer et à épouser le désir de cet Autre en nous, le Dieu Tout-vivant ?

« Jésus est homme, écrit F. Dolto. Il connaît la loi de Moïse. Ne pensait-il pas que les hommes transgressaient souvent cette loi en mariant leurs filles avec des partenaires désaccordés ? Était-ce Dieu qui les avait mariés ? Ou étaient-ce leurs petites lois de convenances, de coutumes, d'intérêts matériels ou de combines ? (...) Jésus veut que non seulement une loi soit en mesure d'être appliquée mais qu'elle aille *dans le sens du désir de chacun.* Il met de l'humain en tout. » Parce qu'il n'y a pas lieu de se méfier de l'humain : n'est-il pas créé à l'image de Dieu ? Le désir humain n'est trop souvent qu'une pâle copie du désir de Dieu, mais il n'en demeure pas moins à sa ressemblance. Il s'agit de faire confiance au désir qui est en nous parce que c'est Dieu qui l'y a mis.

Toutefois, la femme ignorait peut-être à quel point elle faisait fausse route et se perdait elle-même en suivant ce qu'elle croyait être son désir profond. Par conséquent, la parole de Jésus peut donner l'impression de quelque chose d'irréaliste : « à partir de maintenant, ne te perds plus ! ». Il faut dire, ici, que jamais Jésus ne lui parlerait ainsi s'il n'avait pas *commencé par la libérer de la peur* : ne dit-on pas que la peur est mauvaise conseillère ? C'est « à partir de maintenant » seulement qu'il peut lui proposer de prendre une décision intérieure : à partir de maintenant, tu as les moyens de ne plus te perdre ; tu peux être à l'écoute d'une Autre voix que celle de la peur et de la culpabilité ; tu peux te relier à Dieu, ou plutôt relier ton désir au désir de Dieu, puisque là est son lieu d'origine et sa destination ultime.

Il y a de quoi être ébloui par la sagesse et le discernement de ceux qui ont finalement placé l'épisode de la femme adultère juste avant le verset 12. En effet, la cohérence théologique de l'ensemble est remarquable : « à partir de maintenant, ne te perds plus ! (...) Moi, je suis la lumière du monde. Celui qui me suit ne marchera pas dans la ténèbre mais il aura la lumière de la vie ». Comment ne se perdrait-elle pas à nouveau si elle n'avait pas commencé à voir clair sur son chemin au contact de cet homme qui lui parlait vrai parce qu'il avait en lui-même la « lumière de la vie » ?

Et comment ne pas penser à cette autre femme considérée comme peu recommandable, dont Jean seul a raconté la rencontre avec Jésus : la Samaritaine aux cinq maris qui vivait alors en concubinage avec un sixième ? Aurait-elle eu accès, et les gens de son village après elle, à la « lumière de la vie », à la Parole-Vie dont le Christ était porteur, si l'homme Jésus, cet inconnu de passage, ce voyageur assoiffé, ce juif à la fois si proche et si étranger, ne l'avait pas aidée à voir clair dans sa propre vie, en lui parlant vrai et en lui donnant envie de parler vrai *parce qu'en lui il n'y avait ni peur ni esprit de jugement* ? En effet, ce qui allait jeter un éclairage tout nouveau sur sa vie, ce qui allait la mettre en route, à la suite du Christ, vers « la lumière de sa vie », c'est une chose apparemment toute simple : il lui parlait comme à une interlocutrice à part entière, à elle, l'inconnue qui, de surcroît, appartenait à ce peuple samaritain méprisé des juifs. Il mettait des mots justes sur ce qu'elle vivait, sans porter la moindre condamnation : « Tu dis bien : "Je n'ai pas de mari" car tu en as eu cinq et maintenant celui que tu as n'est pas ton mari. Ainsi tu parles vrai » (Jn 4,18). C'est à ce moment-là, alors que la discussion s'enlisait dans le malentendu, qu'elle s'était brusquement sentie rejointe, rencontrée, reconnue telle qu'elle avait été et *jusque dans ce que son passé avait fait d'elle* : « Venez voir un homme qui m'a dit tout ce que j'ai fait ! N'est-il pas le Christ ? » (v. 29). Pour elle, il était le Christ parce qu'à son contact elle avait accédé à la lumière de sa vie et qu'il lui avait simplement « dit tout ce qu'elle avait fait », sans émettre le moindre jugement de valeur, sans éprouver le besoin de la changer, sans lui faire la leçon ni sur sa conduite ni sur ses croyances...

III.

QUAND « MOI JE SUIS », LA PEUR DISPARAÎT

1.

Bâtir sur le roc

L'épouvante ou l'évanouissement de l'Être

« Ne jugez pas, afin que vous ne soyez pas jugés ! » Ce n'est pas la morale qui est en cause : elle a toute sa raison d'être lorsqu'un discernement est désiré pour le choix de tel ou tel comportement. Ce qui est en cause, c'est la propension à « faire de la morale », et l'expression dit bien ce qu'elle veut dire : on impose à autrui — plus souvent qu'on ne s'impose à soi-même — une règle morale qui ne satisfait personne sinon la morale elle-même ; on produit de la morale pour produire de la morale, sans s'apercevoir que l'être humain n'entre alors pas en ligne de compte. Jésus ne disait-il pas : « Le sabbat a été fait pour l'homme et non l'homme pour le sabbat » (Mc 2,27, TOB) ? Si l'être humain n'a pas été créé *pour la morale* mais l'inverse, on comprend que Jésus ait constamment montré à autrui en quoi le comportement sug-géré lui était bénéfique, *à lui* et non à la morale. À l'instar de toutes les exhortations bibliques, la seule morale que Jésus ait proposée s'adressait aussi bien à la liberté qu'à l'intelligence humaine : non pas « obéis sans comprendre ! » mais, pour que tu sois le premier bénéficiaire de tel ou tel comporte-ment, « fais ton choix quand tu auras compris qu'il est dans ton intérêt ! », et alors tu n'auras pas à lutter contre toi-même pour le mettre en œuvre.

Comme les autres recommandations de Jésus, celle qui concerne l'esprit de jugement a donc pour enjeu ultime une plus grande liberté et le bien-être de l'intéressé-e. Mais cette liberté et ce bien-être ne sont pas immédiats. Ils sont d'abord de l'ordre de la promesse et ne découlent pas automatiquement de la décision prise de ne plus condamner autrui ; pire encore, nous constatons rapidement qu'une telle décision accroît plutôt notre mal-être et requiert le courage de persévérer. En effet, lorsque nous nous abstenons de juger et que nous n'occupons plus notre esprit avec ce qui ne va pas *chez les autres,* rapidement nous ne *nous* trouvons plus en sécurité : le voile commence à se lever, nous découvrons la peur qui alimentait notre esprit de jugement.

C'est jusqu'ici que notre réflexion nous a conduits : juger équivaut à s'enfermer dans la peur qu'autrui nous blesse et nous juge, juger équivaut à vivre en se sentant toujours menacé par autrui sans même le savoir, juger équivaut à s'imaginer avoir réduit autrui à l'impuissance, juger équivaut à garder sa peur d'autant plus intacte qu'on n'en soupçonne même pas l'existence. Le premier pas consiste donc à prendre acte de ce que l'esprit de jugement était une « protection » Le deuxième pas consiste à désirer se libérer de cette protection. Or, l'expérience montre que plus nous cultivons ce désir, de toute la force de notre être et de notre pensée consciente, c'est-à-dire avec une grande lucidité sur notre impuissance à y parvenir, plus le sol se dérobe sous nos pas : nous ne savions pas notre vie bâtie sur de tels sables mouvants !

Il faut parfois longtemps pour appeler la peur par son nom. On nous a trop dit qu'il n'y avait pas lieu d'avoir peur. Du coup, quand nous en sommes la proie sans pouvoir la nommer, c'est nous qui n'avons plus de lieu et ne savons plus où nous mettre, comme ces premiers humains dont la Genèse nous raconte l'histoire. Le sentiment de peur est tellement constitutif de l'exister humain que c'est la première émotion à apparaître dans la Bible. « Ta voix, je l'ai entendue dans le jardin. J'ai eu peur car je suis nu et je me suis caché » (Gn 3,10) : c'est le premier dialogue du « glébeux » (de la créature terrestre) et c'est à Dieu qu'il répond, après avoir mangé du fruit de « l'arbre à connaître bien et mal ». Or, cette nudité — cette vulnérabilité, cette impuissance d'un être exposé sans défense à ce qui pourrait faire mal —, il vient d'en faire l'expérience, au moment où sa partenaire, l'autre être humain, a cessé d'être à ses yeux un « secours » pour lui : enfermé, comme elle de son côté, dans sa propre vision des choses, il a cédé au fantasme de la connaissance du Bien et du Mal que pourtant Dieu seul connaît et qu'il ne pourra jamais prétendre connaître ; il a cédé au besoin de juger de ce qui est Bien et de ce qui est Mal, de qui est bon et de qui est méchant, pour se sécuriser en absolutisant ses petites conceptions humaines et en prenant la place de Dieu. C'est alors que sa nudité lui est devenue insupportable : c'est alors que l'autre (ici l'Autre, Dieu), même bienveillant, lui est apparu menaçant.

La question mérite d'être posée à nouveau : pourquoi redouterions-nous l'avenir si le passé s'était toujours bien passé ? Pourquoi aurions-nous peur de souffrir si nous n'avions jamais souffert ? Le texte de la Genèse est révélateur : le « glébeux » n'a pas peur à cause de sa désobéissance ; c'est beaucoup plus profond : « j'ai eu peur *car je suis nu* », j'ai peur parce que je me sens impuissant et sans protection devant la souffrance. Le sentiment d'être à nu est tel que la simple voix d'un autre devient menaçante. Dès lors, on peut dire que s'il faut du temps pour appeler la peur par son nom, il en faut encore plus pour appeler la souffrance par son nom. La souffrance semble bien se profiler à l'arrière-plan du récit de la Genèse, et bien des indices dans le texte suggèrent que le(s) auteur(s) biblique(s) parle(nt) d'un monde où les

humains connaissent la souffrance : il y a notamment l'appellation de l'arbre — Dieu parle pour être compris et les
humains doivent donc savoir ce qu'il entend par « l'arbre à
connaître le bien *et le mal* » — et il y a la mention de la mort
— les humains doivent bien savoir ce que mourir signifie,
sans quoi les paroles divines seraient absurdes[*].

La Bible raconte de manière imagée comment nous sommes toujours tentés de fuir la souffrance inhérente à toute
existence : nous nous sécurisons en consommant de l'arbre à
connaître le Bien et le Mal, nous nous nourrissons des jugements que nous portons sur autrui, nous décidons de qui est
bon et de qui est méchant en absolutisant notre connaissance
du moment, et cela nous fait exister ; en revanche, lorsque
nous adoptons une autre attitude, nous disons de la même
manière imagée : « Je ne mange pas de ce pain-là ! » La force
du symbolisme biblique apparaît de manière encore plus éclatante dans la suite du récit : « le glébeux et sa femme se
cachent du visage de YHWH Dieu… ». Où se cachent-ils ?
Comme par hasard, « au milieu de l'arbre du jardin »
(Gn 3,8) ! C'est là qu'ils s'imaginent être le mieux à l'abri,
c'est là qu'ils tentent d'exorciser leur peur de souffrir, c'est là
qu'ils fuient plus que jamais la souffrance liée à leur histoire :
« au milieu » de l'arbre à connaître le bien et le mal qui lui-
même se trouvait déjà « au milieu » du jardin (2,9).

Et, comme pour mieux évoquer cette deuxième fuite, ou
cette manière de se cacher au deuxième degré, le glébeux
illustre par ses paroles le geste qu'il vient de faire : se cacher
dans ce lieu hautement symbolique revient à *se cacher lui-
même derrière* les jugements qu'il porte quotidiennement sur
autrui ; il croit avoir trouvé son lieu, sa place propre, dans
cette manière de vivre qui consiste à « connaître » tout ce qui

---

[*] Pour une analyse plus approfondie de ce texte, cf. Lytta Basset, *Le pardon originel*, Genève, Labor et Fides, 1998⁴, 3ᵉ partie, « Le fantasme de la
connaissance du Bien et du Mal ».

va mal *chez les autres*. Et c'est exactement ce qu'il dit, dans
une réponse à Dieu qui met en cause *tout le monde sauf lui*.
À Dieu qui l'interrogeait sur lui-même, il rétorque : « la
femme que tu as donnée avec moi, elle, elle m'a donné de
l'arbre et j'ai mangé ». Quoi de plus sécurisant que de prendre pour cible toujours les autres : Dieu qui lui a fait un
cadeau empoisonné, la femme qui a pris l'initiative ?

C'est ainsi que nous sommes tentés, et que nous tentons
quotidiennement, d'exorciser nos peurs : nous commençons
par entretenir notre esprit de jugement (nous lui donnons à
manger de l'arbre à juger, de l'arbre à porter des jugements
définitifs, en nous prenant pour Dieu) et ensuite, quand nos
peurs refont surface, nous nous abritons... dans cet arbre
même qui nous était déjà néfaste — nous nous enfonçons
toujours davantage dans cet esprit de jugement qui tue la vie
autour de nous et en nous au nom d'une prétendue connaissance des bons et des méchants, et nous attendons de cet
« arbre »-là qu'il nous protège d'autrui et nous libère de la
peur d'en souffrir. Or, mieux nous nous y sommes cachés,
moins nous voyons que nous y sommes : nous finissons par
ne plus même savoir que nous vivons séquestrés « au milieu »
d'un arbre mortifère qui nous cache, non pas la forêt, mais le
« jardin » ombragé que Dieu avait « planté » pour nous y
« poser » en sécurité (Gn 2,8 et 15).

La solidité de l'arbre dit davantage encore, par un contraste
saisissant avec la fragilité de « la voix de YHWH Dieu se pro-
menant dans le jardin au souffle du jour » (Gn 3,8). C'est
comme si l'esprit de jugement dans lequel les premiers
humains s'étaient enfermés devait les protéger : en effet,
n'est-ce pas rassurant de croire que telle personne *est* réellement odieuse comme cette table *est* une table, comme cet
arbre *est* un arbre ? À ce stade, nous ne savons même plus
qu'il s'agit de notre *jugement* sur autrui ; nous croyons voir la
réalité telle qu'elle est, notre jugement s'est approprié l'épaisseur et la densité du réel lui-même, nous croyons à la réalité

que nous dicte notre jugement *comme nous croyons à la réalité des choses.* En d'autres termes, autrui est devenu une chose que nous n'avons pas à redouter davantage que nous ne redoutons une table ou un arbre : nous savons exactement à quoi nous en tenir. C'est ainsi que nous pouvons nous trouver profondément désécurisés par la sollicitude et la compréhension d'un être que nous avions définitivement classé dur et indifférent ; mais l'expérience inverse peut être tout autant désécurisante.

L'aventure du jardin d'Éden raconte notre condition humaine : nous sommes fondamentalement démunis, « à nu » devant autrui vivant. Si la peur liée à cette nudité est en définitive la peur d'être *à nouveau blessé,* si par ailleurs la fuite dans l'esprit de jugement conduit à une impasse, on comprend que les premiers humains redoutent le face-à-face avec Dieu : lorsque s'évanouit l'illusion de pouvoir se raccrocher à ses propres jugements comme on se raccroche à la réalité des objets du monde extérieur, le surgissement d'autrui vivant ne peut qu'inquiéter. Il est frappant qu'alors les humains fuient la voix et le visage de Dieu : la voix appelle la réponse, le visage appelle le face-à-face. Mais ils ont peur de la voix et « se cachent du visage de Dieu », comme si leur être tout entier (à la fois leur corps et le sujet parlant qui vit en eux) s'évanouissait devant autrui existant. Car Dieu est l'Autre par excellence en ce qu'il est tout entier dans sa voix et son visage, c'est-à-dire entièrement tourné vers le vis-à-vis, entièrement en relation.

Or, au contact de Dieu, les humains du jardin d'Éden se découvrent inexistants *parce que inaptes au face-à-face, incapables de relation* : la simple existence de Dieu — cette capacité infinie qu'a Dieu d'entrer en relation — les renvoie à leur propre inconsistance. Ils n'ont pas d'ancrage dans l'existence, pas de lieu propre, ils en sont réduits à disparaître derrière leur esprit de jugement. Et parce que cet « arbre à connaître le Bien et le Mal » est un lieu illusoire, un pur fantasme, « Dieu clame vers le glébeux. Il lui parle : "Où es-tu ?" » (Gn 3,9). La TOB traduit : « Dieu appela l'homme et lui dit : "Où es-tu ?" » S'il l'a déjà appelé, on peut penser qu'ensuite, lorsqu'il lui « parle », c'est à un autre niveau : « Où es-tu ? » » où est ta place, ton lieu propre ? comment te situes-tu ? Car si Dieu est Dieu, il doit bien savoir où se trouve le glébeux, de même que Jésus demandera à la femme adultère « où sont-ils ? », en se préoccupant bien davantage de leur ancrage dans l'existence que du lieu où ils sont allés.

Dieu sait que le glébeux n'est nulle part, tant il est vrai qu'un être en proie à la peur n'*est* nulle part. Or, il apparaît qu'être nulle part revient très exactement à n'avoir personne à qui se raccrocher, n'avoir plus de vis-à-vis humain ancré dans l'existence. En effet, l'homme et la femme se sont chacun pour sa part enfermés dans l'arbre des jugements définitifs sur autrui et ils ont également fui le face-à-face avec Dieu : c'est dire que toute relation est devenue impossible et qu'ils sont renvoyés, plus que jamais, à la peur cachée derrière tout esprit de jugement. Mais, objectera-t-on, c'est *parce qu'on n'a pu compter sur personne* qu'on a gardé la peur intacte et qu'on s'est rassuré par des jugements définitifs sur autrui. Certes, et il faut donc bien un jour rompre le cercle vicieux : se confronter à cette peur initiale qui a fait douter définitivement de la solidité des relations avec les humains et avec Dieu. Disparaître dans l'arbre à juger n'est pas une solution. Dès lors qu'on y renonce, on se prépare à accepter de creuser sous le « j'ai eu peur car je suis nu » qui habite tout être humain, souvent à son insu.

Comment les premiers humains auraient-ils eu peur de la mort dont Dieu les avait avertis (Gn 2,17) s'ils n'en avaient eu aucune idée ? Le texte biblique, y compris dans ses récits mythiques, ne saurait faire fi de la condition humaine puisque, même inspiré, il est le fruit des simples humains que sont les auteurs bibliques. Or, l'expérience montre qu'on peut connaître la mort sans mourir physiquement. Quiconque est

une fois « mort de peur » comprend le réalisme de l'avertissement divin, car consommer de l'arbre à connaître le Bien et
le Mal, à juger les bons et les méchants, revient à *mourir à
nouveau* : « Au jour où tu en mangeras, tu mourras, tu
mourras. » En d'autres termes, ce n'est pas ainsi que tu te
libéreras de la peur-mort qui est enfouie en toi. Il n'y a pas
d'autre issue que de faire face à sa peur mortelle, c'est-à-dire
de la revivre telle qu'elle s'est inscrite, innommable, intradui-
sible, interdite d'humanité, *à la place même* de la confiance
spontanée en la vie.

Si nous admettons que le glébeux se retrouve à nu devant
une mort qu'il connaît déjà, nous pouvons constater que le
récit de la Genèse renvoie à une expérience originaire, qui est
potentiellement celle de tout être humain. En effet, quelles
que soient les circonstances qui jadis ont pu être à l'origine
d'une peur mortelle restée incommunicable, nous la portons
désormais en nous un peu à la manière de ces staphylocoques
dorés « encapsulés » dans le corps et susceptibles à tout
moment de provoquer une crise infectieuse. Toutefois,
l'expérience de la peur mortelle nous prend toujours au
dépourvu : au moment où nous nous y attendons le moins,
alors même que nous nous considérons équilibrés et bien
dans notre peau, alors même qu'aucun élément extérieur ne
peut rendre compte réellement de ce qui nous arrive, nous
plongeons dans cette expérience qui nous paraît totalement
inconnue et qui pourtant nous semble déjà inscrite dans nos
profondeurs les plus archaïques — cette expérience si difficile
à décrire d'un évanouissement de l'Être. C'est la peur à l'état
pur, ce temps hors du temps où *l'Être fait défaut.*

On glisse alors dans le vide. Les parois qui servaient de
repères à la vie de tous les jours sont devenues lisses. Plus rien
n'est ferme au toucher. Rien ni personne n'apparaît solide,
crédible, assuré. À dire vrai, plus rien n'*est* et on est happé là-
dedans comme si soi-même on n'était rien. Mettre des mots
sur ce qui se vit alors supposerait qu'on « tient » quelque

chose. Or, précisément on ne tient plus rien du tout. Se rassurer en se disant que cela va passer supposerait qu'on a gardé une certaine prise sur les repères temporels. Or, il n'en est rien. On ne sait pas comment continuer à être. On se sent totalement incapable de vivre et, en même temps, totalement incapable de mourir : comme si *être était devenu impossible* et qu'on était condamné à vivre pourtant cette impossibilité d'être. On n'est pas loin du sentiment de devenir fou, ce qui donnera encore moins envie par la suite de parler à autrui et même de se souvenir d'une telle expérience.

On peut trouver une analyse romancée proche de ce que nous décrivons là sous la plume d'un philosophe contemporain, M. Bellet :

« Alors la Chose sans nom saisit Jean Périer, le traverse, le transperce de part en part. Le voilà immobile, noué au milieu de l'espace vide, cloué vif, dans le halètement et le hurlement muet, cloué sur le poteau d'angoisse. Le Luxembourg est un désert qui s'étend jusqu'aux limites de l'univers. Et le vide qui encercle Monsieur Périer et qui le fouaille jusqu'au-dedans des os est bien plus dur, d'une absence bien plus atroce que l'intersidéral pour le cosmonaute. Car ce que Monsieur Périer connaît, en cet instant, c'est la vacuité du monde, c'est la grande vidange de tout.

Monsieur Périer regarde, désespéré, autour de lui. Il lui semble que les arbres aux bras noirs se font méchants, qu'ils vont bouger, qu'ils bougent, monstres sortis d'un univers d'avant la venue de l'homme. Il n'y a plus d'hommes. Il n'y a plus d'humanité. Il n'y a plus de Jean Périer. Il n'y a plus cette chaleur intime du « moi » qui peut se rassembler même sous les coups, dans le deuil, dans la souffrance. Dispersé, Jean Périer, démembré, en morceaux dans ce monde froid, dans cette glace répandue partout. Plus de visages, plus d'amis ; les paroles qu'il veut se redire ou entendre, c'est comme des bruits dans sa tête, un vacarme muet. Monsieur Périer se plie sur lui-même. Il cherche, oui, désespérément, à se retrouver, à se reprendre (...) Il ne pense pas, il ne pense plus. Il est tout entier cette vague énorme, cette vague de vide, qui déferle à grands coups, imprévisible, immaîtrisable. Plus tard, plus tard, quand à très peu de personnes Monsieur Périer essaiera d'évoquer, au moins de biais, cette expérience-là, il ne trouvera pas de mots (...) C'était vraiment la fin du monde, et encore est-ce mal dire, car nous pensons à la fin du monde comme un spectacle — du genre film-catastrophe, certains d'ailleurs s'y sont essayés. Et ce que Monsieur Périer a connu était aussi loin que possible du spectacle, où le voyeur se tient en face, effrayé peut-être, mais du moins là. Dans le grand vertige, Monsieur Périer n'était plus là, il n'y avait personne, pas même lui, tout était devenu démon ou absence ou les deux (...) Les quelques très rares fois où Monsieur Périer s'est risqué à quelques mots par là, il a rencontré le plus parfait ébahissement. Inutile d'insister.

Mais comment sort-on du chaos ?

Monsieur Périer était donc fixé sur ce haut de l'escalier, serré sur lui-même, la main en quête d'appui.

Allons, allons, il faut marcher. Mais comment se hasarder sur ce terrible escalier, vers ce vide autour du bassin, que la Terreur emplit à grand fracas. Jean Périer court en titubant, le cœur affolé. Il faut s'arrêter, maintenant, se maîtriser. Il se force à s'asseoir sur une chaise, une des rudes chaises de fer qui traînent autour du bassin. Assis, Jean Périer, assis. Il tremble de partout. Il a froid. Tout est froideur et glace. Le soleil brille, le ciel est bleu, tout est blanc. Tout est noir. Délire des couleurs. Tenir bon. Allons allons. Jean Périer pense à Martine — impossible. Encore un coup la pensée se défait, glisse dans l'abîme. Vais-je mourir ? Vais-je devenir fou ? Pensée plus torturante que toutes.

Aucune torture n'est aussi horrible que ça ! hurle Monsieur Périer. C'est un hurlement du dedans, aucun son ne sort de sa bouche. Aucun cancer, aucun sida n'est aussi terrible que ça ! (…)

Voilà le grand silence d'avant le commencement du monde. Jean Périer se hasarde, héroïquement, à lever le visage et regarder autour de lui.

Quelqu'un. Quelqu'un vient. Un homme, là-bas, gros pardessus, chapeau, descend du boulevard Saint-Michel. Il approche. Il vient, d'un pas paisible. Monsieur Périer le voit, le contemple, il en pleure de joie. Cet inconnu, cet homme qui n'est rien du tout pour Monsieur Périer et à qui Monsieur Périer n'est rien, cet homme est tout. Il est la délivrance. Puisque je ne suis plus seul, le monde vit. Bien entendu, Monsieur Périer ne le dit pas comme ça, il ne le dit pas du tout ; il y est tout simplement. L'inconnu s'approche (…) Monsieur Périer dit : — Bonjour.

L'homme s'arrête, surpris. Il songe peut-être que ce quidam débarque tout droit de son village. Il sourit, mi-amusé, mi-bienveillant. Il dit :

— Bonjour. Bonne journée.

Monsieur Périer sourit, se lève, part. Il traverse le grand espace autour du bassin. Tiens, le fonctionnaire a pris son poste. Une femme arrive à grands pas, du côté du tennis. Le monde est de retour, le doux monde des hommes — toutes les férocités imbéciles des humains paraissent dérisoires en cette aube merveilleuse. Le soleil est gai. Le merle est bien vivant, qui sautille dans l'herbe. Le sol est solide sous le pied. Jean Périer (…) se dit (…) que désormais, les choses les plus humbles de la vie auront un prix infini. »

(*Les Allées du Luxembourg*,
Desclée de Brouwer, p. 82-86)

On peut parfaitement comprendre ceux et celles qui préfèrent rester cachés, tels des « morts-morts » de peur dans l'arbre à juger, plutôt que de se trouver confrontés à cette expérience dévastatrice qu'on décrirait volontiers en termes d'épouvante. On peut également comprendre qu'on se rassure en disant « ça n'arrive qu'aux autres, qu'à quelques autres ». Mais d'une part, il suffit que quelques humains aient fait une expérience pour que cette expérience appartienne désormais au champ des potentialités humaines, et alors qu'est-ce qui me garantit que je suis définitivement à l'abri de ce que d'autres humains ont vécu ? D'autre part, il suffit d'avoir lu une seule fois l'épouvante dans les yeux d'un enfant pour savoir qu'en réalité nous, adultes, *savons*. C'est le « grand silence d'avant le commencement du monde », comme dit M. Bellet. C'est cette peur originaire, profondément archaïque, d'avant le commencement de notre « je », de ce « je » qui petit à petit nous a plus ou moins permis de prendre pied dans l'existence.

C'est après coup seulement qu'on peut rendre compte d'une telle expérience. En outre, c'est en réfléchissant à la manière dont on s'en est sorti qu'on peut commencer à comprendre ce qui s'est passé. Le salut de Jean Périer est lié au surgissement d'un homme dans le jardin du Luxembourg. Happé dans un vide qui pulvérisait tout objet extérieur et toute relation à un sujet parlant, il pouvait se sentir fondamentalement seul de son espèce ; par la suite il ne parviendra guère à se faire entendre. Or, alors même qu'il ne sait plus, jusque dans sa chair, ce que signifie être un humain parmi d'autres, voilà qu'il suffit de l'irruption inopinée d'un humain concret pour qu'il reprenne pied, comme si, par sa simple existence corporelle, ce passant inconnu lui apportait la preuve vivante de la solidité de l'Être.

Une telle expérience ne saurait se réduire au revécu des épouvantes de l'enfance, ou plutôt, l'enseignement que nous pouvons en tirer déborde infiniment le cadre de l'explication événementielle. Il s'agit de traverser à nouveau les épouvantes de l'enfance, de se risquer à cette pulvérisation du « je » telle qu'on la vivait à l'époque, pour accéder à une vérité existentielle, à la fois philosophique et théologique, dont on n'aurait jamais soupçonné la fécondité autrement. Cette expérience, si décapante que nul ne saurait la désirer, fait toucher du doigt une réalité dont nous ne sommes généralement pas conscients : c'est exclusivement l'autre humain qui nous fait *accoster dans la vie*, et cela dès la naissance. Car l'autre humain est un sujet parlant qui, en disant « je », me renvoie à moi-même : en disant « je », en parlant du lieu où il est, il n'occupe pas le lieu où moi-même vais pouvoir dire « je », le lieu à partir duquel « je » vois le monde ; il me laisse *mon point de vue*. Étant là où il est, il n'est *que* là où il est. Parce qu'il occupe son lieu propre, *moi j'ai un lieu spécifique dans l'Être*.

Il n'est donc pas impossible que toute peur profonde ait pour matrice archaïque l'épouvante d'une chute dans le non-être. Ce serait sur le fond de cette incapacité vertigineuse à être « je » que nous pourrions peu à peu prendre pied dans l'existence. Et dans ce processus, l'autre être humain aurait eu, à l'origine, pouvoir de vie et de mort. En effet, c'est grâce à la voix de l'autre que, dès la naissance, nous avons pris pied dans l'Être. Par la suite, chaque fois que cette voix faisait défaut, que l'autre dont nous dépendions corps et âme nous rejetait (verbalement ou physiquement et quelle que soit l'ampleur de ce rejet), nous étions littéralement annihilés, renvoyés au néant d'où nous venions ; nous faisions à un degré ou à un autre l'expérience de notre disparition dans le vide. En ce temps-là, et ce temps peut perdurer aujourd'hui, nous n'avions pas encore adopté le « je » dont nous sommes porteurs, et nous ne savions donc pas que le lieu spécifique de ce « je » ne serait jamais effacé pour la simple raison qu'il constitue un *point de vue* unique dans l'Être.

Lorsque autrui nous rejetait, disparaissant dans cet arbre à tuer toutes les relations, nous disparaissions à notre tour dans ce vide où le « je » d'autrui avait disparu. Parce que nous faisions totalement corps avec ce « je », nous n'avions plus rien ni personne à quoi nous raccrocher. Quelles que soient les circonstances de la vie, notre tissu vivant porte la trace, souvent invisible, d'une déchirure qui peut toujours nous mettre à nouveau en contact avec « la grande peur d'avant le commencement du monde », c'est-à-dire d'avant le commencement de notre « je ». Il nous suffit parfois d'un événement brutal (suicide, mort d'un proche, licenciement, etc.) pour nous apercevoir que la déchirure était déjà là, témoin discret de cette épouvante sans mots que nous portions en nous, signe indéniable de notre précarité originaire.

Mais il arrive aussi que la déchirure se fasse jour en un temps de profonde mutation intérieure. C'est pourquoi il est si difficile de *changer*. En effet, lorsque nous sommes amenés à abandonner un type de comportement, une manière de voir les choses et les êtres, un fonctionnement qui nous était habituel, nous sommes parfois si profondément perturbés que nous vivons quelque chose de cette épouvante archaïque. Étant en quelque sorte « entre deux chaises », nous ne savons plus qui nous sommes : nous quittons volontiers l'arbre creux dans lequel nous ne vivions pas vraiment, mais nous ne pouvons pas encore nous raccrocher à ce « je » auquel nous aspirons autant que nous aspirons à être ancrés, libres, dans l'Être. La peur mortelle de ne plus être nulle part, de disparaître dans le vide, se manifeste à nouveau, et elle interdirait tout changement intérieur si autrui vivant ne nous aidait pas alors à reprendre pied dans l'existence. C'est pourquoi il est quasiment impossible de changer en profondeur si l'on ne peut pas compter sur un humain qui se tienne en vis-à-vis, à la place de son « je » propre, témoin vivant de ce que l'Être ne fait pas défaut.

Aux fondations du message biblique, « Je suis/je serai »

L'expérience de l'épouvante ou, de manière plus répandue, l'expérience déroutante de ce que nous avons appelé la grande peur d'avant le commencement du « je », jette une lumière crue sur une réalité que notre adhésion affairée au monde nous permet d'ordinaire d'ignorer : l'Être est *d'abord* un sable mouvant dans l'expérience humaine. Peut-être avions-nous cru que l'Être était solide, que cela allait de soi de pouvoir compter sur lui, au point que nous n'y avions jamais pensé. Mais lorsque la déchirure apparaît et que nous ne savons plus à quoi nous raccrocher, nous comprenons bien pourquoi nous ne voulions rien savoir de la précarité de l'Être : l'expérience est redoutable. Mais on peut la prendre pour une occasion unique de commencer à bâtir sur du solide, peut-être pour la première fois de sa vie.

À quoi se raccrocher, dans cette « grande vidange de tout », ou, en termes plus bibliques, sur quel roc bâtir sa maison ? Revenons-en au récit de la femme adultère. À maints égards, ce n'est pas un hasard s'il a finalement été placé juste avant l'affirmation de Jésus « Moi je suis la lumière du monde » : ce « moi » unifié, fort, lumineux n'est-il pas le signe que la peur a cessé de le dis-loquer, c'est-à-dire littéralement, de lui ôter son lieu propre, le lieu d'où il parle, le lieu de son « je », ou encore son *point de vue* unique dans l'Être ? Jésus aurait alors fait l'expérience d'un « moi je suis » bien vivant sous sa peur et c'est sur lui qu'il se serait appuyé. Ainsi prendrait sens le v. 12 : parce que ce « moi » lui était apparu *toute lumière,* c'est-à-dire du même coup *lumière pour tous* (« Moi je suis la lumière du monde »), Jésus ne redoutait plus rien ni personne, ainsi s'évanouissait le besoin de condamner et d'éliminer autrui. Il n'est donc pas fortuit que par la suite Jésus parle beaucoup en « je » (c'est en Jn 8 que se trouve la plus grande concentration de « moi je suis » dans cet évangile) et que, d'autre part, ce « moi » lumineux libre de toute peur puisse déclarer quelques versets plus loin : « Moi [*egô*], je ne juge personne ».

Que pouvait signifier *egô* dans le contexte de l'époque ? Dans le Proche-Orient ancien, il était courant pour la divinité de se désigner ainsi pour se démarquer des autres prétendus dieux. Dans la période hellénistique, *egô* était devenu un « slogan » dans la propagande religieuse : en proclamant la validité de leur *egô*, les sauveurs les plus variés cherchaient à recruter des adhérents. On peut donc mettre en doute le fait que Jésus ait lui-même parlé ainsi, et supposer que ces déclarations en *egô* soient issues du travail de rédaction effectué par les évangélistes. À l'appui de cela, on peut en outre invoquer le fait qu'aux yeux des juifs les autoproclamations de ce genre étaient considérées comme arrogantes et offensantes à l'égard de Dieu : les rabbins évitaient de recourir exagérément au « je », et beaucoup d'entre eux, par la suite et pour cette raison, ont considéré comme païenne la christologie des évangiles.

De fait, *egô* est plutôt rare, dans les évangiles synoptiques, sur les lèvres de Jésus. Lorsqu'il est prononcé, c'est pour authentifier ce que dit Jésus (sa parole fait autorité comme celle de Dieu lui-même : « Vous avez appris (…) mais *moi* je vous dis », Mt 5,22) ; c'est aussi pour inciter autrui à le suivre (« Venez à moi, vous tous les fatigués, les surmenés, et *moi* je vous donnerai le repos », Mt 11,28) ; et c'est encore pour montrer combien Jésus a été un intermédiaire entre Dieu et les humains (« Voici, *moi* je vous envoie comme des brebis au milieu des loups », Mt 10,16 ; « Voici, *moi* je suis avec vous tous les jours jusqu'à la fin des temps », Mt 28,20 ; « *Moi* j'ai prié pour toi afin que ta foi ne disparaisse pas [litt. : ne s'éclipse pas] », Lc 22,32).

Le « moi » de Jésus n'intervient donc qu'*en relation avec les humains.* Il n'est pas la lumière en soi, un Soi qui se complairait en lui-même et dont l'intensité d'Être serait telle qu'il se suffirait à lui-même. Si Jésus ne disait pas « Moi, je suis la lumière », mais « Moi, je suis la lumière du monde », c'est qu'il était à ce point imbriqué dans le monde que son moi lumineux n'était jamais extérieur à ce monde. C'est comme si Jésus avait à la fois découvert et accepté la possibilité de *porter le monde* au cœur même de son moi lumineux. Notre monde devient donc lumière dans la mesure où il se laisse porter par le moi lumineux du Christ : manière de dire que le monde n'est pas ténèbres en soi et désespérément pour soi, coupé de Dieu. Mais tout cela resterait pure abstraction si chaque être humain n'avait pas la possibilité, à son tour, d'accueillir, de garder en soi, et même de s'approprier le moi lumineux du Christ.

Quand nous disons que le Christ est « lumière du monde », nous savons qu'étant une partie de ce monde, nous sommes déjà portés en lui, en son moi lumineux, et qu'il nous reste à nous approprier cette « lumière de la vie » : « Celui qui me suit *aura* la lumière de la vie », la lumière-Vie. Le Christ devient donc, très concrètement, lumière du monde ou vie lumineuse pour quiconque marche à sa suite : à travers son moi rayonnant, le monde s'éclaire, tout prend un sens parce que plus rien ne se fait tout seul. En effet, le moi de Jésus semble n'être lumière que pour « être eu » : quiconque marchera à ma suite *m'aura*, c'est-à-dire qu'il se sentira toujours accompagné, « jusqu'à la fin du temps » qu'il a à vivre, quand il parlera au nom de Dieu, telle une « brebis au milieu des loups », quand il sera « fatigué et surmené », quand il connaîtra une « éclipse de sa foi »...

Egô, dans la bouche de Jésus, désigne le contraire même d'un « moi » en soi et pour soi : plus Jésus se laissait envahir par ce moi lumineux qui se tient au-delà de toute peur et de tout esprit de jugement, plus il y découvrait le monde, c'est-à-dire tous les humains en quête de la lumière de leur vie, et plus il proposait aux êtres concrets qu'il rencontrait de s'approprier cette lumière-Vie qui leur était destinée. Ne

trouvons-nous pas ici, dans cet *egô* désireux d'être « possédé »
par n'importe quel être humain, un écho de la kénose de
l'épître aux Philippiens — Jésus « s'est vidé lui-même [*ekenôsen*]
prenant forme d'esclave » (Phi 2,7), l'esclave étant celui qui
ne (se) possède pas pour lui-même, mais qui est possédé ? Car
le moi le plus conscient de la lumière-Vie qui l'habite est
celui qui accepte et désire en être dépossédé au profit des
autres, d'une multitude d'autres humains parce que, ce
faisant, il sent et il sait qu'il ne perd rien du tout : une fois
pour toutes, il a su ce moi indestructible parce que vivant-
lumineux d'être donné.

Au demeurant, il n'est pas déterminant de savoir si Jésus a
réellement parlé de lui-même en ces termes. Ce qui importe,
c'est que les témoins aient entendu ainsi ce qu'il disait : si
l'on en croit Jésus lui-même, l'important n'était pas ce qu'il
disait de lui-même mais comment eux le voyaient. Preuve en
est son interrogatoire devant le Sanhédrin : « [Les anciens du
peuple, grands prêtres et scribes] lui dirent : "Si toi, tu es le
Christ, dis-le-nous !" Il leur dit : "Si je vous [le] dis, vous ne
croirez pas. Et si j'interrogeais, vous ne répondriez pas. Mais
dès maintenant ce sera le fils de l'humain assis à la droite de
la puissance de Dieu." Ils lui dirent tous : "Toi, tu es donc le
fils de Dieu ?" Il leur dit : "Vous, vous dites que moi je suis" »
(Lc 22,67-70). Grammaticalement, on doit comprendre :
« Moi je le suis. » Mais ce « moi » est superflu, il suffisait de
répondre : c'est vous qui dites que je le suis.

Avec l'adjonction de ce « moi », on a l'expression « moi je
suis » qu'on retrouvera donc sept fois sous la plume de Jean.
Cela donne beaucoup plus de poids à la réponse de Jésus.
Laissant cependant de côté la question de savoir dans quelle
mesure c'était l'intention de Jésus, et même celle de Jean,
nous retiendrons que cet *egô* sans prédicat (sans attribut du
sujet), si fréquent dans cet évangile où il semble constituer la
désignation favorite de Jésus, n'est sans doute pas la pure

invention de Jean, puisqu'on en trouve la trace dans les évangiles synoptiques.

À première lecture, Jésus renvoie ses interlocuteurs à eux-mêmes, à *leur autorité* : c'est à eux d'être auteurs de ce qu'ils avancent. On peut élaborer les plus beaux credo, les plus justes affirmations dogmatiques, Jésus lui-même pouvait faire les plus émouvantes déclarations à son sujet, mais son moi ne devenait pas lumière du monde tant que ses interlocuteurs ne l'*avaient* pas en eux-mêmes, tant qu'ils ne bougeaient pas suffisamment pour s'approprier la lumière-Vie qui émanait de ce moi rayonnant parce que toujours en mouvement. Les vérités les plus universelles restent lettre morte tant qu'elles ne passent pas par l'étroit goulet de la pure subjectivité pour atteindre et mettre en mouvement quiconque ne veut pas rester toute sa vie simple spectateur. C'est chez Matthieu que l'interpellation personnelle se fait la plus vive : deux êtres humains se faisaient face et, comme pour mieux renvoyer le grand prêtre à la vérité de ce qui était en train de se dire en cet homme qui l'interrogeait, Jésus « gardait le silence ». « Et le grand prêtre lui dit : "Je t'adjure par le Dieu vivant de nous dire si toi, tu es le Messie, le fils de Dieu." Jésus lui dit : "Toi, tu l'as dit !" » (Mt 26,63 s) : tu es pleinement auteur de ce que tu avances, à toi de savoir si tu m'*as* suffisamment en toi pour me voir ainsi !

Une lecture au deuxième degré de la version lucanienne permet d'entendre ainsi la précision « moi » : « Vous, vous dites que moi je suis », ce que vous dites en réalité, sans vous en rendre compte pleinement, c'est que *moi je suis* ; et c'est tellement plus important que d'avoir tel ou tel titre : « fils de Dieu » (Lc), « Messie, fils de Dieu » (Mt), « Messie, fils du Dieu béni » (Mc) ; ce que vous avez « tous » compris (chez Luc), ce que vous dites « tous », en réalité, c'est que vous êtes témoins de ce torrent de vie auquel je m'abreuve ; vous avez très bien senti que *moi je suis* ancré dans l'Être, comme vous y aspirez tous ardemment. Et c'est comme si Jésus mettait ainsi des mots sur la perception qu'ils ont de lui, de sa personne.

Telle était l'expérience de ceux et de celles qui l'avaient connu : Jésus était un être profondément libre, ancré dans l'Être de Dieu ; ils avaient senti en lui quelque chose de si fort, de si lumineux, de si indestructible qu'il leur faisait irrésistiblement penser à Dieu lui-même. Et il leur présente en quelque sorte un miroir : regardez-vous, écoutez-vous, vous êtes témoins de quelque chose qui vous échappe, alors vous vous raccrochez à des formules connues, bien définies (Messie, fils de Dieu), pour rester maîtres de ce qui se passe en vous ; mais cela montre que vous êtes déjà entraînés, vous aussi, dans ce courant de vie qui me fait dire « moi je suis » : comment seriez-vous témoins de quelque chose qui vous resterait totalement extérieur ? Dès lors que vous posez la question, vous y répondez : il ne vous serait pas venu à l'esprit que je suis fils de Dieu si vous ne participiez pas un tant soit peu, vous aussi, à la vie de ce « moi » messianique, libre et libérateur, qui se tient au-delà de toute condamnation !

Que saurions-nous du baptême de Jésus, de sa transfiguration et de sa résurrection sans le témoignage de femmes et d'hommes qui l'ont vu ainsi, trop ancré dans l'Être de Dieu pour jamais disparaître ? Si Jésus se réfère à ce que ses interlocuteurs disent de lui, c'est qu'autrui est toujours le témoin irremplaçable de qui je suis. C'est par le témoignage d'autrui que je sais si je parle au nom de Dieu. C'est autrui qui voit en moi un fils ou une fille béni-e de Dieu. Et c'est ainsi que Jésus formulait ce qu'il lisait dans les yeux et sur les visages des autres : « moi je suis ». La place de témoin est éminemment enviable : percevoir en autrui ce « moi je suis » ancré dans l'Être de Dieu n'est pas source de frustration, mais occasion rêvée de bâtir sur le roc. En effet, nous avons bien dû avoir des yeux pour voir et des oreilles pour entendre, nous avons bien dû être touchés dans notre existence et pas seulement dans notre tête, sinon comment aurions-nous vu en autrui un fils ou une fille de Dieu, élevé-e dans sa puissance de vie, fondamentalement à l'abri en lui ?

Lors de son interrogatoire, il semble bien que Jésus ait vu plus loin que leur question, plus profond que leur pensée consciente. En fait, ce n'est pas le titre de Jésus qui leur importait — même s'ils étaient à l'affût de ce titre pour en faire le blasphème qui leur permettrait de le condamner à mort. Dans la version marcienne, Jésus met lui-même des mots sur leur expérience : « "Es-tu le Messie, le fils du Dieu béni ?" Jésus leur dit : "Moi je suis, et vous verrez le fils de l'humain assis à la droite de la puissance, et venant avec les nuées du ciel" » (Mc 14,61 s). Dans les trois évangiles synoptiques, ils parlent de lui comme « fils de Dieu » et lui répond « fils de l'humain » ; de plus, Marc et Matthieu précisent « *vous* verrez » le fils de l'humain, comme s'il les ramenait sans cesse à leur expérience personnelle.

En effet, que leur importerait un « fils de Dieu » avec lequel ils n'auraient jamais eu aucun *point de contact* ? En répondant « moi je suis » et non « je [le] suis », Jésus tentait de les remettre en contact avec ce qu'ils avaient senti dans leur être profond : ils avaient fait eux-mêmes, à son contact, une expérience de ce « moi je suis » accessible à tout être humain. Et comme pour spécifier que cette expérience reste à leur portée, il ajoute « *vous* verrez le fils de l'humain » : cet humain parmi les humains, ce fils en humanité, cet être semblable à vous, *donc potentiellement n'importe lequel d'entre vous*, vous le verrez (vous en ferez vous-mêmes l'expérience) investi de cette « puissance » de vie qui ne s'explique pas par les circonstances de la vie, qui ne vient pas de ce qui se voit mais de ce qui est de l'Esprit (des « nuées du ciel »). On commence donc à bâtir sur le roc dès qu'on prend vraiment acte, en autrui, de ce « moi » qu'on a senti vivant, indestructible, libre de la peur et du besoin de juger : en être témoin, c'est commencer à en être bénéficiaire.

Comment interpréter correctement le « moi je suis » des évangiles, sans prédicat ou avec prédicat comme dans « moi je suis la porte » ou « moi je suis le bon berger » (Jn 10,9 et 11, etc.) ? Nous nous souviendrons que Jésus ne s'est jamais targué d'une quelconque supériorité. Il ne se vantait pas d'être ou de faire ce que nul ne pourrait jamais être ou faire : « moi je suis » ne signifie en tout cas pas « moi mais pas vous ». Par ailleurs, les évangélistes n'étaient pas intéressés par la psychologie de Jésus en tant que telle. Mais comment auraient-ils pu témoigner de sa liberté sans laisser apparaître ce par rapport à quoi il s'affirmait libre ? Cette liberté, pour être crédible, ne devait-elle pas se profiler sur l'arrière-fond d'angoisse et de frayeur mortelle qui sont le lot de toute existence ? Certes, on trouve peu de traces explicites, dans le Nouveau Testament, de la peur de Jésus ; mais il n'est pas interdit d'entendre les affirmations de Jésus sur son assurance d'*être* comme autant de témoignages de sa victoire sur les facteurs de division que sont la peur et l'esprit de jugement. Si « moi je suis » n'est pas à entendre comme « moi mais pas vous », mais bien plutôt comme « moi et bientôt vous aussi », on peut en déduire que *pour Jésus aussi* l'unité de la personne et l'assurance d'être ont été le fruit d'une conquête.

C'est ainsi qu'on peut dépasser aussi bien le sentiment des accusateurs de Jésus (il blasphème !) que le sentiment plus répandu aujourd'hui (il fanfaronne !). En effet, le reproche commun à ces deux accusations pourrait se traduire ainsi : pour qui se prend-il ? Il se croit supérieur au commun des mortels[*] ! Une étude approfondie des « moi je suis » proférés par Jésus dans l'évangile de Jean va nous montrer que Jésus avait pour unique et brûlant désir d'aider chaque humain à pouvoir dire aussi un jour « moi je suis ». Et n'était-ce pas ce

---

[*] Le reproche est formulé en ces termes, précisément, en Jn 8,53 : « Pour qui te prends-tu ? » (litt. « Qui fais-tu de toi-même ? »)

à quoi tendaient les guérisons qu'il opérait ? Ainsi, on pourra *aussi* entendre au deuxième degré le « c'est moi », ou « je le suis » proféré par l'aveugle de naissance guéri par Jésus à la piscine de Siloé — histoire que Jean seul raconte et qui provoque toute une controverse sur l'identité de l'homme guéri. On connaît le symbolisme de la narration johannique et sa prédilection pour ses paroles à double sens. Et rappelons encore que Jean est seul à mettre sept fois dans la bouche de Jésus « moi je suis » sans prédicat. Il n'est donc pas interdit, là encore, d'entendre au deuxième degré l'affirmation de l'aveugle guéri : « moi je suis » (Jn 9,9), maintenant je me sens ancré dans l'Être de Dieu.

Quand Jésus bâtissait sur le roc

Si, étant fils de l'humain, semblable à tous les humains qu'il rencontrait, Jésus se révélait solide comme le roc — un « moi je suis » qui leur laissait la place, qui les renvoyait à leur propre point de vue dans l'Être, à leur propre « moi je suis » —, si, en outre, chaque humain ancré dans l'Être de Dieu, à la suite du Christ, devient pour autrui ce même « moi je suis » solide comme le roc, la question se pose alors : sur quel roc Jésus avait-il lui-même bâti ? À quel « moi je suis » humain pouvait-il se raccrocher, alors même que ses plus proches disciples vivaient dans la peur ? Ne faut-il pas revenir à ce temps hors du temps où Jésus écrivait sous la dictée du Très-Bas ? Et si Jésus s'est alors raccroché au « moi je suis » divin, qui est ce Dieu solide comme le roc, et comment y a-t-il eu accès ?

Le Dieu de Moïse

Il y a tout lieu de croire que l'expression « moi je suis » est fondée sur le « Je suis qui je suis » formulé par le Dieu de Moïse. Lorsque Dieu envoie Moïse parler à son peuple,

Moïse demande : « S'ils me disent : "Quel est son nom ?" que leur dirai-je ? » Dieu dit à Moïse : « *Je suis/je serai qui je suis/ je serai.* Tu diras ainsi aux fils d'Israël : *Je suis/je serai* m'a envoyé vers vous* » (Ex 3,13 b et 14). Parmi les différentes manières de comprendre ce nom mystérieux, relevons celle qui consonne le plus étonnamment avec le « moi je suis » des évangiles. Selon une note de la TOB, « *Je suis qui je serai* veut affirmer : *Je suis là, avec vous, de la manière que vous verrez.* C'est par l'histoire du salut des hommes que Dieu manifestera peu à peu qui il est ». Le parallélisme n'est-il pas frappant avec les paroles de Jésus concernant sa personne : « moi je suis (…) et *vous le verrez* » (cf. Mt 26,64 : « toi, tu l'as dit ; aussi bien, je vous dis, *désormais vous verrez* le fils de l'humain assis… » et Mc 14,62 : « moi je suis *et vous verrez* le fils de l'humain assis… »).

Le « moi je suis » de la Bible hébraïque, comme celui des évangiles, n'a de sens que par sa destination : il était destiné au peuple d'Israël, il est destiné à tout être humain ; d'où son omniprésence (avec et sans prédicat) dans l'évangile de Jean. Or, c'est précisément dans cet évangile que Jésus parle constamment de Dieu comme de « Celui qui m'a envoyé » : trente cinq mentions chez Jean, une seule chez Matthieu, aucune dans les deux autres évangiles ni dans les épîtres ! Autant dire que l'évangéliste le plus sensible à cet ancrage dans l'Être de Dieu qui caractérisait le « moi » libre de Jésus avait pressenti en lui la présence constante et indéfectible de « Celui qui m'a envoyé ». Pour Jésus, bâtir sur le roc avait signifié se laisser envoyer par « Je suis/je serai » auprès de tout humain sincèrement désireux d'être assuré dans l'Être. Moïse aussi avait été témoin de « Je suis/je serai ». C'est ce Dieu-là qui l'avait « envoyé » vers son peuple (Ex 3,14), et Israël avait bien « vu » qu'il pouvait compter sur ce Dieu-là, sur ce « Je suis/je serai » qui, selon sa promesse, ou plutôt en accord avec son identité profonde, était et resterait toujours *avec lui.*

Mais alors, en quoi Jésus diffère-t-il de Moïse ? Pourquoi la foi chrétienne a-t-elle vu en lui le Messie, c'est-à-dire cet être libre et libérateur dont l'histoire inimaginable marque un avant et un plus-jamais-comme-avant ? La tradition chrétienne n'a pas fait de Jésus un simple intermédiaire entre Dieu et les humains tel qu'était Moïse : elle a vu en lui un « moi je suis » à l'image du « Je suis » divin. Mais il faut ajouter qu'à la différence de Moïse encore, Jésus s'est découvert envoyé par « Je suis/je serai » *pour ouvrir ce même chemin à tout être humain* ; on peut même penser que ce n'était pas un moyen en vue d'une fin : c'est en même temps que Jésus découvrait en lui un « moi je suis » ancré en Dieu, et qu'il se découvrait envoyé vers autrui avec cette capacité d'éveiller en lui aussi un « moi je suis » susceptible d'être à son tour envoyé vers d'autres.

Plutôt que d'ordre chronologique, on peut parler de similitude de condition et de vocation humaines. En effet, peu avant de mourir, Jésus priait ainsi : « *Comme* tu m'as envoyé [*apesteilas*] dans le monde, moi aussi [*egô*] je les ai envoyés [*apesteila*] dans le monde » (Jn 17,18). Le verbe grec est au même temps, comme si les deux démarches étaient contemporaines. Mais ne s'agit-il pas surtout de souligner leur *similitude*, comme dans le *Notre Père* (« *comme/de la manière* dont nous avons pardonné à ceux qui avaient des torts envers nous, pardonne-nous nos torts envers toi ! », Mt 6,12) ? Créés à l'image de Dieu, nous avons en nous un pouvoir de pardonner similaire au sien. Créés à l'image de « Je suis/je serai », nous avons en nous la capacité d'*être envoyés vers autrui*, porteurs de ce « moi je suis » qui vivait en Jésus. Ainsi parlera le Ressuscité : « Comme le Père m'a envoyé/m'envoie [verbe au parfait qui en grec a également valeur de présent], moi aussi je vous envoie » (Jn 20,21), et le présent de ce verbe marque maintenant une vocation qui concerne tout être humain à toute époque.

Le « moi je suis » des évangiles, si proche du « Je suis/je serai » du Dieu juif, est donc à recevoir à travers l'hymne de Phi 2 et le thème de la kénose : « Il s'est vidé lui-même, prenant forme de serviteur, devenant dans une *similitude* d'humain et, par la manière d'être/l'aspect/l'attitude, reconnu [litt. trouvé] comme un être humain » (Phi 2,7). Il n'a pas prétendu bénéficier de prérogatives ni même de responsabilités que les autres n'auraient pas eues. Devenir tout à fait *semblable* aux autres, c'était, pour l'homme Jésus, ne rien garder pour lui-même ; c'était donner aux autres le secret de sa joie ; c'était offrir tout ce qu'il avait reçu, le partager indéfiniment parce qu'il en savait la source intarissable. Se faire serviteur signifiait que plus personne désormais n'était maître parmi les humains, sinon « Je suis/je serai » Tout ce à quoi il avait eu accès était accessible à toute personne en quête de ce « moi je suis » qui vit de ne rien garder pour soi-même : « Je ne vous appelle plus serviteurs, parce que le serviteur ne sait pas ce que fait son maître. Mais vous, je vous ai appelés/je vous appelle amis, parce que *tout ce que j'ai entendu de mon père, je vous l'ai fait connaître* » (Jn 15,15).

En commentant la prière de Jésus à Gethsémani, Luther affirmait qu'aucun homme n'avait jamais autant redouté la mort, mais il faut alors ajouter qu'aucun être humain n'avait aussi exclusivement bâti sur le « Je suis/je serai » divin. La crainte d'être anéanti lui-même n'était-elle pas, en lui, à la mesure de la crainte de voir Dieu disparaître dans son épouvante, ce Dieu sur lequel il avait édifié sa vie entière ? Sur qui pouvait-il s'appuyer alors ? Sur quel témoin humain de ce « Je suis/je serai » plus fort que la mort ?

Nous faisons l'expérience de ce vertige lorsque, malgré une foi sincère, nous ne parvenons pas à trouver l'apaisement dans la personne du Christ. C'est la traduction spirituelle de l'épouvante : et si tout cela — Dieu, la foi, la Bible — n'était que du vent, un fantasme qui occupe agréablement l'esprit seulement quand tout va bien ? Il n'y a pas lieu de s'étonner que les plus grands croyants soient les êtres les plus menacés par l'effondrement de leur foi : c'est qu'ils croient qu'en Dieu seul l'Être ne fait jamais défaut. Ils ne font confiance à rien d'autre. Alors, lorsque les circonstances de la vie leur font perdre pied et que le sentiment d'épouvante atteint jusqu'aux fondations mêmes de leur raison d'être, ils vivent leur Gethsémani, dans un désarroi qui après coup leur fait honte. Et pourtant, ils n'ont jamais été aussi proches du Christ !

Ce que le sommeil des disciples à Gethsémani semble nous dire de manière symbolique, c'est que Jésus ne pouvait se raccrocher à aucun être humain suffisamment assuré en Dieu pour vivre définitivement libéré de l'épouvante. Encore et toujours, il lui fallait en appeler à ce Nom imprononçable par lequel Dieu s'était jadis révélé à son peuple. Là est le secret de son ancrage dans l'Être, dans l'invocation de ce Nom porteur du tout de l'Être. Or, ce « Je suis/je serai » qui s'est fait connaître à Moïse apparaît sous un jour encore plus intéressant en d'autres endroits de la Bible hébraïque. À sept occasions, Dieu parle de lui-même en disant « moi-lui » ou plutôt « moi-cela », et l'on s'accorde à voir dans cette formule une variante de « Je suis qui je suis/je serai qui je serai » — avec la même évocation d'un Dieu qui épouse la totalité de l'Être. Or, il se trouve que ces autorévélations s'accompagnent chaque fois de la mention des humains, auxquels elles sont destinées. Là, Dieu semble n'exister qu'*en fonction des humains*. Rien ne subsiste, rien n'est, en dehors de Dieu-et-tout-ce-qui-concerne-les-humains, y compris tout ce qui menace leur position ferme dans l'Être.

Dt 32,39 : « Voyez maintenant, oui, moi, *moi-cela* : pas de dieu avec moi ; moi je fais mourir et je fais vivre ; j'ai mis en pièces et moi je guéris ; et personne ne délivre de ma main. »

Es 41,4 : « Qui a travaillé et fait ? Celui qui appelle les générations depuis le commencement : moi le Seigneur, le premier ; et avec les derniers, *moi-cela.* »

Es 43,10 : « Vous [êtes] mes témoins — oracle du Seigneur ! — et [vous êtes] mon serviteur que j'ai choisi pour que vous compreniez et ayez confiance en moi, et disserniez que *moi-cela.* Avant moi, pas de dieu formé, et après moi il n'en sera pas. »

(v. 11 s : « Moi-même, moi-même le Seigneur et en dehors de moi pas de sauveur ! Moi-même j'ai fait savoir et j'ai sauvé et j'ai fait entendre ; et il n'y a pas un étranger parmi vous. Vous [êtes] mes témoins — oracle du Seigneur ! — et moi-même-Dieu. »)

Es 43,13 : « (…) dès ce jour même, *moi-cela* : personne ne délivre de ma main ; je travaille : qui déferait ? »

Es 46,4 s : « Jusqu'à la vieillesse, *moi-cela* ; et jusqu'à l'âge des cheveux gris, moi je [vous] porte/porterai : moi j'ai fait et moi je relève/relèverai et moi je porte/porterai et je libère/libérerai. À qui m'assimilerez-vous et me rendrez équivalent ? [À qui] me comparerez-vous, [à qui] suis-je identique ? »

Es 48,12 : « Écoute-moi, Jacob, Israël, toi que j'appelle : *moi-cela,* moi le premier, moi aussi le dernier. »

Es 52,6 : « Ainsi mon peuple connaît/connaîtra mon nom. Ainsi en ce jour, oui *moi-cela,* le parlant, me voici ! »

Le nom de Dieu n'est réellement connu que de celui ou de celle qui en bénéficie : le « moi je suis » des évangiles est fondé sur un Dieu qui n'existe pas en soi et pour soi, mais sur un Dieu qui est principalement *fiable pour les humains,* puisque son Être s'est fait connaître principalement comme l'assise inébranlable de toute existence. Ainsi s'éclaire l'étrange appellation « moi-cela [*'ani hu'*] » : le pronom *hu'* est masculin mais peut aussi avoir valeur de neutre. Si A. Chouraqui traduit systématiquement par « moi, lui », la

TOB introduit parfois la notion de neutre : « moi, rien que moi » (Dt 32,39), c'est-à-dire « moi je suis cela, il n'y a rien d'autre » ; « moi je resterai tel » (Es 46,4), c'est-à-dire « moi je resterai cela ». (Par analogie avec l'emploi de ce neutre, on peut penser à l'expression familière « ça c'est tout moi ! ») Ce nom mystérieux serait donc une manière de dire que Dieu englobe le tout de l'Être : rien ni personne ne lui est « étranger », puisqu'il a « fait savoir » et « fait entendre » tout ce qu'il y avait à savoir — « *moi-cela* » (Es 43,10 s). Et Jésus ne dira-t-il pas précisément « tout ce que j'ai entendu auprès de mon père, je vous l'ai fait connaître » (Jn 15,15) ?

Si « moi-cela » signifie que l'Être de Dieu englobe tout et tous, on ne peut le comparer à rien ni à personne (« à qui me comparerez-vous… ? », Es 46,5), car cela supposerait que quelqu'un ou quelque chose subsiste en dehors de lui — il faut bien distinguer pour pouvoir comparer. Il s'agit maintenant de se faire une petite idée du bénéfice que nous pouvons retirer d'une telle affirmation. Tout d'abord, si rien ni personne n'est en dehors de Dieu, nous échappons au vertige du temps qui passe, à l'anéantissement de notre mémoire, à l'inconsistance angoissante de notre avenir : en Dieu rien n'est jamais irrémédiablement perdu de nos « générations », « depuis le commencement » et « jusqu'à la vieillesse et l'âge des cheveux gris » ; lui « le premier » sera encore « avec les derniers », il sera même « le dernier ». Voilà ce qui peut mettre fin au sentiment de menace si souvent lié à notre perception du temps, ce sentiment d'être emportés par le temps comme fétus de paille, de ne pas faire le poids devant la mort et tous les anéantissements qui la précèdent : en Dieu seul nous pouvons nous sentir arrimés dans l'Être puisqu'il est à la fois « moi » et « cela », tout cela que je croyais perdu à jamais ; il est moi-mémoire vivante de tout ce qui a été et sera, moi-et les êtres que nous avons aimés, moi-et tout ce dont nous avons dû faire le deuil. Si Dieu est « moi-cela », nous ne sommes pas menacés d'annihilation : tout est recueilli en lui, vivant…

En outre, si rien de ce qui nous arrive n'est en dehors de Dieu — « personne ne délivre de ma main » — nous échappons au vertige de l'absurde et à la menace de folie liée à la perte du sens. Car nous sommes les bénéficiaires exclusifs de l'Être divin : « vous mes témoins (…) et moi-même Dieu » ; et dans ce passage d'Esaïe truffé de « moi » et de « moi-même » (Es 43,10-13), on dirait que Dieu est « *pour que nous comprenions et discernions* » qu'il est. En son Être seul, nous avons notre assise dans une vie qui a du sens, puisqu'il est à la fois « moi » et « cela » même qu'il nous a « fait savoir, fait entendre » (Es 43,12) « et fait connaître » (Es 52,6). À travers tout ce qui nous arrive, il nous fait savoir et entendre quelque chose de lui, et nous ne sommes plus menacés d'annihilation par ce qui nous a « fait mourir » et nous a « mis en pièces » (Dt 32,39). Dieu *est* pour que nous soyons témoins de qui il est, c'est-à-dire *bénéficiaires exclusifs de qui il est*, car nous ne serions pas réellement témoins d'un Dieu qui « porte, travaille, relève et libère » (Es 46,4) si nous ne nous sentions pas un tant soit peu portés, travaillés, relevés, libérés. Et c'est ainsi que les drames les plus absurdes de nos existences ne nous happent plus dans cet anéantissement où la révolte même n'a plus cours : lorsque nous sommes arrimés en Dieu, témoins de ce « moi-cela » auquel rien ni personne n'échappe, nous savons à qui nous en prendre, nous pouvons lui crier notre révolte. Alors, être témoin c'est avoir Dieu pour vis-à-vis, même si c'est pour lui demander des comptes, et c'est échapper à l'épouvante, ce vertige devant l'incompréhensible disparition de l'Être.

On peut donc dire que Jésus connaissait le nom de Dieu et qu'il nous l'a fait connaître. C'est sur ce roc qu'il reprenait appui dans les moments de grande tentation. Pour nous, en revanche, dans le temps de l'épouvante ou de la profonde déstabilisation intérieure, il arrive qu'il n'y ait « plus personne en face »… et c'est comme si Dieu n'avait jamais existé. Là est le mystère de l'incarnation : c'est à un être humain totalement crédible que nous pouvons alors nous raccrocher parce que, en quelque sorte, Dieu ne nous suffit pas ; il nous faut l'homme Jésus, un semblable, à la fois de chez nous et d'Ailleurs. Pour reprendre pied, il nous faut savoir qu'il a vécu, qu'il s'est battu comme nous, qu'il a *éprouvé* la solidité de l'Être en traversant la mort.

Mais cela ne suffit pas de le savoir avec la tête. Lorsque la peur annihile en nous tout raisonnement cohérent et que nos repères intellectuels, affectifs et spirituels nous glissent entre les doigts, lorsque nous sommes pris dans un vertige où le mot « Dieu » ne recouvre plus rien du tout, notre seul et unique recours est le *nom du Christ*, à cause de sa promesse : « Si vous me demandez quelque chose en mon nom, moi je [le] ferai » (Jn 14,14). Il s'agit alors d'arrêter le tourbillon lancinant d'une pensée qui se noie elle-même dans la folie de la répétition, la peur se nourrissant elle-même sans qu'il soit possible de casser cette spirale qui nous anéantit. Il s'agit d'opposer à cette pensée malade de peur un nom vivant, le nom d'un être humain qui a existé en chair et en os et que la mort même n'a pas détruit. Répéter ce nom *jusqu'à ce que la pensée se calme*, desserrant l'étreinte de la peur, invoquer ce nom de Jésus, sans aucune autre prière, sans aucune autre parole, s'en tenir à cette invocation répétitive, c'est se raccrocher au seul réel qui tienne face à cette disparition de l'Être que provoque la peur sans nom.

C'est cela « demander quelque chose *en mon nom* » : c'est se placer *dans le nom* de Jésus, en désespoir de cause, parce qu'on n'a plus d'autre recours, s'y blottir en quelque sorte. Et c'est y trouver l'apaisement — « *moi je le ferai* » —, c'est-à-dire pouvoir s'appuyer sur ce « moi je suis » qui avait fait cruellement défaut. Si le nom du Christ a cette force-là, s'il suffit d'invoquer ce nom, de s'en imprégner et de le laisser descendre en soi sans penser à rien d'autre pour que petit à petit l'épouvante se dissipe et que la paix s'installe, c'est que ce nom est porteur du « moi-cela » de la Bible hébraïque. Lorsque, dans ces textes, Dieu répétait son nom « moi... moi-même... moi-cela... personne d'autre que moi... », c'était pour nous rendre témoins de ce que tout le réel est en lui *y compris ce qui nous épouvante ou nous déstabilise*. Mais il nous fallait un humain crédible, un nom assez vivant pour qu'en lui nous devenions bénéficiaires de ce « moi je suis » qui, englobant tout le réel, n'est pas menacé de destruction par quoi que ce soit.

« Si vous me demandez quelque chose *en mon nom* », en vous mettant à l'abri en ce nom indestructible, « moi je ferai » : « moi » prendra tellement corps en vous qu'il n'y aura plus de place pour la peur. En effet, toutes nos demandes ne se ramènent-elles pas à cette demande fondamentale d'avoir un lieu propre pour y être en sécurité et mener une vie libre ? Il est à noter que cette parole de Jésus s'inscrit précisément dans un contexte de peur et d'aspiration à trouver sa « demeure » propre : « Que votre cœur ne soit pas troublé/inquiet/effrayé ! » (Jn 14,1) car je vais « préparer un lieu [*topon*] pour vous » (v. 2), « afin que là où moi je suis, vous, vous soyez aussi » (v. 3) « et là où moi je vais, vous [en] connaissez la route » (v. 4). Nous avions relevé, dans l'épisode du Temple, combien la peur était liée à l'absence de lieu propre : « Où sont-ils ? » demandait Jésus à cette femme qu'il encourageait à chercher sa demeure propre sans se tromper de route...

Ce que nous venons de développer concernant l'invocation du nom de Jésus est en rapport étroit avec la « prière du cœur » qui, dès les premiers siècles, a rythmé toute la vie spirituelle de l'Orient chrétien. Mais ce qui nous intéresse ici, ce n'est pas la discipline respiratoire qui accompagne cette « prière de Jésus », discipline dont il existe maints parallèles dans d'autres religions (cf. la méthode yogique du *japa*, le *dhikr* des musulmans, la pratique bouddhique du *nembutsu*).

D'ailleurs, les moines et Pères du désert théoriciens de la prière du cœur ne considéraient pas la technique respiratoire comme indispensable, c'est l'invocation du nom de Jésus qui restait déterminante : « La prière qui monte à l'intérieur du cœur avec attention et sobriété, en dehors de toute pensée, de toute imagination quelle qu'elle soit, c'est d'abord : "Seigneur Jésus-Christ Fils de Dieu". L'esprit se tend tout entier hors de toute matière, hors de toute parole, vers le Seigneur Jésus-Christ qu'il commémore. C'est ensuite : "Aie pitié de moi." L'esprit revient et retourne en lui-même, comme ne supportant pas de ne pas prier pour lui-même[*]. »

La fécondité de la prière du cœur, pour le sujet qui nous occupe, vient de la possibilité d'invoquer le nom de Jésus « en dehors de toute pensée et de toute imagination ». Car ce sont les pensées et l'imagination qui nous rendent malades de peur : le pire est toujours à (re)venir ; du coup, l'avenir est toujours à redouter et la vie à aborder comme un terrain miné. Invoquer le nom de l'homme Jésus, c'est alors opposer à l'*abstraction* de la peur un être humain concret, réel, incontournable, qui a traversé la peur en restant debout, et qui a ainsi montré comment accéder au sol ferme de l'Être. Ici s'arrête la discipline personnelle. Ici on entre dans le mystère : l'homme qui a vécu il y a deux mille ans était tellement *vivant* que la simple invocation de son nom le rend présent, réel, solide à la manière de l'ami sur lequel on sait pouvoir s'appuyer, une fois pour toutes !

Le dernier combat de Jésus (Jn 13,1-30)

Comment Jésus a lui-même bâti sur le roc, c'est ce qui apparaît à la lecture attentive du treizième chapitre de l'évangile de Jean. Nous avons là le dernier « moi je suis » sans prédicat avant celui, incomparable, de l'arrestation à

---

[*] Calliste et Ignace Xanthopoulos, *Centurie* I, chap. 48, p. 122.

Gethsémani. Ici, tout porte à croire que Jésus mène son dernier combat à la fois contre la peur et l'esprit de jugement. En général, Jean est plutôt réticent à parler des émotions de Jésus. Il s'applique bien davantage à mettre aussi souvent que possible sur ses lèvres l'affirmation « moi je suis » (avec et sans prédicat). Pourtant, nous avons ici un texte qui, de manière unique, réunit, autour d'un verset intermédiaire, la confession d'une certitude brûlante à partager, « moi je suis » (v. 19), et la mention explicite de la peur, « il fut troublé/ inquiet/effrayé » (v. 21). La traversée de ce texte va nous montrer comment Jésus a été homme jusqu'au bout : jusqu'à la veille de son arrestation, dans cet évangile qui ne relate pas le combat de Gethsémani, Jésus a eu affaire, comme n'importe quel être humain, à la peur et à la tentation de condamner — de condamner Judas le traître et Pierre le renégat.

Tout commence par ce désir d'aimer que chaque humain porte en soi dès sa naissance, désir qui parfois ne se laisse pas altérer par les circonstances de la vie et qui, plus rarement encore, trouve son épanouissement en un « mourir d'aimer » aux multiples modalités. Aimer sans restriction, sans condition, *n'est pas* désirer mourir mais *peut* impliquer la mort physique. Jésus désirait ardemment accueillir autrui dans l'amour du Père sans émettre, même intérieurement, le moindre jugement condamnateur à son endroit. Il en est mort. « Ayant aimé les siens dans le monde, il les aima jusqu'à l'accomplissement/l'achèvement/la plénitude » (13,1) : il les aima jusqu'à leur laver les pieds, *y compris à celui qui allait le trahir.* Or, ce récit est hanté par le thème de la trahison, qui revient à intervalles réguliers comme une pensée obsédante porteuse de peur mortelle et d'incitation à éliminer l'objet de la peur. Ce leitmotiv de la trahison se trouve brusquement interrompu en son milieu par ces deux versets quasiment accolés qui à la fois proclament l'indestructibilité du « moi je suis » et nomment la peur poignante de Jésus (v. 19-21). Le tableau suivant permet de percevoir quelque chose du cheminement intérieur de Jésus

v. 2-3 : « le diable ayant déjà jeté au cœur de Judas Iscariote fils de Simon de livrer [Jésus]... *sachant* que le Père lui a tout donné entre les mains... » ;

v. 10 b-11 : « "Vous, vous êtes purs mais pas tous", car il *savait* qui le livrerait. »

v. 18 : « Je ne dis pas cela de vous tous. Moi je *connais* ceux que j'ai choisis. Mais pour que s'accomplisse l'Écriture : "Celui qui mangeait mon pain a levé contre moi son talon." »

v. 19 : « **afin que vous croyiez... que moi je suis** » ;

v. 21 a : « **En disant cela, Jésus fut troublé/inquiet/ effrayé dans l'esprit.** »

v. 21 b : « l'un d'entre vous me livrera » ;

v. 24 : « C'est celui pour qui moi je tremperai la bouchée et à qui je [la] donnerai. »

v. 27 : « Jésus lui dit alors : "Ce que tu fais, fais-le vite !" »

La confrontation progressive de Jésus avec l'objet de sa peur paraît aller de pair avec le renoncement à une « connaissance » d'autrui qui peut toujours déraper en condamnation. En effet, la peur semble absente dans les trois premières citations ; on est dans la sphère du jugement éclairé, mais on se rapproche progressivement du jugement porté sur autrui : « *sachant* que le Père... » (là il est seulement suggéré que Jésus, par sa fréquentation constante de Dieu, connaît les intentions de Judas) ; puis « il *savait* qui le livrerait » mais il en parle indirectement (« vous êtes purs mais pas tous ») ; enfin « moi *je connais* ceux que j'ai choisis » et le risque de juger n'est pas loin — juger pour mettre à distance l'horreur de ce qui se prépare, juger pour rester maître de la situation, juger (ou en tout cas savoir, connaître) pour ne pas céder à la peur...

Et voilà que la peur empoigne Jésus *au moment précis* où il vient de conseiller à ses amis de s'appuyer sur ce « moi je suis » solide qui vit en lui ! Il a touché son fond. Dès lors, les trois dernières mentions ne sont plus allusives. Le jugement, ou en tout cas la « connaissance » protectrice, a fait place à un sens aigu du réel. La progression va dans le sens d'une confrontation de plus en plus précise avec l'objet de sa peur : cette fois, parce que la peur s'est fait jour clairement en lui, sa parole devient explicite (« l'un d'entre vous me livrera »), on dirait qu'il peut maintenant parler vrai (« c'est celui à qui je donnerai... ») ; et pour finir c'est le face-à-face bouleversant à la fois de lucidité et d'humanité : « ce que tu fais, fais-le vite ! » dit-il à Judas comme s'il craignait de nouveau de défaillir. Sinon, comment comprendre cette hâte, dans un évangile qui ne cesse par ailleurs de suggérer que tout se passait comme prévu et que Jésus n'était jamais pris au dépourvu ?

Suivons maintenant le récit pas à pas. Parce qu'il est en profonde communion avec « Je suis qui je suis » (« sachant qu'il est sorti de Dieu et qu'il va vers Dieu », v. 3), Jésus accomplit un geste inimaginable de don de soi, un geste qu'on n'aurait pas même pu imposer à un esclave juif : il lave les pieds de tous ses disciples, y compris Judas. Or, ce qu'il précise à Pierre n'est-il pas valable pour tous les autres : « Si je ne te lave pas, tu n'auras pas part avec moi » (v. 8) ? Et si Judas a aussi « part avec lui », pourquoi Jésus déclare-t-il brusquement : « Vous, vous êtes purs mais pas tous » (v. 10 b), comme s'il retirait immédiatement à Judas le bénéfice de cet accueil *sans condition* qu'il vient d'offrir à tous sans tenir compte de la propreté de leur âme ? Pierre a-t-il l'âme pure, lui qui s'apprête sans le savoir à renier trois fois son maître, selon la prédiction de Jésus lui-même à la fin de ce chapitre précisément ? Cette parole de Jésus est d'autant plus étonnante qu'il va ensuite leur expliquer son geste en de tout autres termes : ce n'était pas un geste de purification, c'était une manière inattendue de symboliser un amour qui se met à disposition d'autrui pour lui-même, sans autre justification que la valeur infinie de la personne d'autrui, quels que soient ses actes et la pureté de ses intentions. En outre, ce n'est pas la pureté des actes de Judas que Jésus semble mettre en cause, mais sa nature profonde — « vous n'*êtes* pas tous purs » — malgré sa conviction constante que Dieu seul sonde les cœurs, malgré son aspiration à ne jamais émettre de jugement définitif à l'encontre de quiconque. Ici, comme souvent dans toute existence, la contradiction est signe de vie. L'homme Jésus était réellement vivant. Si la peur vivait en lui en ce moment de grande intensité relationnelle, on peut comprendre qu'à la simple pensée de celui qui allait le livrer, il ait été tenté de mettre à distance l'horreur à venir en enfermant Judas dans un « être » impur dont la représentation intellectuellement claire pouvait le rassurer : c'est un de mes disciples, c'est mon ami, mais c'est un « être » impur qui n'aura pas « part avec moi », avec lequel je n'ai rien en commun, et qui, par conséquent, cesse de menacer mon être profond.

En demandant ensuite à tous ses disciples de se laver les pieds les uns aux autres (« comme moi j'ai fait pour vous », v. 15), Jésus prend à nouveau appui sur ce « moi je suis » qui n'a pas besoin d'être supérieur aux autres pour exister, puisqu'il est fondé sur le roc de l'Être. C'est pourquoi il leur dit : « Un serviteur n'est pas plus grand que son maître » ; fondé sur « Je suis qui je suis », on peut renoncer à se prévaloir de toute supériorité sur autrui, qu'il soit déficient, traître, renégat ; et « vous *êtes* heureux si sachant cela vous le faites » (v. 16 s). Mais voilà qu'à nouveau le vertige semble le saisir. Sans transition aucune, il revient en arrière : « Je ne dis pas cela de vous tous. Moi je connais ceux que j'ai choisis. » La restriction est plus étonnante encore que la première car ici elle concerne une manière de vivre proposée, à travers les disciples, à tout être humain. Pourquoi Judas seul ne serait-il pas heureux si, sachant cela, il le mettait en pratique ? Pourquoi l'invitation à se laver les pieds les uns aux autres ne s'adresserait-elle pas à « vous tous », et à plus forte raison à toi, Judas, à vous qui avez le plus de difficulté à y répondre ?

Certes, on peut admirer la prescience et la clairvoyance de cet homme qui savait lire dans les pensées secrètes de ses interlocuteurs. Effectivement, Judas va mourir dans l'incapacité de se donner à autrui par surabondance d'Être. Ainsi, l'évangéliste soulignerait à l'intention de ses lecteurs et de ses lectrices le fait que Jésus n'était pas dupe de ce qui se passait. Mais l'enchaînement avec ce qui précède n'a pas de sens : Judas devait plus que quiconque entendre l'appel à se laver les pieds les uns aux autres. Or, c'est comme si Jésus leur disait : il y en a qui sont irrécupérables, je les « connais », cela ne sert à rien ! Nous ne sommes que trop familiers de cette prétendue « connaissance » qui tue le devenir d'autrui. « Moi je connais ceux que j'ai choisis », de Judas je sais une fois pour toutes qu'il n'y a rien à attendre...

Rien ne prouve, objectera-t-on avec raison, que pour Jésus cette connaissance impliquait une condamnation. Mais il suffit pour notre propos de relever ici les traces de son combat intérieur, au moment où, sa peur se concrétisant, la tentation se faisait d'autant plus pressante de condamner Judas, sachant ce qui était en lui. Il nous suffit de voir cette tentation à l'œuvre en Jésus pour devenir sensibles à la peur que lui inspirait Judas, davantage à mesure que se rapprochait le moment de son arrestation. Comment Jésus serait-il crédible, comment son message aurait-il un quelconque impact si le besoin de juger lui était resté totalement étranger ? Il ne nous appartient pas de savoir s'il lui est arrivé de céder à ce besoin, mais il nous appartient de sentir au prix de quel combat il est allé au-delà de ce besoin, là où la peur d'autrui et de la souffrance liée à autrui se dissout en « Je suis qui je suis ».

« Mais, ajoute immédiatement Jésus, pour que s'accomplisse l'Écriture : "Celui qui mangeait mon pain a levé contre moi son talon" » (v. 18). Et c'est comme si, pressé plus que jamais par ce besoin de juger, il avait brusquement trouvé refuge dans la Parole de Dieu. Or, ce recours n'est pas sans rappeler le geste accompli dans l'épisode du Temple, lorsqu'il écrivait sur le sol sous la dictée du Très-Bas. Ici, ce qui désamorce en lui le besoin de juger, c'est la certitude que même la trahison de Judas est dans les mains de Dieu, parce que Dieu est « moi-cela », l'Être tout entier, moi *et* même ce qui m'épouvante. Cette manière de citer librement et non littéralement un passage de la Bible hébraïque (Ps 41,10) indique simplement que Jésus s'est approprié la Parole de Dieu. C'est comme s'il avait entendu Dieu lui confirmer la trahison imminente : je vais être trahi par mon com-pagnon (au sens étymologique, lui qui mangeait le pain avec moi), et *Dieu le sait*, Dieu sur qui je peux me reposer puisque son nom, « Je suis qui je suis », est à jamais indestructible.

Dès lors que l'objet de sa peur n'échappe pas à la main de Dieu, Jésus n'est plus menacé par un destin absurde, une disparition incompréhensible des relations humaines qu'il avait crues les plus ancrées dans l'Être. Maintenant, il peut faire face à l'événement terrifiant sans redouter l'anéantissement de son « moi ». C'est alors qu'il peut dire à ses disciples ce qu'il vient d'expérimenter lui-même : « Dès maintenant je vous [le] dis, avant que cela n'arrive [litt. avant le devenir], afin que vous croyiez, lorsque cela arrivera, que moi je suis » (v. 19). En entendant cette parole du psaume comme lui étant destinée, Jésus a pu se rassurer, s'assurer à nouveau, sur le roc de l'Être : il peut désormais affronter la destruction des relations les plus sacrées, parce qu'il « croit dès maintenant, avant que cela n'arrive », que *Quelqu'un est*, en ayant fait de lui son témoin.

Il convient donc de dépasser l'impression que laisse une première lecture de ce verset, selon laquelle Jésus rassure à l'avance ses amis du haut de sa sérénité comme si lui-même n'était pas concerné jusque dans ses émotions par ce qui va arriver. En effet, ces émotions vont précisément déferler deux versets plus loin. Et tout porte à croire qu'en leur parlant, au v. 19, il leur parle aussi de lui-même : s'il n'avait pas fait ce chemin intérieur, comment pourrait-il nous l'indiquer avec autant de conviction ? En outre, n'est-ce pas en faisant part aux autres de ses propres convictions qu'on éprouve leur solidité ? Enfin, Jésus leur indique, au verset suivant, comment accéder à ce « moi je suis » que *lui-même* a pu intérioriser en fréquentant « Celui qui m'a envoyé » : « En vérité, en vérité je vous dis, qui reçoit celui que j'enverrai me reçoit moi-même. Et qui me reçoit reçoit celui qui m'a envoyé » (v. 20).

Il s'agit donc pour nous, à travers les disciples et en l'absence de Jésus, de fréquenter tout être humain que nous sentons investi de ce « moi je suis » dont Jésus était porteur. C'est comme si Jésus disait alors : de même que j'ai été, parmi vous, investi de ce « moi je suis » dont la source est exclusivement en « Celui qui m'a envoyé », vous saurez à qui vous adresser lorsque le sol se dérobera sous vos pas ; il ne dépendra que de vous de « recevoir », c'est-à-dire de laisser entrer dans votre vie intérieure, celui ou celle que je vous enverrai chargé-e de ce « moi je suis » auquel vous pourrez vous raccrocher. Il se peut que cette personne qui nous est envoyée ne sache même pas encore qu'elle est porteuse du Christ, mais nous pouvons en être certains dès lors qu'en fréquentant cette personne, nous trouvons *notre propre chemin* vers Dieu — vers Celui qui nous l'a envoyée et aussi Celui qui cherche à nous envoyer, à notre tour, vers d'autres êtres assoiffés de « moi je suis ».

Et en effet, nous avions relevé à propos du Dieu de la Bible hébraïque qu'il n'est pas en soi et pour soi : s'il n'est qu'*en relation*, s'il est *dans la mesure où il a un témoin humain de qui il est*, alors on comprend que l'intense adhésion de Jésus

à ce Dieu-là (à ce « moi je suis » du v. 19) soit immédiatement suivie d'une invitation vibrante à entendre notre vocation de témoins de ce Dieu-là. Mais être témoin de ce Dieu-
là, si l'on en croit ce verset 20, c'est *d'abord voir autrui porteur
du Christ* (ce que reflète l'expression « c'est le Ciel qui
t'envoie ! »). Si les disciples ont eu besoin de l'homme Jésus
pour devenir témoins de ce « Je suis » qui les envoyait à leur
tour, comment pourrions-nous prétendre avoir accès directement à ce Dieu-là, sans avoir besoin d'un semblable porteur
du Christ, un semblable en chair et en os, un être humain
crédible en qui vit ce « moi je suis » auquel nous aspirons et
sans lequel nous ne nous ouvririons jamais aux autres ?

Il suffit que Jésus affirme sa conviction, et le combat se fait
plus violent que jamais : « *En disant cela*, Jésus fut troublé/
inquiet/effrayé dans l'esprit » (v. 21 a). On aurait pu le croire
libéré de la peur ; au contraire, elle est si forte que Jean ne
peut plus la passer sous silence et le contraste avec la force des
deux versets qui précèdent nous renvoie au récit lucanien de
Gethsémani, lorsque Jésus « agonisait » de peur, immédiatement après avoir été « fortifié » par un ange. Comment ne pas
penser encore à notre propre expérience, lorsqu'un temps très
apaisant de prière, de méditation, d'imposition des mains,
etc., est aussitôt suivi d'une recrudescence terrible de ce mal-
être, de cette souffrance dont on croyait avoir été libéré ? Il y
a sans doute là une loi de la vie, et pas seulement de la vie
spirituelle : devenu plus fort après avoir traversé une crise, on
peut affronter une réalité plus dure encore, de manière à
venir un jour à bout d'obstacles qui au départ étaient insur-
montables. Mais on n'en savait rien, ce qui parfois fait dire,
longtemps après : si j'avais su que je devrais passer par là, je
n'aurais jamais eu le courage. Dès lors, il peut être utile de se
dire avec le Christ, « avant que cela n'arrive », avant que le
sol ne se dérobe à nouveau, non pas : ça va recommencer,
mais : je vais creuser plus profond jusqu'à trouver le sol ferme
de l'Être ; « avant que cela n'arrive », je pose un acte de foi :

je crois en cet autre/Autre porteur du « moi je suis » qui me fait encore cruellement défaut, je crois en cet autre qui m'est envoyé pour m'accompagner… et j'affronte ce qui arrive.

C'est la troisième et dernière fois, dans l'évangile de Jean, que Jésus est dit en proie au trouble et à la frayeur. Le verbe utilisé chaque fois désigne le contraire de l'impassibilité, de cette *ataraxie* qu'un certain christianisme a confondue avec la sérénité. Chaque fois, Jésus a perdu sa paix intérieure et cette grande perturbation, cette frayeur impossible à décrire, était en rapport étroit avec la proximité de la mort. La première fois, c'était devant le tombeau de son ami Lazare. Il venait de dire à Marthe, la sœur de Lazare : « *Moi je suis* la résurrection et la vie ; celui qui croit en moi, même s'il meurt, vivra ; et tout être qui vit et croit en moi ne mourra pas, à jamais » (Jn 11,25 s). Mais l'attitude de la foule et de l'entourage de Lazare montre notre difficulté naturelle à croire en un « moi je suis » — fût-il celui de Jésus — plus fort que la mort. Jésus n'était-il pas confronté alors à sa propre destinée ? N'avait-il pas à croire, *lui d'abord*, devant ces signes éloquents de la mort physique, qu'il n'allait pas disparaître comme Lazare dans un néant qui rendrait sa vie absurde et ôterait toute crédibilité à son message ? Alors, raconte Jean, « il fut fortement ému dans l'esprit et il se troubla/s'inquiéta/s'effraya [*etaraxen heauton*] » (11, 33). La deuxième fois, Jésus leur parlait en termes à peine voilés de sa mort imminente. On s'accorde à trouver dans ce passage l'écho des paroles de Gethsémani : « Maintenant, mon être *s'est troublé-se trouble/s'inquiète/s'effraie* [*tetaraktai*, au parfait qui a aussi valeur de présent] et que dirai-je ? Père, sauve-moi de cette heure ? Mais c'est pour cela que je suis venu, pour cette heure ! Père, glorifie ton nom ! » (Jn 12,27 s). Or, ici aussi la peur déferle juste après la mention du « moi je suis » : c'est au verset précédent que Jésus affirmait sa confiance en ce lieu ferme de l'Être (« là où moi je suis, là sera aussi mon serviteur »).

Mais ici à nouveau, si la conviction est d'abord profondément ébranlée par la marée des émotions, il faut noter qu'ensuite, la libération de la peur a quelque chose de spectaculaire. En Jn 11, c'était la résurrection de Lazare, la victoire évidente de la vie sur les pires angoisses de mort ; ici c'est, aux versets suivants, une voix venue du ciel, dont sont témoins les personnes présentes, comme si elles étaient directement bénéficiaires de la force, du *poids* du nom divin en qui aucune peur ne subsiste. Jésus avait dit : « Père, glorifie ton nom ! », c'est-à-dire, selon l'étymologie du mot hébreu correspondant, « donne du poids à ton nom ! », à ce « moi je suis » dont tu m'as fait porteur ; et lorsque la voix se fait entendre, Jésus dit : « Ce n'est pas à travers moi que cette voix est venue mais *à travers vous* » (12,30). En d'autres termes, c'est au moment où Jésus sort libre de sa peur que *les autres* font une expérience personnelle du « moi je suis » dont ils sont témoins : la densité du « Je suis qui je suis » divin passe « à travers » eux au moment où Jésus est libéré de son trouble et de sa frayeur. Notons, ici encore, combien cette profonde perturbation, dans la mesure où elle s'exprime et se partage, se trouve fécondée par l'Esprit et devient source de libération pour soi-même *et pour ceux et celles qui en sont témoins.*

C'est « en disant cela » — en affirmant sa certitude « moi je suis » — que, pour la troisième et dernière fois, Jésus « *fut troublé/inquiet/effrayé dans l'esprit [etarachthè].* Et il témoigna et dit : "En vérité, en vérité, je vous dis que l'un d'entre vous me livrera" » (Jn 13,21). Le trouble n'a jamais été aussi violent : le verbe est à la voie passive pour la première fois, indiquant une perturbation sur laquelle on n'a aucune prise puisque, le texte le précise, elle se produit « dans ou par l'esprit » — l'esprit humain que ne cesse de travailler l'Esprit saint comme on travaille une pâte. En Jn 11,33, l'Esprit était déjà à l'œuvre dans les profondeurs de sa vie émotionnelle (« il fut fortement ému dans l'esprit »). Maintenant, à l'approche de sa propre mort, on pourrait dire que c'est l'Esprit, plus que jamais, qui l'empoigne au moment où il est terrassé par la peur : « être effrayé *dans* l'esprit », n'est-ce pas une manière de dire que l'Esprit est plus grand que la peur, même si, enfermé dans la bulle de la peur, on ne sent pas qu'elle est seulement une bulle, une bulle que l'Esprit entoure de toutes parts ?

Et voilà qu'en proie à cette frayeur incontrôlable, Jésus se met à « témoigner ». Pourquoi employer ici ce mot piégé, qui évoque les remarques acerbes des pharisiens accusant Jésus de « se rendre témoignage à lui-même », juste après l'épisode du Temple (8,13 s) ? Parce que témoigner signifie parler vrai. Or, un témoignage n'est pas nécessairement cru. Ainsi, les adversaires de Jésus lui rétorquaient : « Prouve ce que tu dis ! » ; et l'évangéliste Jean précise volontiers que les miracles opérés par Jésus ne leur suffisaient pas. Un témoin n'est donc pas nécessairement cru, même si son témoignage a été vérifié. En revanche, un témoin peut être cru sur parole, sans preuve. Dès lors, en quoi l'annonce de la trahison de Judas constitue-t-elle un « témoignage » ?

Pourquoi fallait-il que l'*Esprit* le fît parler vrai, c'est-à-dire « témoigner » en vérité, pour annoncer la trahison de Judas ? Parce que, sans l'action de l'Esprit *entre Jésus et eux*, les disciples auraient sans doute été incapables de le croire sur parole, sans preuve, de croire vraiment que l'un d'entre eux allait trahir leur maître et ami. Témoigner, ici, signifie être mû par une vérité dont on n'est pas l'auteur et qui est à transmettre plus loin, mais cette vérité a commencé par se faire une place en soi-même, au prix d'une résistance dont Dieu seul a la mesure. C'est ainsi que Jésus a pu devenir simple témoin de la trahison, parce qu'il avait surmonté la peur « dans l'Esprit », en s'ouvrant à l'Esprit. Désormais, il leur annonce cette nouvelle totalement déstabilisante pour eux sans proférer aucun jugement définitif contre Judas, sans la moindre parole de condamnation. Il ne fait là que témoigner, parler en vérité. Voilà pourquoi il nous semble préférable de garder le texte grec : « il témoigna et dit », plutôt que de traduire avec la TOB : « il déclara solennellement ».

Cette histoire est la nôtre. Du moins peut-elle le devenir. Nous sommes aussi tentés de juger définitivement autrui dans l'exacte mesure où il menace notre être profond, ou plutôt dans l'exacte mesure où nous nous sentons annihilés par ses propos, ses actes ou sa simple existence, et cela quelles que soient ses intentions réelles. Mais le plus intense sentiment d'annihilation ne vient-il pas du fait qu'*autrui ne nous croit pas* ? N'avons-nous pas enfoui dans les oubliettes de notre enfance ce sentiment d'épouvante éprouvé lorsque nos plus proches ne croyaient pas un mot de ce que nous disions ? N'est-ce pas cette sensation très ancienne d'un sol se dérobant brusquement sous nos pas que nous tentons désespérément de ne pas vivre à nouveau, en annihilant autrui à notre tour, et surtout *en refusant de le croire*, en l'enfermant dans un jugement qui lui ôte tout droit de réponse ?

Si c'est bien là notre expérience, le travail de l'Esprit en Jésus est le prélude à un travail dans notre esprit. Nous ne chercherons pas dans les évangiles un antidote à nos angoisses. Quelles que soient l'origine, l'ancienneté et l'intensité de nos peurs, nous ne lutterons plus *contre* elles, nous les laisserons s'exprimer, nous nous en ouvrirons (aux autres, à Dieu), nous les ouvrirons ainsi au travail de l'Esprit. Nous saurons après coup que si nous n'avions pas accepté de nous laisser profondément perturber, dans notre esprit et dans l'Esprit, nous n'aurions jamais pu parler en vérité, parler vrai, selon Dieu et selon la vérité de notre être libéré de ce qui le séquestrait. Faire de nos peurs l'affaire de l'Esprit, c'est les prendre assez au sérieux pour savoir que l'enjeu est immense. Car il s'agit de redevenir témoins de la vérité qui était en nous et que personne ne voulait croire. La déstabilisation que provoque le travail de l'Esprit permet une déconstruction de ce que nous avons édifié au fil des ans pour nous protéger d'autrui annihilant. Mais « avant que cela n'arrive », avant le resurgissement du sentiment archaïque d'annihilation, nous pouvons croire sur parole que « moi je suis » (Jn 13,19), parce que Jésus lui-même n'a pas fait l'économie de cette expérience d'anéantissement et qu'avant nous il en est sorti vivant.

Preuve en est la disparition de toute peur et de tout esprit de jugement dans les trois dernières mentions relatives à la trahison. Jésus fait face Judas qui, quels que soient ses actes, est et demeure non seulement un être humain à part entière mais l'un de ses disciples : « *L'un d'entre vous* me livrera » (v. 21). Jésus parle sans faux-fuyant ni jugement de valeur, sans même nommer Judas, comme pour éviter une mise à l'index : « C'est celui pour qui moi je tremperai la bouchée et à qui je [la] donnerai » (v. 24).

Nous reviendrons sur la portée symbolique du geste qu'il accomplit alors pour indiquer Judas, mais ce geste était si discret qu' « aucun des convives ne comprit pourquoi il lui dit » : « Ce que tu fais, fais-le vite ! » (v. 27 s). Il n'y a pas lieu d'incriminer la stupidité des disciples : s'ils n'ont pas mis Judas au banc des accusés, n'est-ce pas qu'ils n'avaient perçu *aucune condamnation définitive* à l'égard de Judas ni dans les gestes ni dans les paroles de Jésus ? C'est comme si Jésus, malgré sa connaissance de Judas, avait voulu s'effacer pour laisser à Dieu seul le droit de juger, parce qu'il était délivré de la peur que Judas lui avait inspirée.

2.

Le seul « moi » fiable :
« moi qui te parle » d'un lieu sûr

Parfois, la perspective de la mort d'un être aimé menace de nous engloutir comme s'il était déjà mort, comme si nous ne connaissions que trop bien, pour l'avoir engrangé dans notre histoire intime, ce sentiment d'annihilation provoqué par l'interruption d'une relation vitale, vécue comme définitive. Mais nous redoutons quelque chose qui n'est pas encore là, et si cette peur est pire que la réalité elle-même, c'est qu'elle semble vivre en quelque sorte de manière autonome : cette peur n'est-elle pas *déjà là en nous*, quels que soient les événements qui paraissent la faire naître aujourd'hui ? Il s'agit de refaire connaissance avec elle. En fait, c'est une vieille connaissance, qui remonte à notre nuit des temps, à ce temps à jamais inaccessible où s'est inscrite en nous l'effroyable possibilité de la disparition définitive de l'être aimé dont notre survie dépendait. Qui peut prétendre avoir été à l'abri d'une telle expérience, sous prétexte qu'il n'en a aucun souvenir ? N'est-ce pas là un souvenir typiquement inintégrable ?

Jésus savait quelle peur allait réveiller en ses disciples la perspective de sa mort. S'il savait la trahison de Judas, à plus forte raison savait-il la peur des autres — le reniement de Pierre, la fuite de tous. On objectera qu'ils avaient peur pour leur propre vie. Il n'empêche que, plus fondamentalement, la perspective de la mort de leur maître et ami les menaçait dans leur être même : ils avaient cru en lui, ils s'étaient ouverts à cette relation intense qui les mettait désormais à découvert ; ils croyaient avoir bâti sur le roc... C'est pourquoi Jésus les rassure, *à l'avance*, « avant que cela n'arrive » (13,19). Mais on dirait que le « moi je suis » auquel il leur propose de se raccrocher vient faire pièce essentiellement à l'événement de la *trahison*. Il semble que les disciples risquent d'être profondément déstabilisés au moins autant par l'événement de la trahison que par la disparition de Jésus. Il est à noter d'ailleurs que Jean est celui des quatre évangélistes qui accorde le plus de place à l'histoire de la trahison de Judas[*]. Il est aussi celui des quatre évangélistes à ne pas mettre dans la bouche de Jésus les trois annonces de sa mort (cf. en Mt 16,21 s ; 17,22 s ; 20,17 s et parallèles). Certes Jésus, souvent de manière symbolique, parle de sa mort tout au long de cet évangile, et pas seulement dans les paroles d'adieu. Mais, chez Jean, c'est la trahison seule qui est annoncée aux disciples en termes directs.

Il y a lieu de s'interroger sur l'interaction entre ces deux thèmes : la perspective de la mort de l'être aimé et la perspective de la trahison. Nous partirons des réactions des disciples.

Les annonces de la passion et de la résurrection, dans les évangiles synoptiques, provoquent en eux soit une véhémente dénégation (Mt 16,21-23 et parallèles), soit une « profonde tristesse » (Mt 17,23), soit une incompréhension mêlée de peur (« ils ne comprenaient pas la parole et craignaient de

---

[*] Déjà au chap. 6, Jean disait de Jésus, comme s'il avait eu à se prémunir contre l'horreur de la trahison : « Il savait dès le début quels étaient ceux qui croyaient/avaient confiance, et qui était celui qui le livrerait » (v. 64). À ce moment, la tentation était grande de condamner Judas dans son être : « Jésus leur répondit : "N'est-ce pas moi qui vous ai choisis, vous les douze et l'un de vous *est* un dia-bolos/diviseur ? " Il le disait de Judas fils de Simon l'Iscariote, car celui-ci, l'un des douze, était sur le point de le livrer » (v. 70 s).

l'interroger », Mc 9,32). Luc, deux fois sur trois, mentionne cette incompréhension et y décèle une sorte d' « anesthésie » affective : « Ils ne comprenaient pas cette parole et elle leur était cachée, pour/de sorte qu'ils ne la *sentent* pas [du verbe *aisthanomai* qui a donné an-*esthésie*], et ils craignaient de l'interroger au sujet de cette parole » (9,45) ; l'impossibilité d'intégrer la nouvelle de la mort d'un être cher, qui constitue une réaction naturelle de protection bien connue aujourd'hui, est encore davantage soulignée en Lc 18,34: «Eux n'y comprirent rien. Cette parole leur était cachée et ils ne savaient ce qui était dit. »

Or, l'annonce de la trahison semble affecter les disciples bien davantage : aucune dénégation, dans aucun des évangiles (personne ne se récrie « mais non, Seigneur, c'est impossible, nous sommes tes amis ») ; à nouveau une « profonde tristesse » (cf. Mt 26,22 et Mc 14,19) ; et surtout une sorte de déstabilisation qui provoque une mise en question de *tous,* comme si aucun d'entre eux n'était sûr de lui-même, comme si chacun était suffisamment ébranlé pour se sentir personnellement capable de trahir. Et cette réaction est une constante dans les quatre évangiles :

Mt 26,22 : « Ils commencèrent à lui dire, un chacun : "Pas moi, Seigneur ? " »

Mc 14,19 : « Ils commencèrent à lui dire, l'un après l'autre : "Pas moi ? " »

Lc 22,23 : « Eux commencèrent à chercher entre eux lequel d'entre eux s'apprêtait donc à faire cela. »

Jn 13,22 : « Ils se regardaient, étant dans l'embarras/l'incertitude [litt. dans l'aporie] : De qui parle-t-il ? » et il faudra trois versets pour qu'un disciple, mandaté par les autres, pose la question à Jésus.

Tout se passe comme si la perspective de la mort d'un être aimé et l'expérience de la trahison avaient partie liée, à cause de la rupture de relation que toutes deux impliquent. Il nous arrive aussi bien de nous sentir trahis par la mort d'un être aimé que d'être tourmentés, après sa mort, par la pensée que nous l'avons trahi. En effet, la mort d'autrui ébranle en nous l'évidence que nous sommes assurés dans l'Être. Le sentiment de précarité nous pousse alors à croire qu'en temps normal nous nous illusionnons. C'est comme si l'être aimé nous avait trahis en entraînant dans le non-être la part vitale de nous-mêmes. Et voilà que se réveille cette vieille peur plus ou moins familière d'être engloutis dans ce qui n'a pas de fond — parce que le vis-à-vis humain a disparu.

Il semble bien que le sentiment de trahison soit étroitement lié à la mort : s'il ne surgit pas sous la forme que nous venons de décrire, il s'exprime sous une autre forme, mais à partir de la même incertitude d'être assuré dans l'Être. Nous faisons alors comme les disciples : nous nous demandons si nous n'avons pas trahi l'être cher, et cette trahison a essentiellement pour contenu la crainte de ne pas l'avoir assez aimé, de l'avoir ainsi abandonné à la mort. C'est comme si nous n'étions plus sûrs de qui nous sommes, comme si notre être profond nous échappait dès lors que nous « lâchons », par la force des choses, la personne à laquelle nous étions attachés.

Si le sentiment de trahison n'était pas étroitement lié à la disparition de l'être cher, pourquoi les disciples auraient-ils été ébranlés alors qu'aucun d'entre eux n'avait l'intention de trahir concrètement Jésus, *pas même Judas* si l'on en croit Jn 13,26 s («"C'est celui pour qui moi je tremperai la bouchée et à qui je [la] donnerai" (...) Et *après la bouchée*, le satan/ l'adversaire entra en [Judas]»)? La peur de trahir autrui — qui ne fait souvent que cacher la peur d'être trahi par autrui — n'était-elle pas *déjà* en eux, bien avant qu'aucun acte concret ne soit commis par aucun d'entre eux ? Et si tel est le cas, ne faut-il pas voir beaucoup plus loin que l'acte concret de Judas ? En effet, si le thème de la trahison hante l'évangile de

Jean, c'est sans doute que la rupture de relation se vit comme une mort, que la mort se vit comme une rupture de relation, et que *nous en cherchons désespérément le responsable*.

Tant que nous avons l'esprit occupé avec cette question — qui est coupable de trahison ? — nous évitons d'entrer en contact avec ce sentiment d'annihilation provoqué par la disparition irrémédiable de l'être cher. Ainsi, les disciples qui n'avaient quasiment pas réagi lorsque Jésus leur annonçait sa mort et sa résurrection sont tout à fait pris et intimement concernés par la question de savoir qui est responsable de cette mort. Mais à travers cette déstabilisation liée à la peur de trahir, Jésus ne les met-il pas sur la voie de leur peur, largement occultée, d'*être trahis* par ce maître et ami qui leur avait promis de ne jamais disparaître ?

Comment croire que « moi je suis » lorsque la mort a tout détruit ? Comment ne pas être englouti dans la mort où l'être aimé a été englouti ? Comment « moi je suis » peut-il concerner *à la fois* la personne qui est morte et moi qui survis ? Comment expérimenter que là où « moi je suis », personne ne peut me trahir, même en mourant, et que là je ne peux trahir personne, même en le laissant partir — parce que *je reste moi-même*, quand bien même ma douleur est crucifiante ? Il s'agit seulement d'évoquer le mouvement qui nous porte et nous dépose sur ce sol ferme. Il a d'abord fallu nous laisser couler, jusqu'à ce que nous nous heurtions à un autre/Autre résistant. Il nous a fallu consentir à ne plus rien tenir dans nos mains, ni de notre vie, ni de nos pensées, ni des autres et en particulier de celui ou de celle qui, en partant définitivement, a transformé notre quotidien en un sable mouvant. C'est en même temps un consentement à ne plus rien savoir. Comme si la vie elle-même devait se charger désormais de se montrer fiable en elle-même et par elle-même — parce qu'il n'y a plus aucune autre solution.

Un détour par l'analyse philosophique de Michel Henry va nous permettre de rappeler la spécificité du Dieu « parlant » de la tradition judéo-chrétienne. Dans son livre *C'est moi la vérité* (Seuil, 1996), M. Henry consacre le chapitre 8 à « L'oubli par l'homme de sa condition de Fils : "Moi, je", "Moi, ego" ». Ce qui fait de nous des êtres humains, dit-il, « à savoir *le fait d'être un moi*, c'est précisément là ce qui est devenu totalement inintelligible aux penseurs et aux savants de notre temps » ; c'est pourquoi il faut rappeler ce qu'affirme le christianisme : « [l'homme] n'est un homme qu'en tant qu'il est un moi et il n'est un moi qu'en tant qu'il est un Fils, un Fils de la Vie, c'est-à-dire de Dieu » (p. 169 s). C'est la raison pour laquelle « moi » se dit à l'accusatif.

Mais ce « moi » entre en possession de ses pouvoirs. Au moment où nous nous emparons de tout ce que nous portons en nous, nous sommes un « je [ego] », et « "Je" veut dire "Je Peux" » : « ce moi généré passivement dans la vie, mais devenu dans cette génération le centre d'une multitude de pouvoirs qu'il exerce librement (...) ce "Je Peux" fondamental (...) c'est l'ego » (p. 171 s et 175). On n'est pas alors à l'abri de l'« illusion par laquelle cet ego se prend pour le fondement de son être » (p. 177), illusion que l'apôtre Paul frappe au cœur : « Qu'as-tu que tu ne l'aies reçu ? » (1 Co 4,7). Voilà comment survient l'oubli de notre condition de fils et de filles de Dieu :

> « Ainsi l'effectivité de ce "Je Peux" / "Je suis" vient-elle recouvrir le fait que ce "je peux" vivant, ce "je suis" vivant, n'advient que par l'œuvre, qui ne cesse pas, de la Vie en lui (...) C'est uniquement parce que, invisible par nature, radicalement immanente et ne s'ex-posant jamais dans l'"au-dehors" du monde, cette Vie se retient tout entière en elle-même, que l'ego l'ignore, lors même qu'il exerce le pouvoir qu'elle lui donne et qu'il s'attribue » (p. 178 s).

De ce que nous avons personnellement appelé « reprendre pied » dans le « Je suis qui je suis » de la révélation mosaïque ou se réassurer sur ce « moi je suis » dont Jésus avait fait l'expérience, M. Henry parle en termes de salut : « Le salut consiste pour l'ego à retrouver dans sa propre vie la Vie absolue qui ne cesse de l'engendrer (...) Que l'homme fasse l'épreuve en lui de cette Vie absolue qui n'a ni commencement ni fin, qu'il coïncide avec elle, et lui non plus, il ne connaîtra pas la mort » (p. 192). Mais comment y parvenir ? Comment vaincre l'oubli où se tient *la pensée* à l'égard de cette Vie absolue ? Certainement pas par la pensée, première à se trouver disqualifiée du fait qu'elle est la première victime de cet oubli ! Comment rejoindre cet « Avant absolu » où la Vie n'a cessé de s'engendrer, en croyant qu'il n'est pas perdu *pour nous* ? « Quand cet Avant est la Vie, la Vie toujours déjà accomplie, toujours déjà vivante, pour que d'elle puisse naître un vivant quelconque, alors celui-ci, celui qui vient après cet Avant de la vie, n'est-il pas coupé d'elle à tout jamais, séparé de cette Vie absolue en laquelle seulement il pourrait échapper à la mort ? » (p. 199).

Le salut, pour M. Henry, consiste à « porter Dieu en soi », c'est-à-dire à retrouver notre condition perdue de Fils et de Filles de la Vie absolue de Dieu : « Revenir à la Vie, re-naître, voilà ce qui est donné à titre de possibilité principielle toujours présente à celui qui est né de la Vie » (p. 204 et 206 s). Or, cette seconde naissance, par laquelle nous retrouvons une condition qui était originairement la nôtre, n'advient qu'à la faveur d'une « mutation s'accomplissant à l'intérieur de la vie elle-même » et qui a pour nom l'éthique chrétienne : « faire la volonté du Père », c'est laisser la Vie absolue s'accomplir *dans l'ordre de l'agir* et non plus dans l'ordre de la pensée et de la connaissance (cf. p. 208 s). C'est ici que nous nous démarquons de l'analyse de M. Henry lorsqu'il affirme :

> « Quand l'éthique chrétienne opère le déplacement décisif qui conduit des paroles aux actes (...), elle s'adresse à cet ego, elle fait fond sur un pouvoir qui est en lui. Elle

le désigne comme celui qui, en accomplissant l'œuvre de miséricorde, *accomplit son salut*. Dans le même temps, elle disqualifie le langage comme principiellement incapable de jouer ce rôle. Et cela parce que, milieu d'irréalité pure, le langage est étranger à la vie » (p. 211).

À nos yeux, l'Évangile ne nous met pas en demeure de choisir entre les actes et les paroles : il nous met simplement en garde contre des paroles de pacotille qui ne font pas ce qu'elles disent. M. Henry, dont la réflexion repose largement sur l'évangile de Jean, semble tout à coup en oublier le prologue : si « au commencement était la parole/le verbe [*logos*] », si « la parole était [tournée] vers Dieu », si « la parole était Dieu » et si « tout fut par elle, rien de ce qui a été n'a été en dehors d'elle et *en elle était la vie* » (Jn 1, 1 et 3-4), comment le langage se trouverait-il « disqualifié » parce que « étranger à la vie » ? Rappelons que le *logos* grec correspond au *dabar* hébreu : parole porteuse de vie, parole qui a la puissance d'un acte — « Dieu dit (...) et cela est ! » (cf. Gn 1).

L'expérience montre qu'on peut se méprendre sur l'intention cachée d'un acte aussi bien que sur l'intention cachée d'une parole. De plus, il ne suffit pas d'agir, de « faire la volonté du Père », pour reprendre pied dans la Vie, selon la terminologie de M. Henry, ou dans l'Être de Dieu selon nos propres termes. Certes, on peut objecter que seul le langage humain est en cause, et admettre que notre agir n'en est pas moins porteur de la Parole divine qui lui donne sens. Mais il demeure que cette Parole s'incarne aussi bien dans notre langage que dans nos actes. À vrai dire, seule la Parole dont parle le prologue de Jean est *à la fois et de manière indissociable* acte porteur de sens et parole qui fait vivre. La Bible entière en témoigne : seule la Parole fait ce qu'elle dit et dit ce qu'elle fait. Voilà pourquoi, sans elle, nous ne sommes pas « porteurs de Dieu » en nous ; sans elle notre agir n'est pas davantage crédible que notre langage.

Dès lors, nous posons la question suivante : comment la Parole peut-elle provoquer en nous cette nouvelle naissance par laquelle nous retrouvons notre condition de fils et de filles de « la Vie absolue de Dieu » ? Quel agir et quel langage humain croirons-nous sur parole, de manière à retrouver le sol ferme ? Quand plus rien ne (nous) *tiendra*, ni notre agir ni nos paroles, ni celui ni celles des autres — de tous les autres —, quand notre sentiment d'annihilation nous submergera, suffira-t-il de nous dire, avec M. Henry : «Aucun vivant n'est vivant sinon par l'œuvre de la Vie en lui. En conséquence, la relation d'un vivant à la Vie ne peut se rompre, elle n'est pas susceptible d'être défaite » (p. 205) ? Même si nous adhérons de toute notre *pensée* à cette affirmation, ne sonnera-t-elle pas exactement aussi creux que tout le reste ? L'expérience ne nous montre-t-elle pas que ce lien avec la Vie *est* « susceptible d'être défait », au moins périodiquement, non pas en soi mais dans notre sentiment intime ? Et si nous le *vivons* ainsi, qu'est-ce qui mettra un terme à l'autodestruction, au glissement vers la folie, à la fascination du suicide ? Si l'être vivant sent sa relation à la Vie se rompre irrémédiablement, qu'est-ce qui le retiendra ?

Répondre à cette question, c'est d'abord revenir aux sources de la révélation biblique. Nous avions relevé sept mentions du « moi-cela » par lequel Dieu était désigné dans la Bible hébraïque, six d'entre elles se trouvant dans le Livre d'Esaïe, ou plutôt dans le « second Esaïe », auquel on attribue les chapitres 40 à 55. À son peuple exilé en Mésopotamie, le prophète annonce une proche libération dont le responsable est exclusivement le Dieu de la promesse. Les exilés israélites vivaient dans la menace d'un anéantissement moins physique que moral et spirituel. Il leur fallait une parole crédible. C'est celle qui leur est transmise par la bouche du prophète : « Ainsi, mon peuple connaît/connaîtra mon nom. Ainsi en ce jour, oui, moi-cela, le parlant, me voici ! » (Es 52,6).

Le « parlant » (*hamdaber,* de cette racine *dabar,* « parler », déjà mentionnée) n'est pas seulement celui en qui tout le réel est (moi *et* cela même qui te menace), comme nous le développions plus haut. Le « parlant », c'est en même temps l'agissant, un « moi » qui fait « cela ». On peut s'y fier parce que c'est *le même* qui a « créé » les humains (ce verbe, réservé à l'agir divin, est mentionné dans ce Livre seize fois sur les quarante-quatre de la Bible hébraïque) ; c'est *le même* qui a sorti le monde du chaos et libéré les Hébreux de la servitude en Egypte ; c'est *le même* qui va les ramener de l'exil babylonien ; c'est *le même* qui promet et qui tient ses promesses, qui dit et qui fait ce qu'il dit. Voilà pourquoi, dans le second Esaïe, « justice » et « salut » sont pratiquement identifiés : Dieu est « juste » (28 fois) et il « sauve » (22 fois) *en ce qu'il est fidèle à ses promesses.* C'est en cela qu'il est crédible. Les humains ne le « connaissent/connaîtront » que dans la mesure où il leur « parle » et où il est un « moi » qui fait « cela » même qu'il dit. Pour leur donner une idée de ce Dieu-là et pour qu'ils y croient, le second Esaïe évoque les liens d'amour qui peuvent se vivre entre les humains : ce « parlant »-là se comporte comme une mère à l'égard de ses enfants, comme un père à l'égard de son fils, comme un époux à l'égard de son épouse. Or, nous retrouvons cette même tendresse, ce même respect, cette même sollicitude dans la manière avec laquelle Jésus parlait à celles et ceux qu'il rencontrait. De même que Jésus se trouvait libéré de sa peur en s'ouvrant au Dieu « parlant » de son peuple, les disciples se ressaisissaient *dans la mesure où Jésus leur parlait.* Mais aucune parole n'est magique. Ce ne sont pas les mots, pas même ceux de Jésus, qui sont rassurants en eux-mêmes. Nous ne savons que trop bien le peu d'impact de certaines paroles prodiguées par autrui avec les meilleures intentions du monde pour nous rassurer ; si elles n'ont aucune crédibilité, c'est que nous sentons la peur cachée de la personne qui les profère (c'est bien ainsi qu'on tente désespérément — sans le savoir — de se rassurer soi-même, avec l'illusion d'avoir surmonté la peur à laquelle *autrui* est en proie). Si nous connaissons si peu le Dieu « parlant » dont vivait Jésus, si sa parole nous paraît si peu crédible, n'est-ce pas que l'expérience a très tôt jeté le discrédit sur les paroles qui nous étaient adressées ? Un-e enfant croit tout ce qu'on lui dit ; un-e enfant n'a donc aucune peine à croire en un Dieu qui fait tout ce qu'il dit. Mais de combien de paroles-mensonges n'avons-nous pas fait les frais ? Que savons-nous encore de l'abîme qui jadis s'ouvrait sous nos pas lorsque la personne aimée dont nous dépendions promettait et ne faisait pas, minimisant la parole donnée, faisant fi de nos sentiments, blâmant même notre colère ? Comment comprendre autrement la difficulté que nous éprouvons à croire autrui sur parole ? Dès lors, on peut se demander pourquoi la parole de Jésus était crédible pour un certain nombre de ses contemporains. À cet égard, le petit dialogue de Jésus avec l'aveugle de naissance (Jn 9,35-38) nous paraît riche d'enseignements. Les pharisiens contestent que cet homme ait été guéri de sa cécité.

> « Jésus apprit qu'ils l'ont expulsé dehors, et l'ayant trouvé il lui dit :
> "Toi, crois-tu au fils de l'humain ? (...)
> — Qui est-il, Seigneur, pour que je croie en lui ? (...)
> — Eh bien tu l'as vu/tu le vois, c'est celui qui te parle [litt. *le parlant* avec toi] " (...)
> "Je crois, Seigneur." »

Tout se passe comme si Jésus connaissait suffisamment la condition humaine pour savoir que la Parole de Dieu devient crédible *lorsqu'un fils de l'humain la rend crédible*. L'expression « fils de l'humain » remonte à la tradition apocalyptique (Dn 7,13), elle évoquait celui qui viendrait juger et sauver. Jésus se désignait ainsi : on ne trouve cette expression que sur ses lèvres et dans les évangiles (à l'exception d'Ac 7,56, Ap 1,13 et 14,14). Jésus ne demande pas à l'homme guéri s'il croit en lui, le « Christ », le « Seigneur », le « Fils de Dieu » — ce sont là les titres que lui donneront les premières communautés chrétiennes —, mais s'il croit au « fils de l'humain ». En Dn 7,13 ce « fils d'humanité » (selon le mot hébreu exact) reçoit de Dieu souveraineté éternelle, royauté indestructible. En revanche, dans les évangiles, le discernement et l'autorité du « fils de l'humain » ne vont pas sans l'acceptation de la condition humaine *souffrante* : parce qu'il se disait « serviteur » et se comportait en serviteur, Jésus était perçu comme l'un des leurs, un authentique « fils d'humanité », à vrai dire le plus authentique qu'ils aient jamais connu. Son autorité était d'autant plus grande qu'il n'avait pas besoin de leur faire la leçon pour exister et qu'il connaissait de l'intérieur les affres dans lesquelles les humains sont si souvent plongés.

Il semble que l'agir de Jésus ne suffisait pas, que la guérison de l'aveugle n'était pas en soi « porteuse de Dieu ». Il semble que pour aller jusqu'au bout de sa guérison, cet homme devait parvenir à croire en la *parole* de Jésus, ou plutôt en la parole d'un simple fils d'humanité au nom inconnu, rencontré par hasard, à y croire parce qu'elle lui avait fait du bien et qu'elle s'adressait à lui d'égal à égal. En effet, on peut entendre ce dialogue au deuxième degré : le fils de l'humain, tu le vois, c'est moi qui suis là, en train de te parler, mais aussi : c'est celui qui te parle, qui dialogue avec toi au moment où les pharisiens te menacent en t'insultant (v. 28) et en te jetant dehors (v. 35). Car seule est crédible une parole qui fait ce qu'elle dit en rétablissant autrui dans son corps et tout son être pour instaurer un dialogue d'égal à égal avec lui, un dialogue libre de toute peur et de tout esprit de jugement. Parce que Jésus « connaissait le nom » de Dieu — « moi-cela, le parlant » (Es 52,6) —, l'homme guéri pouvait croire à nouveau en un *humain libre et bienveillant*, en un *parlant* authentique.

Mais nous, qui n'avons pas connu Jésus, comment croirons-nous à nouveau en la parole d'autrui ? Comment parviendrons-nous à sentir autrui suffisamment crédible pour ne pas perdre pied ? Avant de disparaître aux yeux de ses amis, Jésus leur avait promis qu'il vivrait désormais dans « le plus petit de ces frères ». Si le plus démuni des êtres humains est encore porteur du Christ, à plus forte raison celui ou celle qui, ayant vécu le combat de Jésus, se tient libre là où se tient « moi je suis », hors d'atteinte des forces qui nous annihilent. Et s'il en est ainsi, nous n'avons pas d'autre recours qu'autrui, placé sur notre chemin, en qui le Christ vit de cette manière-là, quel que soit le credo auquel cet autrui adhère à ce moment-là. En effet, lorsque Jésus disait : « L'Esprit souffle où il veut » (Jn 3, 8), n'annonçait-il pas déjà qu'il vivrait en qui il vivrait, avec la liberté de Dieu lui-même ?

C'est de cette manière-là aussi que la Parole de Dieu peut redevenir crédible. Parce que toute personne qui « parle avec moi » — d'une parole d'authentique fils ou fille d'humanité à la ressemblance de Dieu, c'est-à-dire d'une parole qui fait ce qu'elle dit — est porteuse du Christ, même à son insu. Cela explique pourquoi certains êtres nous mettent parfois sur le chemin de Dieu alors qu'eux-mêmes ne se disent pas croyants. C'est comme si Dieu n'avait quelquefois — et plus souvent qu'on n'imagine — pas d'autre porte-parole que des êtres dont la parole est authentique sans qu'eux-mêmes se sachent porteurs de la Parole. Et il en était précisément ainsi du roi perse Cyrus, ce païen qui devait libérer Israël de son exil babylonien : le second Esaïe affirme que Dieu en a fait son « messie », celui qui allait libérer son peuple en le ramenant sur le sol ferme de son pays ; c'est Dieu qui « réalise » (qui rend réel) ce que dira la parole de Cyrus, même si ce dernier l'ignore : « [moi qui suis] le réalisateur de la parole [*dabar*] de mon serviteur » (Es 44,26), moi « le parlant [*hamdaber*] » d'Es 52,6...

Là est notre « consolation » ou notre « réconfort » ; là est ce qui nous « permet de pousser un profond soupir de

soulagement », indique la TOB en note pour rendre le sens
exact du premier mot du Livre du second Esaïe : « "Réconfortez, réconfortez mon peuple", dit votre Dieu, "*parlez* [*dabru*]
au cœur de Jérusalem ! " » (Es 40,1) tant il est vrai que le
« Parlant » n'a pas d'autre moyen de se faire entendre qu'au travers de la parole d'authentiques fils et filles d'humanité qui font
ce qu'ils disent. Là est le message essentiel du second Esaïe, et
le mot est repris neuf fois au cours de ce Livre, qu'on appelle
souvent le « Livre de la consolation » ou « du réconfort » : ici,
être consolé signifie être consolidé ; être réconforté signifie
être rendu fort, reprendre pied sur du solide, se sentir fort ou
fortifié par la parole de ce « moi qui te parle » d'un lieu sûr
— à la fois moi qui suis dans un lieu sûr, qui te parle à partir
d'un lieu sûr *et* moi qui te parle d'un lieu sûr qui t'est destiné.

Revenons maintenant aux sept mentions de « moi je suis »
sans prédicat que nous trouvons dans l'évangile de Jean. Si,
comme nous le supposons, le seul moi fiable est bien « moi
qui *te parle* » d'un lieu sûr, nous avons à vérifier d'une part si
cette affirmation intervient dans le cadre d'un dialogue en
vérité, d'autre part si elle vient opposer la solidité dont elle
est porteuse à une peur explicite ou sous-jacente. Notre analyse de chacune de ces sept mentions suivra donc un parcours
identique, prenant en compte à la fois le contexte et notre
propre expérience : a) Sur quel bruit de fond entretenu par la
peur s'entend cette affirmation ? b) Comment parvient-on à
s'approprier la solidité de cette affirmation et en quoi le dialogue est-il déterminant dans cette libération ?

« *Moi je suis, celui qui te parle* » *(Jn 4,25)*

Jn 4,25 s : « La femme [samaritaine] lui dit : "Je sais
qu'un Messie viendra — celui qu'on appelle Christ.
Lorsqu'il viendra, il nous annoncera toutes choses." Jésus

lui dit : "*Moi je suis,* celui qui *te parle* [litt. le parlant à toi : *egô eimi, ho lalôn soi*]". »

a) Nous avons déjà eu l'occasion de mentionner la rencontre de Jésus avec la Samaritaine. Rappelons comment il a brusquement mis fin au quiproquo qui les enfermait dans deux monologues (elle sur l'eau matérielle, lui sur l'eau d'éternité), en lui demandant tout à coup, sans raison apparente : « Va, appelle ton mari et viens ici ! » (v. 16). C'était mettre le doigt sur ce qui faisait mal. C'était entrer en relation avec elle, si et seulement si elle acceptait de répondre, au niveau d'une intériorité qui jusque-là était restée totalement inaccessible. Pourtant, le non-dit est de taille : « Je n'ai pas de mari. » C'est Jésus qui va mettre des mots sur ce non-dit : « Tu dis bien "Je n'ai pas de mari", car tu en as eu cinq et maintenant celui que tu as n'est pas ton mari" » (v. 17). Le simple fait qu'elle ne puisse l'avouer à Jésus n'est-il pas l'indice de sa *peur d'être jugée* ? Et sa peur d'être jugée n'est-elle pas accrue du fait que Jésus est un inconnu, et même un juif étranger au peuple samaritain, qui va la juger (la condamner) en se fiant aux apparences alors qu'il ne la connaît même pas, elle qui refuse d'être réduite à son comportement extérieur ?

Quelle que soit la biographie de cette femme (on a de la peine à l'imaginer veuve à cinq reprises, et le concubinage n'était pas vraiment bien vu à l'époque !), Jésus semble avoir frappé à la porte d'une histoire secrète dans laquelle elle se trouvait murée et qui la faisait sans doute montrer du doigt. Sans épiloguer sur l'angoisse que recèle le non-dit de sa réponse, relevons qu'elle se met à parler du Messie au moment où Jésus lui parle d'un Dieu qu'on adore « dans la vérité » : « Je sais qu'un Messie vient, qu'on appelle Christ. Lorsqu'il viendra, il nous annoncera tout » (v. 24 s). De ce Messie on attendait bien d'autres choses, de l'ordre de la libération. Mais ce à quoi elle est sensible, elle, c'est à cette perspective que *tout ce qui n'est pas su soit dit, annoncé, déclaré* :

quelqu'un viendra, avec qui on pourra être vrai, parler vrai, quelqu'un qui mettra des mots sur ce qui avait dû rester caché et qui était si lourd à porter ; quelqu'un viendra qui n'aura pas peur de dire les choses comme elles sont, sans esprit de jugement, quelqu'un qui nous donnera envie d'en faire autant. Jésus ne dira-t-il pas, quelques versets après le récit de la femme adultère : « Si vous, vous demeurez *dans ma parole* (...) la vérité vous rendra libres » (8,31 s), libérés de toute peur, y compris de la peur d'être jugés ? En effet, lorsque les choses sont dites et que nous nous en tenons à cette parole vraie, c'est-à-dire que nous demeurons dans cette parole vraie en présence du Christ qui *est* vérité — esprit qui nous souffle de dire la vérité —, nous assumons déjà ce qui pourrait en résulter de difficile à vivre, *donc nous n'en avons plus peur* : la vérité, dire et entendre la vérité, nous a rendus libres, essentiellement à l'égard de la peur de souffrir car il semble bien, décidément, que toutes nos peurs aient pour dénominateur commun la peur de souffrir !

b) Le « moi je suis » que Jésus prononce alors, en réponse à l'attente de cette libération, provoque brusquement l'abandon de la cruche par la femme, son retour à la ville et son témoignage auprès de la population, témoignage assez convaincant pour que les gens sortent aussitôt de la ville et rejoignent Jésus. Que s'est-il passé, que s'est-il dit de si déterminant ? Tout avait commencé par un dialogue de sourds. Puis, Jésus l'avait poussée à faire un premier pas en direction d'un parler authentique. Et l'histoire montre qu'un premier pas suffit. Même lorsque nous nous cachons encore dans le non-dit, si le peu qui est dit est vrai, nous sommes déjà en chemin vers ce lieu sûr qui nous est destiné. Tu n'as pas tout dit, répond Jésus, mais « cela, tu [l'] as dit vrai » (v. 18), en cela, tu es déjà pour moi un authentique vis-à-vis. En se tenant face à elle sans peur, sans tabou, sans mépris et sans esprit de jugement, Jésus salue en elle une authentique fille d'humanité en devenir.

Dès lors, il suscite en elle l'envie d'aller plus loin dans ce parler vrai. Elle exprime son attente de la venue d'un libérateur, et cette croyance est d'autant plus vivante, d'autant plus authentique qu'elle est porteuse désormais d'un désir nouveau : le désir que « toutes choses soient annoncées », que tout vienne au jour, y compris les secrets de son passé personnel qu'elle avait dû taire par peur d'être jugée. Ce n'est pas l'extra-lucidité de Jésus qui a été décisive ; au v. 19, elle s'était contentée de remarquer : « Je vois que toi, tu es un prophète. » Ce qui fait tout basculer, ce après quoi il n'y aura rien à ajouter, c'est la phrase du v. 26 : « Moi je suis, celui qui te parle. » C'est le moment où cet être mystérieux, qui lui parle comme personne ne lui a sans doute jamais parlé, lui donne envie de se tenir elle aussi en ce lieu sûr où il se tient — en ce « Je suis qui je suis » de la révélation mosaïque qu'elle connaissait avec sa tête (« je sais qu'un Messie vient ») mais qui soudain est devenu plus crédible qu'il ne l'avait jamais été.

L'évangéliste insiste sur le point d'impact de ce « moi je suis » dans la vie de cette femme : elle attendait un être qui « nous annoncerait *tout* » ; or, elle est rencontrée par « un homme qui m'a dit *tout* ce que j'ai fait » (v. 29), et par la suite, « beaucoup de Samaritains de cette ville crurent en [Jésus] à cause de la parole de la femme qui témoignait : "Il m'a dit *tout* ce que j'ai fait" » (v. 39). Il a suffi qu'il vienne visiter son passé et sa vie privée actuelle, de toute la densité de son « moi » libre et bienveillant, et elle n'a plus été seule, murée dans le non-dit. En lui parlant vrai, *de l'intérieur de sa vie à elle*, il a libéré en elle la parole vraie qui ouvre les portes de ses concitoyens. Elle peut les affronter, elle n'a plus rien à cacher, elle se sent désormais en lieu sûr, porteuse des paroles de cet être intensément vivant qui, en parlant avec elle, l'a introduite « dans la vérité ».

Il ne s'agit pas d'une déclaration de principe mais d'une prise en compte de la réalité, comme si Jésus mettait des mots sur ce qui se passe entre eux : tu vois bien que « moi je suis »

puisque « je te parle » ; comment te sentirais-tu rejointe dans
ton être intérieur si je n'étais pas animé de ce « moi » indestructible qui a sa source en Dieu, le « Parlant » qui me fait et
te fait parler vrai ? À son tour, la femme devient crédible aux
yeux de ses concitoyens parce qu'elle parle vrai d'un lieu sûr,
là aussi dans les deux sens : elle parle à partir du lieu sûr où
elle se trouve, et elle parle du lieu sûr qui leur est destiné ; et
ils auront bientôt la conviction que ce lieu sûr est destiné à
l'humanité entière (« celui-ci est en vérité le sauveur du
monde », v. 42). Tout s'est donc joué dans le champ de la
parole échangée, ce qui ne cesse d'être mentionné, dans le
texte, une fois qu'ils se sont rencontrés sur le sol ferme de la
Parole-Vie :

v. 27 : « Aucun disciple ne dit à Jésus : "Pourquoi lui
parles-tu ? " »
v. 29 : « Venez, voyez un homme qui m'a *dit* tout ce
que j'ai fait ! »
v. 39 : « Beaucoup crurent (...) à cause de la *parole* de la
femme qui témoignait : "Il m'a *dit* tout ce que j'ai fait." »
v. 41 : « Beaucoup crurent à cause de sa *parole* [à lui]. »
v. 42 : « Ils disaient à la femme : "Ce n'est plus sur tes
dires que nous croyons car nous avons nous-mêmes
entendu." »

« Jésus leur dit : "Moi je suis, n'ayez pas peur ! " » (Jn 6,20)

« Jn 6,19 b-21 : « Ils voient Jésus marcher sur la mer et
s'approcher de la barque. Et ils furent pris de peur. Mais
il *leur dit* : "*Moi je suis*, n'ayez pas peur ! " Ils voulaient
donc le prendre dans la barque. Alors aussitôt la barque fut
à terre, là où ils allaient. »

a) Ici la peur est explicite, ainsi il est intéressant de voir
dans quel contexte elle s'inscrit et ce qui la provoque. Chez

Jean aussi bien que dans les récits parallèles (Mt 14,22-33 et Mc 6,45-52), ce n'est pas l'impuissance des disciples devant les éléments déchaînés qui déclenche la peur, mais la vue de Jésus marchant sur la mer. On connaît pourtant l'épouvante des Hébreux devant la mer démontée et on se souvient de ces passages de la Bible hébraïque où la mer est comparée à un monstre que Dieu seul peut dompter. Et les trois évangélistes donnent des détails qui n'ont rien de rassurant. « C'était déjà la ténèbre (...) Un grand vent soufflant, la mer se soulevait/se dressait » (Jn 6,17 s). Chez Mt, la barque semble personnalisée : c'est elle, et non pas les disciples, qui se trouve « mise à l'épreuve » ou même « mise à la torture [*basanizô*] par les vagues, car le vent était contraire » (14,24). Marc seul laisse entrevoir la peur grandissante des disciples : Jésus les voit « mis à l'épreuve ou à la torture [dans leurs efforts] pour ramer car le vent leur était contraire » (6,48).

Comme toujours, la description des émotions est beaucoup moins précise chez Jean que chez les autres évangélistes : là où les disciples sont simplement « pris de peur » dans le récit de Jean, Matthieu raconte qu' « en le voyant marcher sur la mer, ils furent troublés/inquiets/effrayés[*], disant : "C'est un fantôme", et [qu']ils crièrent de peur » (v. 26). Marc insiste davantage encore, puisqu'il dit quasiment deux fois la même chose : « En le voyant marcher sur la mer, ils crurent que c'était un fantôme et ils poussèrent des cris. Car tous le virent et ils furent troublés/inquiets/effrayés » (v. 49-50 a). Mais les évangélistes sont unanimes : quelles que soient leurs réactions face à la situation angoissante dans laquelle ils se trouvent, c'est la vue de *Jésus* qui provoque l'expression bruyante de leur peur.

Matthieu et Marc disent clairement qu'ils le prennent pour un « fantôme », *phantasma* en grec. Or, un fantasme,

---

[*] « Affolés », traduit la TOB.

c'est ce qui a toutes les apparences du réel mais qui ne se laisse pas maîtriser. Ne s'agit-il pas alors d'une seule et même peur ? En effet, la mer aussi est « soulevée » par un vent réel mais invisible : magnifique illustration de ce qui fait peur *parce que c'est im-maîtrisable* ! Nos peurs les plus terrifiantes ne sont-elles pas le fruit de « fantasmes » qui nous terrassent par leur apparence de réalité et par l'incapacité où nous nous trouvons de mettre la main dessus ? Nous voyons alors dans la situation réelle (la tempête pour les disciples) des raisons objectives de croire que tout est perdu, et malgré toutes les ressources de notre entendement et de notre foi, nous n'avons aucune prise sur la peur, pas plus que sur un « vent contraire » ou un « fantôme-fantasme ». « En le voyant marcher sur la mer », ils ne virent rien du tout, ils furent happés dans un fantasme terrifiant « car tous le virent », tous étaient pris dans cette épouvante où *l'autre (ici, Jésus) n'a plus que l'apparence de la réalité* : tous sombraient, aucun ne pouvait venir en aide à l'autre dans la barque d'une humanité qui, fondamentalement, ne sait pas à qui se raccrocher.

Il faut donc faire un pas de plus : si quelque chose ou quelqu'un qui ne semble pas réel peut paraître menaçant, ce n'est pas seulement que nous sommes alors renvoyés à notre impuissance : plus profondément, nous nous trouvons confrontés à cette expérience, plus ou moins occultée en nous, de notre chute hors de l'Être. La peur des fantômes peut faire sourire, elle est pourtant de la même famille que l'angoisse éprouvée par les proches d'une personne portée « disparue ». La nouvelle de sa mort leur paraît souvent préférable à cette disparition torturante qui les renvoie à l'incertitude de leur propre ancrage dans l'Être : ne pas savoir si l'autre est mort ou si on peut compter sur lui, c'est par contrecoup douter de sa propre réalité, ne plus se sentir porté par la vie.

La peur des fantômes — la peur qu'une personne morte revienne sans pour autant être vraiment réelle — ne s'apparente-t-elle pas encore à l'épouvante dont nous avons pu faire l'expérience dans ces situations extrêmes où nous ne pouvions ni vivre ni mourir ? La peur des fantômes serait donc encore de la même famille que l'angoisse éprouvée au contact d'un être cher « désorienté » — heureuse alternative moderne à l'expression brutale selon laquelle on « perd la tête » : il est là tout en n'étant plus là, et ce sont les proches qui par contrecoup perdent leurs repères, un vide terrifiant s'étant creusé en plein cœur de la relation. C'est que nous avons besoin de *réel,* comme les disciples d'un sol ferme. Il suffira que Jésus leur parle pour qu'ils reprennent pied, dans les deux sens du terme car ici le sens matériel est porteur du sens figuré : Jésus leur parle et « aussitôt la barque fut à terre ». Tant il est vrai que le doute sur la solidité du réel, y compris d'autrui, commence toujours par menacer de nous engloutir nous-mêmes !

b) Lorsque le « fantôme » Jésus s'adresse à ses disciples, le lien est rendu plus explicite que jamais entre l'invitation à prendre appui sur la relation à l'autre/Autre, la promesse relative à la fiabilité de la parole/Parole, la disparition de la peur et l'accès à un lieu qui leur est propre : ils se retrouvent « aussitôt là où ils allaient », en ce lieu sûr qui leur était destiné, à cet endroit de leur parcours terrestre par lequel ils devaient passer.

Reste à comprendre, ou plutôt à entrevoir, de quelle manière le fait de parler et d'entendre quelqu'un nous parler peut désamorcer la peur, car l'*expression* de la peur est déterminante dans cette libération : cela se voit, cela s'entend et, à cet égard, le cri dans la tempête est déjà une tentative de communication. Quant à Jésus, selon le témoignage de Jean dans les trois passages déjà mentionnés où il est dit avoir été « troublé/inquiété/effrayé », l'expression de cette peur ou la formulation de cette peur dans le récit aboutit à une parole, comme si la frayeur l'avait chaque fois poussé à parler : « Il s'effraya *et il dit...* » (11,33 s), « Maintenant mon être s'effraie *et que dirais-je ?* (12,27), « Il fut effrayé dans l'esprit et il porta témoignage *et il dit...* » (13,21).

« Moi je suis, n'ayez pas peur ! » Cette parole que Jésus adresse à ses disciples sur la mer démontée n'est pas une parole magique. C'est le fait que *Jésus leur parle et qu'ils l'entendent* qui est déterminant, et Matthieu aussi bien que Marc insistent fortement là-dessus : « Il leur parla aussitôt en disant... » (14,27), « Il parla aussitôt avec eux et il leur dit... » (6,50). Si la parole est strictement identique chez les trois évangélistes, n'est-ce pas que la peur interdit de croire en l'existence d'autrui, en sa solidité, et que seule la parole échangée — proférée et entendue — peut donner vie, réalité, assise dans le réel comme aux premiers jours de la Genèse ?

De même qu'une mère ou un père dit spontanément à son enfant terrifié : « Je suis la, n'aie pas peur ! », lorsque Jésus dit aux disciples : « Moi je suis, n'ayez pas peur ! », c'est comme s'il leur disait : moi j'existe malgré l'objet de votre peur, moi je ne suis pas menacé de disparaître dans ce vide où votre peur vous happe. La parole échangée entre humains fait accéder à nouveau à l'Être. Elle nous fait croire que nous n'allons pas nous *noyer* dans notre peur. Or, c'est exactement là que se tient Dieu, que se tient la Parole-Vie : *entre* la parole proférée par un être humain et cette même parole entendue par l'autre. C'est à la lumière de cela qu'il convient sans doute d'entendre le triple « aussitôt » qui ponctue les trois récits : ils n'avaient pas plus tôt exprimé leur peur, qu'aussitôt Jésus leur parla (chez Matthieu et Marc), qu' « aussitôt la barque fut à terre » (chez Jean). Cet « aussitôt » marque généralement dans les évangiles, et en particulier dans les paraboles, le surgissement du Royaume : tout à coup, au milieu de nos enfermements de causes à effets, fait irruption une gratuité, une surabondance ; c'est un coup de théâtre inimaginable au verset précédent. Cet « aussitôt » fait également irruption au cœur même de la tourmente, au milieu des cris des disciples. C'est le mystère de la parole humaine qui tout à coup est faite Parole, Parole-Vie là où les humains criaient ou mouraient de peur. Cela ne s'explique pas, cela s'éprouve dans le quotidien de nos relations, lorsque tout à coup notre peur se trouve désamorcée par la parole crédible d'autrui, lorsque l'instant d'avant nous avions pour seul vis-à-vis le « fantôme-fantasme » de ne jamais en sortir.

Nous sommes dans la même situation que les disciples : nous ne disposons, pour nous rassurer, que d'êtres humains semblables à nous ; c'est ainsi que les disciples percevaient encore Jésus si l'on en croit Marc qui note, en conclusion de son récit : « Leur cœur était endurci » (6,52), et Matthieu qui leur fait dire seulement *après le test proposé par Pierre** : « En vérité tu es fils de Dieu » (14,33), tu es porteur de la Parole-Vie. On peut penser que chez Jean seul le « aussitôt » de la parole porteuse de la Parole vient mettre fin tout de suite au non-dit de la peur. Certes, « ils voulaient prendre Jésus dans leur barque » — pour plus de sécurité, semble-t-il, comme s'ils n'étaient pas complètement rassurés. Mais le texte ne dit pas qu'il en fut ainsi ni que le vent tomba... car « aussitôt » ils étaient en lieu sûr, comme si la confiance en la parole de Jésus avait suffi à faire disparaître la peur.

Il en va autrement dans les deux autres récits. Là, à l'évidence, l'irruption de la Parole-Vie s'accompagne d'un *processus personnel qui prend du temps* — manière de suggérer, encore, que nul n'est délivré de ses peurs par une parole magique. Chez Matthieu, Pierre, tel un porte-parole pour les disciples et pour tout humain, veut vérifier la solidité de cette parole : « Si c'est bien toi », et plus profondément « si toi tu es », je marcherai sur les eaux en relation de confiance avec toi, tu es assez crédible pour que je ne sois plus menacé par l'épouvante. Pierre éprouve la solidité de l'Être né de la Parole-Vie, jusqu'au moment où « regardant le [grand] vent », il est « pris de peur, commence à couler et crie » vers Jésus (14,30) : il a

---

* Pierre demande à Jésus, s'il est bien Jésus, de le faire marcher à son tour sur les eaux.

suffi qu'il regarde ce qui est invisible mais qui terrifie, à la manière d'un « fantôme-fantasme », à la manière de toutes nos peurs irrationnelles, et il coule ; mais l'histoire se répète : « aussitôt » Jésus *parle* à Pierre. Il faudra que Jésus « monte dans la barque » et que « le vent tombe » pour qu'enfin les disciples, libérés de la peur, voient en Jésus « vraiment un fils de Dieu », un authentique porteur de la Parole-Vie. Nous le disions, il faut parfois beaucoup de temps pour venir à bout de la peur... Dans le récit de Marc, malgré la présence de Jésus dans la barque et la fin de la tempête, les disciples semblent n'avoir pas encore surmonté la peur : il est précisé, littéralement, que « très fort, à l'extrême [ou inutilement] ils étaient hors d'eux-mêmes en eux-mêmes » (6,51) ! Enfin, est-ce un hasard si chez Matthieu et chez Marc où la peur est beaucoup plus longue à disparaître que chez Jean, Jésus commence par dire : « Ayez confiance ! » avant d'affirmer : « Moi je suis, n'ayez pas peur » ? Son extrême attention aux disciples, sa sollicitude à leur égard se devinent à deux détails du récit de Marc : à l'image de Dieu, Jésus fait ce qu'il dit ; il joint le geste à la parole en « montant auprès d'eux dans la barque » (6,51) et le fait que « le vent tombe » à ce moment précis n'est sans doute pas une coïncidence ! En outre, Marc est le seul à préciser que Jésus « vient vers eux en marchant sur la mer. *Il voulait les dépasser* » (v. 48). C'eût été les laisser en proie à la peur si sa « volonté » de libérer autrui de la peur n'avait été plus forte. Ce petit détail propre à Marc ne dit-il pas la même chose que la marche de Pierre sur les eaux chez Matthieu, à savoir que Jésus livrait fondamentalement le même combat que tout humain contre la peur, mais qu'il avait quelques longueurs d'avance (il lui était possible de « les dépasser »), *et* que cette libération de la peur (symbolisée par la légèreté de la marche sur les eaux) était offerte à tout être humain semblable à Pierre ?

« *Dès le commencement, [moi je suis]*
ce que précisément je vous dis » (*Jn 8,24*)

Jn 8,24 s : « "C'est pourquoi je vous ai dit que vous mourrez dans vos déviations/égarements /fautes. Si, en effet, vous ne croyez pas que *moi je suis*, vous mourrez dans vos déviations/égarements/fautes." Ils lui dirent alors : "Toi, qui es-tu ? " Jésus leur dit : "Dès le commencement, [moi je suis] ce que *je vous dis*." »

a) Ce texte se situe quelques versets après l'épisode de la femme adultère et si nous cherchons où se cache la peur qui constitue la toile de fond de cette parole de Jésus, c'est du côté du mystère de sa personne qu'il nous faut regarder, du côté de la profonde désécurisation provoquée en ses adversaires par ce mystère. Le premier « moi je suis » avait été entendu par une femme qui l'avait accueilli à la manière d'un disciple. Le deuxième avait été reçu par des disciples désireux de suivre Jésus sur le chemin d'une libération personnelle. Maintenant, cette affirmation sera perçue de manière de plus en plus problématique : la controverse sur l'identité de Jésus fait immédiatement suite à l'épisode du Temple et, cette fois, le dialogue de sourds, qui avait été amical avec la Samaritaine, va tourner à la confrontation, une confrontation de plus en plus dure puisque même ceux qui avaient commencé à croire en lui (v. 30 s) vont progressivement, à cause de ce qu'il dit de lui-même, avoir envie de le faire mourir (v. 40), l'insulter (v. 48 et 52), s'enfoncer dans l'incompréhension (v. 57) et pour finir ramasser des pierres pour les lui lancer (v. 59, dernier verset du chapitre). Avec les pharisiens, comme avec la Samaritaine, le dialogue de sourds a pour enjeu l'identité de Jésus. Relevons-en la trame :

— « Ton témoignage n'est pas recevable ! » (v. 13) : qui peut prouver que tu dis vrai ?

— « Vous, vous ne savez pas d'où je viens ni où je vais. Vous, vous jugez selon la chair [selon les critères humains, selon les apparences], moi je ne juge personne » (v. 14 b et 15) : vous ne pouvez pas juger ce que vous ne connaissez pas.

— « Ton père, où est-il ? » (v. 19) : dis-nous ton origine, que nous puissions mettre la main sur toi !

— « Vous ne me connaissez pas et vous ne connaissez pas mon Père » (v. 19) : vous prétendez « connaître » pour maîtriser.

— « Va-t-il se tuer lui-même ? » (v. 22) : sa fin aussi bien que son origine nous échappent, nous aimerions « connaître » ce lieu mystérieux dont il dit : « Là où *moi* je vais, vous, vous ne pouvez pas aller. »

— « Vous, vous êtes d'en bas, *moi* je suis d'en haut. Vous, vous êtes de ce monde, *moi* je ne suis pas de ce monde » (v. 23) : vous ne savez pas que vous portez en vous un « moi » indestructible qui vient d'en haut. Au point où vous en êtes, vous ne vous connaissez pas plus que vous ne me connaissez.

— « Ils ne comprirent pas qu'il leur parlait du Père » (v. 27) : après la formulation du « moi je suis » fidèle à la Parole de « Celui qui m'a envoyé ».

Jésus ne cesse de leur échapper : ils ne comprennent ni d'où il vient ni où il va, ni ce qu'il dit ni qui il est. Leur impuissance à mettre la main sur son être profond les poussera à vouloir le détruire physiquement. On peut alors se demander d'où vient la compulsion si répandue à enfermer autrui dans du connu, comme si l'on se sentait menacé par ce qu'il y a d'insaisissable en lui. N'est-ce pas que nous avons toujours *déjà* fait l'expérience de souffrir par la liberté d'autrui, et que nous redoutons sans cesse d'avoir affaire à quelqu'un d'imprévisible qui peut nous faire du tort si nous ne *savons* pas à quoi nous en tenir avec lui ?

L'ensemble des chapitres 7 et 8 de l'évangile de Jean tourne autour de l'identité et se fait l'écho de l'insécurité et de la menace qu'elle inspirait à certains. Est-ce un hasard si l'épisode de la femme adultère se situe exactement au milieu de cet ensemble, comme ce temps paroxystique où l'esprit de jugement, nourri de la peur, apparaît dans sa lumière crue — un état d'esprit meurtrier ? Le débat autour de l'identité de Jésus est exemplaire : entre humains, la question est toujours de savoir si l'on suivra la pente naturelle, la pente « de ce monde », qui consiste à réduire autrui à ce qu'on connaît de lui, de manière à l'éliminer pour exorciser la peur inavouée qu'il inspire. D'où la prétention des adversaires de Jésus à le connaître « comme s'ils l'avaient fait », selon une formule qui dit bien ce qu'elle veut dire :

— « Comment celui-ci connaît-il les lettres sans avoir été instruit ? » (7,15).

— « Celui-ci [Jésus], nous savons d'où il est. Mais le Christ, quand il viendra, nul ne saura d'où il est » (7,27).

— « De Galilée, il ne se lève pas de prophète » (7,52).

Qu'est-ce que Jésus oppose à ce « savoir » meurtrier du mystère de sa personne ? Une parole qui est de l'ordre de la constatation bien plus que de l'avertissement menaçant : « Si vous ne croyez pas que moi je suis, vous mourrez dans vos déviations/égarements/fautes » ; si vous ne croyez pas en ce moi indestructible fondé sur le « Je suis » divin dont je suis venu vous révéler l'existence en tout être humain, vous en serez toujours séparés, et vous mourrez dans cette séparation. En effet, *hamartia*, « la déviation, l'égarement, la faute », ou « le péché » selon la terminologie traditionnelle, c'est la *rupture de relation* avec l'autre et avec l'Autre qui vit en chacun. Vous mourrez, dit Jésus, dans cette conviction que vous avez fait le tour de cet autrui que vous avez éliminé. Et vous mourrez déjà d'avoir tué la relation parce que, ce faisant, vous ne prenez pas appui sur ce « moi » d'en haut insaisissable que nous avons tous en partage.

b) On peut percevoir une certaine déstabilisation, susceptible de les mettre en contact avec leur peur, derrière la réponse qu'ils font alors à Jésus : « Toi, qui es-tu ? » demandent-ils,

comme s'ils avaient besoin d'assurances pour pouvoir lui faire
confiance. Ce qui se joue là, c'est un renoncement dicté par
une observation réaliste de nos relations interpersonnelles :
chaque fois que nous nous fions exclusivement à nos catégories mentales et à nos jugements de valeur sur autrui, nous
constatons qu'ils sont porteurs de mort, c'est-à-dire qu'ils portent en germe la rupture de relation. Il en est de même lorsque
nous nous fions exclusivement aux catégories mentales et aux
jugements de valeur proférés par autrui. En effet, lorsque les
interlocuteurs de Jésus lui demandent « Qui es-tu ? », ils viennent d'entendre les choses les plus contradictoires à son sujet :

— « Les uns disaient : "C'est quelqu'un de bien", les
autres : "Au contraire, il égare la foule" » (7,12).

— Il est possédé d'un « démon » (7,20).

— « Le Christ quand il viendra, fera-t-il plus de signes
que celui-ci n'en a faits ? » (7,31).

— « "Celui-ci, c'est vraiment le prophète !", d'autres
disaient : "Celui-ci, c'est le Christ", mais d'autres disaient :
"Non, le Christ viendrait-il de Galilée ? " » (7,40 s).

— « Jamais homme n'a parlé comme cet homme ! »
(7,46).

Qui croire ? À qui se fier quand on a un doute sur
quelqu'un ? Avec la meilleure volonté du monde, lorsqu'on a
renoncé à « catégoriser » autrui et que les « catégorisations »
opérées par les autres ne sont d'aucun secours tant elles sont
contradictoires, quels repères adopter pour faire confiance à
quelqu'un ? C'est une expérience proche du vertige éprouvé
devant la disparition possible de l'être qu'on avait cru fiable,
devant l'engloutissement de la relation qu'on avait crue solide
comme le roc. Et c'est de la même famille que l'épouvante,
lorsqu'il s'agit des êtres les plus proches et que l'histoire est
très ancienne : ce qui nous a le plus happés dans le non-Être,
n'est-ce pas cette impossibilité de concilier l'apparente irré-
prochabilité de l'autre avec son comportement destructeur
habilement caché ? Parce que nous ne pouvions plus nous fier

à la parole d'autrui sur lui-même, nous n'avions plus comme critères que nos propres jugements ou ceux des autres sur autrui. Et c'est une voie de garage !

Comment trouver le chemin vers autrui et ne pas « mourir *dans* la déviation/l'égarement/la séparation » d'avec autrui ; en d'autres termes : comment ne pas nous installer définitivement dans l'absence de relation, cette « tiédeur » que Dieu « vomit de sa bouche » (cf. Ap 3,16) ? Si nous admettons que le mystère d'autrui, son identité de fils ou de fille de Dieu, nous est fondamentalement *inconnaissable,* par quel miracle parviendrons-nous à faire confiance à qui il *est,* c'est-à-dire précisément un fils ou une fille de Dieu ? Jésus leur demandait de « *croire que moi je suis* », et non de croire qu'il était « quelqu'un de bien », « un prophète » ou « le Christ ». En d'autres termes, il leur demandait de renoncer à leurs opinions sur lui et d' « avoir confiance » (puisque « croire » et « faire confiance », en grec, se disent avec le même verbe, *pisteuein*), avoir confiance en son enracinement dans l'Être de Dieu, en son moi indestructible de fils de Dieu.

À nouveau, cet acte de foi ou de confiance s'effectue dans le *champ de la parole échangée* : « "Toi qui es-tu ? " Jésus leur dit : "Dès le commencement [moi je suis] ce que je vous dis." » Selon certains manuscrits, « Jésus leur dit : "Je vous ai dit au début ce que je suis aussi en train de vous dire" », autrement dit il n'a jamais cessé de leur dire qu'il était solide comme le roc car ancré en ce Père par lequel il se sentait envoyé pour leur parler. Et le fait que sa parole n'a jamais varié peut être le signe rassurant de son authenticité. Mais cela ne nous suffit pas : on peut prétendre toute sa vie être ce que l'on n'est pas, sans parler des pièges de l'inconscient qui vient à tout moment démentir ce que nous croyions dire en toute authenticité. Il y a davantage, dans l'affirmation de Jésus. D'autres manuscrits ont les variantes suivantes : « [Je suis] le *Commencement,* moi-même qui vous parle », « [Je suis]

le *Commencement* et je vous l'ai dit ». Ceux qui ont modifié
le texte ont sans doute entendu cette parole de Jésus en écho
au début de la Genèse et en écho au prologue de Jean (« en un
commencement où Dieu créa le ciel et la terre », « au *commencement* était la Parole »), et c'est comme s'ils avaient perçu en
Jésus cet être humain qui avait rendu la Parole de Dieu à
nouveau crédible : une parole qui fait ce qu'elle dit.

Parce qu'il parlait vrai et qu'on avait pu s'appuyer sur lui
sans jamais être lâché, il avait rendu à la parole humaine ses
lettres de noblesse. Son passage avait marqué ce nouveau
« commencement » où la Parole était venue « habiter parmi
nous » (Jn 1,14). Désormais, on pouvait à nouveau se fier à
la parole humaine puisqu'un humain à la ressemblance de
tous les autres avait « commencé » à parler vrai et à les précéder en ce lieu sûr où chacun pouvait trouver l'assise de sa propre identité. Alors que la Bible reste muette à propos de l'origine du Mal sur la terre, alors que tout conflit se nourrit de
l'idée que « c'est l'autre qui a commencé », les évangélistes
ont perçu en Jésus celui qui « commençait » à donner à ses
semblables l'accès à une Relation fiable, bâtie sur le roc, susceptible de mettre le mal en échec. Le « commencement »
d'une relation fiable était devenu, une fois pour toutes, plus
important que l'origine du Mal !

« *Jésus leur dit (…) "Vous saurez que moi je suis"* » *(Jn 8,28)*

Jn 8,28 s : « "Quand vous élèverez le fils de l'humain,
alors vous saurez que *moi je suis*. Et par moi-même je ne
fais rien mais je *parle* de ces choses selon ce que le Père m'a
enseigné. Celui qui m'a envoyé est avec moi. Il ne m'a pas
laissé/ne me laisse pas seul, parce que moi je fais toujours
ce qui lui plaît ! " Alors qu'il *parlait* ainsi, beaucoup crurent en lui. »

a) Ce passage fait quasiment suite au précédent. Mais alors que les trois premières mentions du « moi je suis » avaient pour toile de fond la peur humaine (celle de la Samaritaine, des disciples et des pharisiens), les trois suivantes font apparaître de plus en plus la *peur de Jésus* à mesure que l'heure de son arrestation se rapproche. À l'arrière-plan semble se profiler ici la peur de l'abandon, une peur déjà surmontée qui lui permet d'affirmer : « Moi je suis (...) parce que le Père ne m'a pas laissé/ne me laisse pas seul. » Ce verbe au parfait indique qu'il en a été et qu'il continue d'en être ainsi, et ce jusqu'au dernier souffle de Jésus, puisqu'on ne trouve pas dans cet évangile le cri d'abandon rapporté par Matthieu et par Marc : « Mon Dieu, mon Dieu, pourquoi m'as-tu abandonné ? »

Mais de quoi est fait le sentiment de ne pas être « laissé seul » ? Comment l'expérience de Jésus peut-elle nous être accessible ? À entendre son témoignage, rien de surnaturel n'apparaît dans cette conviction que l'Autre est « avec moi » : aucune relation ne devient fiable d'un instant à l'autre. Il y faut du temps, le temps d'une édification où chacun y met du sien. La relation édifiée entre le « fils de l'humain » et son Dieu est exemplaire. Elle peut nous mettre sur la voie de notre guérison intérieure, quand la destruction de la confiance a semé en nous la peur d'être abandonnés.

Dans le devenir de cette relation, il y a la part de Dieu, qui est toujours de l'ordre de l'initiative (c'est toujours lui qui « commence ») : « le Père m'a enseigné », il m'a expliqué, fait connaître, initié à la parole qui fait vivre parce qu'elle s'adresse à mon intelligence, à mon esprit, à tout mon être. Et puis, Dieu est « Celui qui m'a envoyé », creusant en moi cette ouverture aux autres qui ne me laisse jamais en repos, me poussant sans cesse à aller à eux porteur de la parole qui fait vivre. Enfin, Celui qui m'a envoyé « ne m'a pas laissé seul », et c'est de l'ordre du témoignage invérifiable : il faudra croire Jésus sur parole ; or croire sur parole qu'un « fils de l'humain » à notre ressemblance a pu faire l'expérience incontestable d'être toujours accompagné, de ne plus être livré à la peur de l'abandon, c'est *déjà* commencer à en faire l'expérience et c'est faire ses premiers pas vers ce lieu sûr de l'Être où « moi je suis ».

Il y a donc aussi la part de l'humain, dont le « fils de l'humain » par excellence parlait en ces termes : *moi, je suis* au moment où je confesse que « je ne fais rien par moi-même », n'étant pas l'origine dernière de ce qui vient à l'existence par mes mains. En outre, *moi je suis* dans la mesure où je parle seulement « *selon* ce que le Père m'a enseigné », en conformité avec sa Parole mais sans prétendre parler à sa place. Enfin, *moi je suis* en paix dans une Relation fiable qui me fait exister, « il ne m'a pas laissé/ne me laisse pas seul parce que moi je fais toujours ce qui lui plaît ». Le prix à payer serait-il la servilité envers un Potentat capricieux ? Ce serait oublier que « ce qui plaît » à Dieu, dès les premières lignes de la Genèse, c'est ce qui, en définitive, plaît aussi aux humains (cf. le refrain de Gn 1 : « Et Dieu vit que cela était bon »). Ce qui est à accentuer, dans la parole de Jésus, c'est « ce qui plaît à *Dieu* » : c'est, maintenant, confesser que la valeur dernière de ce que « moi je fais » est dans les mains d'un Dieu qui seul sait, en définitive, ce qui est bon pour moi. Et c'est à nouveau un acte qui édifie la confiance : croire que ce qui *lui* plaît est et demeure fondamentalement aussi ce qui *me* plaît, ce qui est « bon » pour moi.

Cependant, la solidité de ce « moi je suis », affirmée dans cet évangile, ne se trouve-t-elle pas ébranlée à la lecture du récit de la passion chez Matthieu et chez Marc ? Le cri d'abandon de Jésus sur la croix ne résonne-t-il pas comme le plus implacable des démentis à la Relation fiable que le « fils de l'humain » avait patiemment tissée avec son Dieu jusqu'en cette heure extrême ? Il est possible de répondre par la négative. En effet, chez Matthieu et Marc, avant que retentisse ce cri, et à plusieurs reprises, Jésus avait annoncé qu'il souffrirait et serait tué, et qu'il se « lèverait/se réveillerait » trois jours après. Telle était sa conviction profonde et cette conviction l'avait accompagné tout au long de son ministère. Elle était plus forte que le sentiment terrifiant d'abandon, *puisqu'il avait toujours cru qu'il n'en mourrait pas*, qu'il sortirait vivant de cet abîme d'abandon, vivant d'une Autre vie...

b) Jean ne raconte pas autre chose : « Quand vous élèverez le fils de l'humain [c'est-à-dire, en langage johannique, quand vous le crucifierez], alors vous saurez que moi je suis. » C'est la même conviction : le « Je suis » divin dont je suis habité n'est pas crucifiable. Cette parole est de tous les temps. C'est comme s'il nous fallait aller jusqu'au bout de notre besoin d'éliminer autrui menaçant — sans qu'il soit nécessaire d'aller jusqu'au meurtre ! — pour nous apercevoir que vit en lui, même à son insu, un « moi je suis » impossible à détruire. Jésus semble accueillir le déchaînement de la violence comme un passage obligé pour que les humains se trouvent enfin confrontés, en plein cœur de ce monde qu'ils gèrent à leur idée, à *ce qui n'est pas maîtrisable en autrui*.

C'est la première fois que Jésus évoque sa mort en relation avec l'affirmation « moi je suis ». Et c'est comme s'il désamorçait ainsi la violence qui peut nous submerger lorsque autrui nous annihile par son mépris ou son indifférence. En parlant ainsi à « vous » qui allez me tuer, il semble accepter d'avance que nous vivions jusqu'au bout ces peurs qui nous poussent à condamner autrui à mort. Rien n'indique qu'il s'insurge là contre. On dirait qu'il se laisse entièrement investir par cette peur convertie en violence, *pour qu'un jour nous découvrions combien elle est vaine*, ou plutôt pour qu'elle finisse par éclater comme un ballon plein, en définitive, de vide. C'est comme si aujourd'hui une voix intérieure nous disait, pour nous rassurer : tu peux aller jusqu'au bout de tes *sentiments* violents et de ton envie de tuer parce qu'ils ne vont tuer personne ; même quand on tue le corps, on ne fait jamais qu'« élever » ce qui, en l'humain, retourne non à la poussière mais à ce « Je suis/je serai » dont il est issu.

C'est parce que la peur de l'abandon est souvent profondément occultée que cette démarche intérieure est nécessaire : il faut aller jusqu'à "tuer" le fils de l'humain Jésus — et cela peut être n'importe lequel de nos semblables, en qui il vit aujourd'hui — pour « savoir que moi je suis », pour savoir que l'autre humain, en définitive, résiste à ma violence, à ma colère, à ma rage, parce que son être est ancré dans l'Autre. Nous disions qu'il nous était demandé de croire Jésus sur parole quand il se disait libre de la peur d'être ˵aissé seul ». Il est d'autant plus frappant qu'il ne prodigue alors aucune de ces bonnes paroles censées rassurer autrui : Dieu ne vous abandonne pas, ne craignez rien, il est là même si vous ne le sentez pas ! N'est-ce pas une invitation à prendre au sérieux le fait que non seulement ce discours n'a aucun impact, mais aussi qu'autrui, ne se sentant pas entendu, se trouve d'autant plus renvoyé à sa solitude ? Jésus s'y prend autrement : il ne parle qu'en « je », témoignant de sa seule expérience. Ce n'est pas sa théologie qui peut leur faire envie ni les mettre en marche : inutile de leur (ré)apprendre que le Dieu d'Israël n'abandonne jamais ses enfants ! Ce qui pèse ici, c'est tout le poids de son expérience d'humain fils d'humain : c'est par là qu'ils peuvent s'identifier à lui et désirer faire le même chemin pour éprouver que l'Être de Dieu est solide, en autrui et en eux-mêmes. Voilà pourquoi, concernant *notre* peur d'être « laissés seuls », Jésus n'invite pas à poser un acte de foi, mais à laisser s'exprimer toute notre violence plutôt que de nous la cacher à nous-mêmes parce que nous en avons peur.

Alors seulement, dit-il, « vous saurez » — ce sera votre expérience, que personne ne peut faire à votre place —, vous constaterez ceci : l'Être qui est en l'autre humain résiste, non parce que l'autre fait quelque chose pour cela, mais parce que, étant un sujet parlant (un fils ou une fille de l'humain à la ressemblance du Christ), il est animé d'une Parole indestructible (« par moi-même je ne fais rien, mais je parle de ces choses selon ce que le Père m'a enseigné »). Ainsi en est-il d'une personne plongée dans les situations les plus angoissantes, mais qui se trouve pourtant dans la paix et un profond sentiment de ne pas être « laissée seule » ; son secret est lié à sa capacité de se laisser agir, de ne « rien faire par soi-même » si ce n'est d'être simplement conforme à la Parole qui parle en elle. Et de quelle manière ? *En mettant des mots justes,* des mots authentiques sur ce qu'elle vit de destructeur, en mettant en mots ce qui lui arrive avec un humain à l'écoute, et en avançant ainsi à petits pas, d'heure en heure, quand la situation est intenable...

Mais comment Jésus peut-il prétendre qu'il est toujours agi par le Père, qu'il « fait toujours ce qui lui plaît » ? Il se trouve que ses interlocuteurs, loin de s'offusquer de cette affirmation jugée outrecuidante, sont alors entraînés à sa suite à cause de cette parole précisément : « Alors qu'il parlait ainsi, beaucoup crurent en lui. » On peut constater à nouveau ici comment la force du « moi je suis » qui habitait Jésus se trouve véhiculée exclusivement par la parole échangée (proférée et reçue) : dans sa manière de leur parler, dans les mots qu'il choisissait pour les rejoindre, certains ont perçu qu'il parlait « selon ce que le Père m'a enseigné ». Or, juste avant ce passage, il venait d'être dit de tous : « Ils ne comprirent pas qu'il leur parlait du Père » (v. 27), ils ne croyaient pas ses paroles conformes à Dieu, investies de sa Parole ! Qu'est-ce qui a pu faire changer d'avis à « beaucoup » d'entre eux ?

Tout est sans doute dans l'intensité du « moi » que l'évangéliste a mis alors dans la bouche de Jésus : « Moi je fais toujours ce qui lui plaît. » Ce « moi » est grammaticalement inutile, au point que la TOB l'a supprimé. S'il avait signifié « moi contrairement à vous », comment ne se seraient-ils pas sentis exclus ou écrasés, et auraient-ils *immédiatement* cru en lui ? Faisons l'hypothèse qu'ils ont plutôt perçu en ce « moi » l'authenticité et la fiabilité du « Je suis » divin : lorsqu'un humain, fils ou fille d'humanité, est en contact intime avec ce « moi » dont il se sait bénéficiaire et non créateur, il sait aussi que, par définition, ce « moi » fait toujours ce qui plaît à Dieu. En effet, il laisse Dieu faire en lui ce qui lui plaît par-dessus tout : mettre en lui sa joie, « pour qu'elle soit parfaite, complète, parachevée » (Jn 15,11). Et ce n'est peut-être pas un hasard si « moi je suis », dans cet évangile qui est le seul à parler de la « joie parfaite », apparaît à sept reprises, le chiffre 7 symbolisant précisément dans la Bible la plénitude, la complétude, l'infini de Dieu qu'il ne désire pas garder pour lui seul.

« *Je vous dis, avant qu'Abraham fût, moi je suis* » *(Jn 8,56)*

Jn 8,56-59 : « "Abraham votre père s'est réjoui de voir mon jour et il l'a vu et il a été transporté de joie." Alors les juifs lui dirent : "Tu n'as pas encore cinquante ans et tu as vu Abraham !" Jésus leur dit : "En vérité, en vérité *je vous* [le] *dis*, avant qu'Abraham fût, *moi je suis*." Alors ils ramassèrent des pierres pour les jeter sur lui mais Jésus se cacha et sortit hors du Temple. »

a) En évoquant la peur de Jésus, nous avions relevé le fait que, dans l'évangile de Jean, il avait d'abord cru qu'il mourrait lapidé. Ici, la menace se précise. Elle est liée au refus de l'entendre. La parole proférée n'est pas reçue et c'est ainsi que l'étau se resserre : alors que la parole « moi je suis » passait jusqu'ici d'humain à humain, maintenant elle ne passe plus du tout. À mesure qu'augmente la surdité de ses interlocuteurs — depuis l'ouverture d'esprit de la Samaritaine, la réceptivité des disciples, les interrogations des pharisiens, l'adhésion de « beaucoup » mais pas de tous — augmente aussi la violence verbale puis physique. Si grand est le pouvoir de la Parole-Vie que les paroles de l'homme Jésus les menacent au point qu'il leur faut l'éliminer au plus vite :

« Vous cherchez à me faire mourir parce que ma parole ne trouve pas place en vous » (v. 37).

« Vous cherchez maintenant à me faire mourir, [moi] un humain qui vous ai dit ce que j'ai entendu auprès de Dieu » (v. 40).

À lire ce qui précède et ce qui suit, on a l'impression qu'ils tentent d'étouffer l'affirmation « moi je suis » parce qu'ils ne la supportent pas : Jésus vient de mettre des mots sur leur besoin de le tuer et, en réponse à la parole « moi je suis », ils passent à l'acte. Pourquoi, alors que Jésus n'a fait que leur parler ?

N'est-ce pas qu'il sent, derrière leur violence, la peur qu'ils ont de lui, et plus profondément la peur de ce qu'ils portent en eux ? Ils ont peur de lui parce qu'il leur parle vrai, il leur parle de leur peur inavouée qui les asservit. Toute la polémique tourne autour de leur assurance d'être libres de la peur, par nature et sans même y penser : « Nous sommes la descendance d'Abraham et nous n'avons jamais été les esclaves de personne » (v. 33). Or, c'est la peur qui nous rend esclaves les uns des autres. Et parce que, d'une part, la matrice de toute peur est la peur de souffrir et que, d'autre part, aucune existence, même à ses débuts, ne fait l'économie de la souffrance, une des plus grandes illusions consiste à se croire libre de naissance. On apprend très tôt à étouffer sa peur ; on supporte mal d'entendre que tout est à faire, que « la vérité vous rendra libres » (v. 32), *au futur*, quand on vit dans l'illusion d'être libre de la peur.

Il est à noter que Jésus dit cela « aux juifs qui avaient cru en lui » (v. 31), donc à ceux qui se croyaient peut-être plus éclairés. Nul n'aurait dès lors la garantie de ne pas vivre dans l'illusion ? Si, parce qu'un indice nous est alors donné : selon l'ordre naturel, nous vivons tous dans la *rupture de relation* (cette manière plus concrète de désigner le « péché ») avec les autres et avec l'Autre, nous nous coupons d'eux, nous nous *aliénons* les uns des autres, ce qui ne cesse d'amoindrir et de détruire notre liberté (v. 34 s). À cela nous pouvons voir que nous vivons dans la peur de souffrir par l'autre/Autre et que nous nous en protégeons habituellement en nous coupant de lui. Dire que seul « le fils » peut nous rendre libres, cela signifie, aux yeux de Jésus, que pour être libérés de nos peurs, même de celles qui nous échappent, nous n'avons qu'un chemin : comme lui, accueillir notre identité de fils et de filles de la Parole. En effet, seul le fils ou la fille en nous peut faire apparaître que nous sommes esclaves de la peur.

Il n'y a que la vérité qui fâche, dit-on. Ceux qui avaient cru en Jésus ce jour-là veulent maintenant éliminer celui qui met le doigt sur ce qu'ils ne veulent pas voir en eux-mêmes. « Vous cherchez à me faire mourir, leur dit-il, parce que ma parole ne trouve pas place en vous » : elle ne trouve pas « emplacement, lieu, pays [*chôros*] » en eux, cette parole investie de la Parole qui seule pourrait les conduire en ce « lieu » sûr qui leur est destiné, au plus intime de leur être. L'illusion est telle, parfois, que nous ne voyons pas la contradiction dans laquelle nous vivons : nous clamons que nous sommes libres, mais nous avons besoin d'éliminer autrui pour exister, donc pour nous sentir libres, comme si autrui empiétait précisément sur notre territoire ! L'homme Jésus semble s'enferrer dans un dialogue de sourds. En les mettant face à leurs contradictions, il ne fait que les conforter dans leur surdité : vous prétendez être les enfants d'Abraham et pourtant vous voulez me tuer (v. 39-41).

C'est alors qu'éclate un cri du cœur, expression de son humanité authentique. Et les paroles du fils de l'humain, alors, sont imprégnées de notre propre humanité. De quoi est-elle faite ?

D'abord du besoin d'être aimé. Comme à bout d'arguments, Jésus laisse apparaître ce qu'il ressent : « Si Dieu était votre père, vous m'aimeriez » (v. 42) ; c'est avouer qu'il désire non avoir raison, mais être aimé d'eux, c'est-à-dire être en relation vivante, bienveillante et bienfaisante avec eux. Mais ils n'entendront pas combien il est en demande. Alors s'exprime, lié à ce besoin d'être aimé, le désespoir de ne pas être entendu, c'est-à-dire reconnu pour qui il est — un sujet parlant, unique et irremplaçable parce que porteur, plus que quiconque, de la Parole-Vie : « Pourquoi ne comprenez-vous pas mon langage ? » (v. 43). Et tout au long de ce dialogue voué à l'échec revient, telle une souffrance lancinante, la plainte de ne pas être « entendu ». C'est un fait d'expérience : ne touchons-nous pas, ici, à la souffrance la plus insondable, celle qui nous a le plus détruits — à ce désespoir de ne pas être entendus qui a inscrit en nous, dès l'enfance et le plus souvent à notre insu, la peur de mourir ? Car on peut dire, en vérité, qu'*en ne nous entendant pas, les autres nous faisaient mourir*. Combien de personnes vivent « mortes » aujourd'hui de n'avoir pas été entendues lorsqu'elles commençaient à exercer leur liberté de sujets parlants ? Il importe donc, à la lecture de ce texte, de ne pas en rester à la menace de mort physique qui pèse sur Jésus ; c'est jusque dans son être profond de sujet parlant, jusqu'au cœur même de son être spirituel que la menace l'atteint.

L'humanité du fils de l'humain est aussi faite de cette confrontation lucide à la réalité : « Pourquoi ne comprenez-vous pas mon langage ? Parce que *vous ne pouvez pas* entendre ma parole » (v. 43). Cela dit bien ce que cela veut dire : force est de constater que vous êtes sourds. Et c'est comme s'il laissait à Dieu le soin de juger si et dans quelle mesure ils le font exprès. Mais n'y a-t-il pas alors un combat en lui ? Comme pris de vertige devant la surdité de ses interlocuteurs, surdité qui le menace d'annihilation, Jésus parle comme pour protéger son identité de fils, en émettant un jugement sur *leur* être profond qui sonne comme définitif — c'est en cela encore que son humanité nous touche : « Vous, vous *êtes* du père le diable (...) vous n'*êtes* pas de Dieu (...) Si je disais que je ne connais pas [mon Père], je *serais* comme vous : un menteur »

(v. 44, 47 et 55). C'est le dernier verset avant notre passage :
la peur et l'esprit de jugement n'ont cessé jusqu'ici de s'alimenter l'une l'autre, apparemment sans issue possible...

b) « En vérité, en vérité, je vous [le] dis, avant qu'Abraham
fût, moi je suis. » C'est le « moi je suis » qui déclenche leur passage à l'acte violent, comme si cette parole était trop chargée de
Vie — on pense au corps déficient faisant un rejet de l'organe
sain qui pourrait lui sauver la vie ! Il nous arrive aussi de ne pas
supporter la vitalité d'autrui, de nous en sentir menacés parce
qu'elle nous renvoie, comme en un miroir, notre propre néant,
tout ce qui est mort en nous. Combien de parents et d'éduca-
teurs ne sont-ils pas profondément déstabilisés par la vitalité de
ces enfants dont Jésus disait précisément que le Royaume de
Dieu leur ressemble, ce « lieu » sûr où il fait bon vivre sans peur
les uns des autres, avec la certitude indéracinable que « moi je
suis » ?

On n'est pas habitué à un Jésus qui argumente de la sorte :
c'est l'indice qu'il est allé sur *leur* terrain et qu'il accepte d'y
rester. Il le fait sans doute pour ne pas perdre le contact avec
eux : mieux vaut parfois un dialogue de sourds que pas de
dialogue du tout ! On peut relever dans tout ce passage une
pléthore de verbes relatifs à la communication ainsi que, à
deux reprises, l'expression « en vérité, en vérité je vous [le]
dis », dont une étude approfondie a établi qu'elle était de la
bouche de Jésus lui-même. Si Jésus ne cesse de leur parler,
c'est que la vérité du « moi je suis » ne peut décidément pas
être véhiculée par autre chose de plus spectaculaire que la
parole échangée entre humains.

Mais que s'est-il passé pour que jaillisse tout à coup cet
éclair de lumière-Vie ? Le dialogue s'était enlisé dans l'esprit
de jugement, lorsque Jésus s'est en quelque sorte recentré sur
la Parole : « *Je garde sa parole* » (v. 55), ce sont ses derniers
mots avant l'éclair de révélation. N'est-ce pas là que tout a
basculé ? Ne parvenant pas à se faire entendre des humains,
c'est comme s'il se contentait désormais de faire confiance à

la Parole qui vit en lui. Et c'est comme si retentissait alors en lui la parole qu'il leur avait dite peu de temps auparavant, sous le souffle de l'Esprit de vérité : « En vérité, en vérité, je vous [le] dis, si quelqu'un *garde ma parole*, il ne verra jamais la mort » (v. 51). Cette parole, il l'avait dite de la part de Dieu, comme si Dieu lui-même parlait par sa bouche — et ils l'avaient immédiatement accusé d'être possédé d'un démon et non de Dieu ! Or, maintenant c'est exactement ce qu'il fait : il « garde sa parole »… et il entre alors en contact avec sa part d'éternité, avec la force de résurrection qui est en lui, sachant par expérience intime qu' « il ne verra jamais la mort » ! Peu de temps avant, en Jn 8,28, il avait pour la première fois entendu et transmis la réalité du « moi je suis » en évoquant sa mort sur la croix, comme s'il n'y avait là aucune incompatibilité. Ici pour la première fois, il entend et transmet la raison pour laquelle « moi je suis » n'est pas crucifiable : ce n'est pas une explication théorique, c'est l'expérience la plus subjective de sa part d'éternité, d'un « moi » qui défie la temporalité dans son pacte avec la mort.

À croire qu'à ce moment-là, Jésus a senti Abraham vivant. Abraham, celui que le peuple d'Israël considère comme le « père des croyants », c'est-à-dire le prototype de ceux qui font confiance, le premier à *partir* sur la simple foi d'une Parole entendue en son for le plus intérieur, Abraham n'était pas mort. Au moment où Jésus sent cela, ne fait-il pas *l'expérience de l'éternité* ? Jamais le « Je suis » divin n'avait été aussi accessible à l'expérience d'un être humain : « Avant qu'Abraham fût, *moi je suis* », on croit entendre parler Dieu lui-même ! On peut se demander si Jésus ne fait pas que projeter sur Abraham, cette figure vivante du passé, une joie qu'il éprouve lui-même en cet instant : « Abraham votre père s'est réjoui de voir mon jour et il l'a vu et il a été transporté de joie. »

Mais ne faut-il pas entendre, à l'arrière-plan de la prescience d'un messie à venir, une similitude d'expérience ? Abraham, selon l'intuition de Jésus, aurait vécu cette même *expérience d'éternité* ; il aurait vu « mon jour », c'est-à-dire le même jour que moi, ce jour de Dieu qui n'a pas de fin... La joie liée à l'expérience d'un « moi je suis » incorruptible ne dépend pas des circonstances historiques ! Les interlocuteurs de Jésus n'entendent pas ce « moi je suis » qui l'habite. Mais ils ont pour référence Abraham. Si leur relation à Abraham est *vivante,* peut-être entendront-ils le « moi je suis » indes-tructible dont il était animé, au lieu de répéter : « Maintenant nous savons que tu as un démon : Abraham est mort (...) Es-tu, toi, plus grand que notre père Abraham qui est mort ? » (v. 52 s).

Il se peut que nous n'entendions pas non plus la puissance de Vie dont autrui est porteur, ni même la puissance de Vie dont autrui témoigne explicitement. Il se peut que seule la vie biologique nous parle : « nous sommes les descendants » de x ou de y. Et le désespoir nous guette, à la mort d'un proche, d'autant plus s'il ne se savait pas habité par ce « moi je suis » que la mort ne peut détruire. Entendre alors, de la bouche de Jésus, qu'avant même sa naissance cet être cher était en lieu sûr dans le cœur du Père, et que maintenant il s'y trouve, « goûtant* » ce « jour » qui n'a pas de fin, *entendre* cela, c'est-à-dire croire Jésus sur parole, peut devenir source d'apaisement.

« *Je vous le dis à présent (...) afin que vous croyiez que moi je suis* » (*Jn 13,19*)

Jn 13,19 : « Dès maintenant, je *vous* [le] *dis*, avant que cela n'arrive, afin que vous croyiez, lorsque cela arrivera, que *moi je suis.* »

---

* Les interlocuteurs de Jésus avaient ironisé : « Et toi tu dis : "Si quel-qu'un garde ma parole, il ne *goûtera* pas la mort, jamais" ! » (v. 52).

a) « Cela », c'est la trahison de Judas, dont Jésus vient de parler de manière à peine voilée et qu'il va annoncer explicitement dans les versets qui suivent. Nous sommes entrés dans ce texte plus haut pour y déceler le combat personnel de Jésus. Ici, nous vérifions la présence de ces mêmes éléments que l'on retrouve dans tous les passages mentionnant la parole « moi je suis » : la peur est à l'arrière-plan, là aussi, et l'enjeu est le même puisqu'il s'agit, pour les disciples, de savoir à quoi se raccrocher au lendemain de vendredi saint, quand le drame aura détruit toutes les relations de confiance.

Spontanément, nous ne croyons peut-être pas à la trahison, comme les disciples : ils entendent avec leurs oreilles que l'un d'entre eux va trahir Jésus, mais quand Jésus désigne indirectement Judas, ils sont sans réaction, et ils n'interviendront jamais par la suite. C'est comme s'ils ne parvenaient pas à y croire : Judas et Jésus ont l'air de si bien s'entendre (Jésus lui dit : « Ce que tu fais, fais-le vite ! » comme s'ils collaboraient). « Judas sortit aussitôt. Il faisait nuit », conclura Jean (13,30). « Celui qui sortit était nuit lui-même », commentera saint Augustin. Mais il faisait nuit aussi dans l'esprit des disciples qui n'ont « pas compris de quoi Jésus parlait à Judas. » Et c'est comme si, autour de la table, la trahison — la possibilité de trahir, mais aussi le souvenir d'avoir été trahi — rôdait dans tous les cœurs. Si les disciples ont l'air sourds et aveugles à ce que Jésus est sur le point de subir, n'est-ce pas qu'ils se trouvent brusquement happés dans leur propre histoire ? N'est-ce pas que le thème de la trahison éveille en eux tout un passé qui les plonge dans le désarroi ?

Il fait nuit aussi quand se réveillent nos vieux démons et que nous ne voyons même plus ce qui se trame sous nos yeux. C'est alors le souvenir déchirant de ce sol béant sous nos pas, lorsque nous avons découvert que notre plus cher ami, notre conjoint, notre associée, l'être en qui nous avions toute confiance, nous a trahis. Et plus tôt nous avons vécu cela, plus profondément le doute s'est incrusté dans toutes nos relations : je ne peux plus me fier à personne, pas même à Dieu, l'ami suprême ! Il y a toujours une première fois, qui nous a pris de court. Nous commençons toujours par *être trahis,* avant de retirer notre confiance et de tenter de nous prémunir : je ne me laisserai plus prendre !

Mais Jésus savait ses disciples terriblement démunis devant la trahison. Il était assez proche des enfants pour savoir que les humains *commencent* toujours par faire confiance, parce qu'ils sont enfants ou qu'ils ont gardé l'esprit d'enfance. Il savait que la méfiance et le repli sur soi sont toujours seconds par rapport à une blessure initiale. C'est pourquoi il parle ainsi à ses disciples, leur indiquant à l'avance, avec une infinie sollicitude, comment faire face à d'autres trahisons : « Dès maintenant je vous [le] dis, avant que cela n'arrive... » Faire face d'avance à la peur de la trahison, c'est d'abord considérer Judas comme un de nos semblables, et non comme l'anti-disciple chargé de nous rappeler combien le monde est mauvais et les meilleurs amis peu fiables !

Dans les récits synoptiques, Jésus dit clairement : « Malheureux cet humain par lequel le fils de l'humain est livré » (Mt 26,24//Mc 14,21//Lc 22,22). Cet être humain, *quel qu'il soit,* est le plus à plaindre. C'est lui qui a besoin d'être secouru : où s'est-il perdu pour en arriver à trahir son meilleur ami, cet humain qui pourrait être n'importe lequel d'entre vous ? Mais pourquoi Jésus laisse-t-il planer le doute ? Pourquoi ne dit-il pas expressément : le traître, c'est Judas, dans aucun des quatre évangiles ? Sans doute parce que Judas *n'est pas* pire que les autres, parce que la confiance est quelque chose de si fragile que personne, jamais, ne devrait être certain de ne pas l'avoir trahie ! D'autre part, Judas lui-même reste sans réaction lorsque le geste de Jésus le désigne, comme s'il ne se savait pas traître. Cela va dans le même sens que la remarque précédente : on peut être traître, sans le savoir encore, parce qu'on ne peut pas être certain qu'on ne trahira jamais la confiance d'autrui. Il y avait du Judas en chacun des

disciples, il y a du Judas en chacun-e de nous. C'est l'acceptation de cette vérité qui nous permet d'affronter la peur liée
à la trahison et d'éprouver à nouveau la solidité de la Relation.

Tant que nous considérons Judas comme un monstre, nous
ne sommes pas en contact avec la trahison potentielle qui est
en nous. Si nous sentons que nous pouvons trahir, même sans
le vouloir et sans comprendre notre propre comportement,
alors nous sommes sur la voie de la trahison qui s'est jadis
inscrite en nous et qui nous fait encore mal. Il nous apparaît
que nous *pourrions* faire subir à autrui ce que nous avons
subi, dans une tentative absurde pour nous en libérer. La
proximité avec notre semblable Judas est déterminante si
nous désirons « croire que moi je suis » : sans elle, nous
demeurons dans le fantasme de notre intégrité (dans les deux
sens du terme) et nous ne pouvons nous raccrocher à rien
lorsque survient une nouvelle trahison.

b) Comment croire à une Relation vraiment fiable, qui
résisterait à toute trahison parce que, précédant celle-ci, elle
en aurait par avance surmonté le potentiel destructeur ? Si
nous parvenons à voir que Jésus n'a jamais rompu la relation
avec Judas, nous commençons à croire en un « moi je suis »
plus fort que la trahison et nous entrons nous-mêmes en
Relation. C'est le geste symbolique de Jésus à l'égard de Judas
qui va nous permettre de vérifier cela.

Selon le témoignage explicite des trois autres évangélistes,
Jésus avait perçu en Judas un être « malheureux », un humain
en rupture tragique avec ce qui constitue l'humanité de chacun, du « fils de l'humain » comme de lui-même. Il l'avait senti
plus perdu que quiconque, sans doute en proie à une histoire
personnelle de trahison, incapable d'en sortir autrement qu'en
faisant subir à autrui ce qu'il se refusait à assumer lui-même.
L'évangéliste Jean suggère indirectement ce « malheur » intérieur de Judas, lorsqu'il fait de lui le *premier bénéficiaire* du
geste hautement symbolique de la communion. En effet, il

s'agit ici du dernier repas que Jésus prend avec ses disciples, ce repas même où, dans les trois autres évangiles, il institue les gestes et les paroles de la Cène. Par le geste qu'il va accomplir, Jésus désire leur indiquer l'identité de celui qui va le trahir. Or, la similitude des récits est impressionnante :

> « ayant pris du pain (...) il le rompit et l'ayant donné aux disciples » (Mt 26,26) ;
> « ayant pris du pain (...) il le rompit et il le leur donna » (Mc 14,22//Lc 22,19) ;
> « ayant trempé la bouchée, [*il (la) prend et*] la donne à Judas » (Jn 13,26).

L'étude approfondie des manuscrits que nous possédons de ce passage de Jean ne permet pas de déterminer avec certitude si « il [la] prend et » a été ajouté par des copistes pour rappeler le geste de la Cène dans les trois autres évangiles, ou bien si ces mots ont été supprimés parce que jugés inutiles : ils sont présents dans certains manuscrits, absents dans d'autres. Mais il est passionnant de constater que, dans les deux hypothèses, ce geste a bouleversé les copistes : soit ils ont immédiatement fait le rapprochement avec la Cène, soit ce rapprochement les a choqués et ils ont voulu l'éliminer. Il faut ajouter, d'une part, que dans le christianisme grec la « bouchée [*psômion*] » désignait le pain consacré de la Cène, d'autre part que le verbe *baptô*, « tremper, plonger, immerger », est de la même racine que *baptizein*, « baptiser » !

Contrairement aux apparences, le geste de Jésus n'est donc pas une mise à l'index. À l'origine, c'est un geste d'hospitalité orientale : l'hôte sélectionnait, pour un invité qu'il désirait honorer, un morceau de choix dans le plat commun. Mais c'est un geste qui tout à coup se charge de toute une densité humaine et spirituelle : ceci est mon corps, pour toi Judas, pour que tu vives malgré tout ; quelles que soient les ténèbres où tu t'es perdu, je me donne à toi comme aux autres, à toi avant les autres, parce que tu es aussi mon ami — c'est ce qu'il lui dira au moment de l'arrestation, dans le récit matthéen : « [mon] ami » ou « [mon] compagnon » (Mt 26,50) !

Si Jésus se donne ainsi en premier lieu à Judas, c'est qu'il est celui de tous qui est le plus désespérément en manque du pain de vie. Ils venaient tous d'entendre « Dès maintenant je vous [le] dis, avant que cela n'arrive (...) *moi je suis* », quoi qu'il arrive. Mais Judas avait besoin, en plus, de ce geste de communion, et c'était le dernier moment « avant que cela n'arrive » : « Après la bouchée, le satan [la force qui s'oppose, accuse et divise] pénétra en lui » (v. 27). Là est encore notre proximité avec Judas, car « avant » même notre aliénation, « avant » la nuit de la trahison, il nous est permis de croire que nous avons, avec Judas, reçu le pain incorruptible de la Relation et que, dès lors, nous aurons la force d'affronter la nuit, sans nous y perdre complètement : « Lui, ayant pris la bouchée, sortit aussitôt. Il faisait nuit » (v. 30).

Comment croire à une Relation plus solide que toutes les trahisons ? Il y a d'abord à entendre le témoignage de Jésus lui-même. Peu avant d'être arrêté, il leur dira à nouveau son ancrage dans une Relation qui permet d'accueillir dans la paix, à l'avance, la blessure de tous les abandons et de toutes les trahisons : « Vous serez dispersés, chacun chez soi et vous me laisserez seul. Mais je ne suis pas seul, parce que le Père est avec moi » (16,32) ; en d'autres termes, je suis arrimé en ce « Je suis » divin libre de toute peur, dès maintenant, *avant* la marée du mensonge, avant la défaite de toutes les relations auxquelles vous croyez. Et maintenant encore, Jésus ne cesse de leur parler, mettant des mots sur ce qui va se passer de totalement déstabilisant pour eux, sans s'attarder une minute sur le pourquoi ou le comment de la trahison, se préoccupant exclusivement de leur vie à venir

Ils auront à se souvenir de *ce qu'il leur avait dit**, de la manière dont il leur avait parlé : un langage vrai, sans faux-fuyant, sans travestissement destiné à masquer la réalité crue. C'est un encouragement à demeurer lucide en toutes circonstances : l'humanité est ainsi faite, nul n'est à l'abri de la trahison. Ils croiront en lui non seulement parce qu'il faisait ce qu'il disait, mais aussi parce qu'il leur avait donné les moyens d'affronter ce qui allait arriver, ne se contentant pas de prédire l'avenir pour prouver rétrospectivement qu'il était un grand prophète. Affronter la trahison, et la terrifiante disparition de l'Être qu'elle implique souvent, ne se peut pas sans la parole échangée, d'humain à humain, une parole qui parfois s'impose avec la densité de la Parole-Vie. C'est précisément ce qui se passe au moment où Jésus leur révèle la trahison de Judas. En trois versets, Jésus prononce cette expression forte et tout à fait nouvelle que lui seul utilisait, dans laquelle on a pu voir une analogie avec le « ainsi parle le Seigneur » des prophètes hébreux : « En vérité, en vérité, je vous dis » :

au v. 19, « dès maintenant *je vous dis* (...) afin que vous croyiez (...) que moi je suis » ;

au v. 20, « *en vérité, en vérité je vous dis,* qui reçoit celui que j'enverrai me reçoit moi-même, et qui me reçoit reçoit celui qui m'a envoyé » ;

au v. 21, « *en vérité, en vérité je vous dis,* l'un d'entre vous me trahira »

---

* C'est une constante dans cet évangile : « Quand Jésus se leva d'entre les morts, ses disciples se souvinrent qu'*il avait dit cela* et ils crurent à l'Écriture et à la parole que Jésus avait dite » (2,22) ; « L'Esprit saint vous fera ressouvenir de tout ce que [moi] *je vous ai dit* » (14,26) ; « Je vous ai dit/ je vous dis tout cela afin que vous vous souveniez, quand l'heure [de ceux qui vous persécuteront] viendra, que *moi je vous l'ai dit* » (16,4).

On dirait qu'en partageant cette Parole-Vie qui le fait vivre, il reçoit la certitude qu'elle est aussi vraie pour eux : je *vous* le dis parce que c'est *vraiment vrai* pour moi et que nous partageons la même humanité. Là sont les moyens d'affronter toute expérience de trahison : croire en ce « moi je suis » qui habitait en Jésus et que rien n'a pu détruire (c'est la Parole-Vie du v. 19) ; faire confiance à tout être humain placé sur notre chemin pour nous accompagner dans le face-à-face avec nos peurs ; le « recevoir » comme un semblable crédible parce que porteur du Christ (c'est la Parole-Vie du v. 20) ; parler un langage de vérité, avec un maximum d'honnêteté et de lucidité, quelle que soit l'intensité des émotions (c'est la Parole-Vie du v. 21).

« *"Qui cherchez-vous? — Jésus le Nazôréen"*
 Il leur dit : "Moi je suis" » *(Jn 18,4 s)*

Jn 18,4-8 : « Alors, sachant tout ce qui allait lui arriver, Jésus sortit et *leur dit* : "Qui cherchez-vous ?" Ils lui répondirent : "Jésus le Nazôréen." Il *leur dit* : "*Moi je suis.*" Or, parmi eux se tenait aussi Judas qui le livrait. Alors, comme il *leur disait* "Moi je suis", ils se retirèrent en arrière et tombèrent à terre. À nouveau il leur demanda donc : "Qui cherchez-vous ? " Ils dirent : "Jésus le Nazôréen." Jésus leur répondit : "Je *vous ai dit* que *moi je suis*. Si donc vous me cherchez, laissez ceux-ci s'en aller ! " »

a)   La cohorte et les gardes viennent arrêter Jésus, avec torches, lampes et armes. Alors, pour la dernière fois, retentit le « moi je suis » sans prédicat, avec un résultat immédiat jamais égalé, et à deux reprises comme pour en souligner l'intensité. On peut croire, à juste titre, que Jésus a définitivement surmonté la peur : dans cet évangile il se montrera souverainement libre jusqu'à son dernier souffle, disant et faisant

tout ce qu'il faut pour « accomplir les Écritures », c'est-à-dire
donner sens à toutes les prophéties à son sujet que les premiers chrétiens décèleront dans la Bible hébraïque. C'est le
témoignage de Jean, fidèle à celles et ceux qui avaient assisté
à la fin de Jésus et en avaient recueilli cette impression de
totale liberté intérieure. Mais il n'y a pas lieu pour autant de
faire de lui un être surhumain miraculeusement maître de la
situation : « sachant tout ce qui allait lui arriver » est à entendre
avec, à l'arrière-plan, le combat violent de Gethsémani, ce jardin même où se produit l'arrestation.

Nous relevions plus haut qu'on trouve des traces de cette
confrontation terrifiante de Jésus avec « tout ce qui allait lui
arriver » ailleurs dans cet évangile, par exemple en 12,27 :
« Maintenant, mon être s'est troublé/se trouble, s'inquiète,
s'effraie, et que dirai-je ? Père, sauve-moi de cette heure ? »,
et en 18,11, trois versets après notre passage : « La coupe que
le Père me donne/m'a donnée, je ne la boirais pas ? » Il faut
bien qu'il ait touché le fond, qu'il ait vécu jusqu'au bout les
affres de la peur pour se dire désormais prêt à tout. N'en est-
il pas de même lorsque nous disons « j'ai vécu l'enfer, cela ne
me fait plus peur, désormais je suis prêt-e à faire face à tout
ce que j'ai à vivre » ? Il y a sans doute là le sentiment de
n'avoir plus rien à perdre : sortis vivants d'une tourmente qui
nous a fait perdre tous nos repères, nous avons repris pied
dans l'Être sans nécessairement savoir qu'il est Dieu, mais
nous avons fait le premier pas à la découverte du « moi je
suis » que nous abritions à notre insu ; en effet, nous savons
désormais de source sûre, c'est-à-dire à partir de notre expérience la plus intime, que « tout ce qui va nous arriver » ne
peut pas détruire *ce que nous sommes*. Et sans doute l'apôtre
Paul ne dit-il pas autre chose lorsqu'il écrit aux Romains : « Je
suis convaincu que ni la mort ni la vie ni les anges ni les domi-
nations ni le présent ni l'avenir ni les puissances ni la hauteur
ni la profondeur ni aucune autre créature ne pourront nous
séparer de l'amour de Dieu en Christ Jésus, notre Seigneur »

(Rm 8,38 s). En d'autres termes, rien ne peut détruire la Relation que nous avons à nouveau intégrée, parce que désormais nous savons qu'elle existe, *indépendamment* des abîmes dans lesquels nous aurons encore le sentiment terrifiant d'être engloutis. En ce sens précis nous aussi « savons tout ce qui va nous arriver » : ayant fait, ne serait-ce qu'une fois, la connaissance de la mort, de l'écrasement, de l'abîme de la souffrance, de la peur que peut nous inspirer toute créature, nous avons enregistré quelque part en nous que l'Être nous tient. Nous pourrons en douter à nouveau, quand une autre tourmente surviendra, mais rien ne pourra effacer cette première expérience d'avoir été en contact avec un « Je suis » résistant en qui se trouve la raison mystérieuse pour laquelle nous avons survécu.

Ajoutons que si Jésus semble avoir désormais surmonté la peur, c'est aussi qu'il vient de parler longuement à ses amis de ce qui constitue le ciment d'une existence libre. Le récit johannique se déroule comme s'il avait puisé dans ses propres paroles la force d'affronter la nuit du jardin où il allait être arrêté : « Ayant ainsi parlé, Jésus sortit avec ses disciples » (18,1). Or, il leur avait parlé d'amour, d'amour sans condition, d'unité à tout prix, de « demeurer » ensemble, de partager entre eux sans restriction tout ce qu'ils avaient expérimenté de ce « Je suis » fiable dont il avait lui-même si intensément vécu.

Il est bien possible que Judas n'ait pas entendu ces paroles fortes qui constituent en quelque sorte le testament spirituel de Jésus : après avoir reçu la bouchée de pain, il est vite sorti (13,30), et immédiatement après le long dialogue de Jésus avec ses amis, Judas arrive en tête de la cohorte et des gardes. Pourtant, dans les paroles de Jésus se tenait la Parole-Vie qui, sans relâche, tente d'habiter tout être humain sans discrimination. Judas n'a peut-être rien entendu physiquement, il n'a en tout cas rien entendu dans son être intérieur, mais ce que Jésus a dit aux autres, il le *fait* à Judas en allant au-devant de lui et en l'accueillant dans cet amour sans condition qui le fera vivre jusqu'au bout : « Ami, ce pour quoi tu es ici... », lui dit-il sans achever (par exemple par « fais-le ! ») en Mt 26,50. Judas vient de lui donner un baiser et Jésus ne lui retire pas son amitié ; mais dans le silence poignant de cette phrase inachevée, l'acceptation profonde d'autrui malfaisant, d'autrui pervers, d'autrui destructeur ne demande-t-elle pas de Jésus une concentration extrême sur le « Je suis » que rien ne détruit, lui ôtant brusquement l'usage de la parole ? On comprend alors pourquoi, à la place de cette demi-phrase, Jean donne un détail totalement superflu puisqu'il vient de raconter comment Judas conduisait les gardes : « Or, parmi eux se tenait aussi Judas qui le livrait » (18,5). L'évangéliste n'a-t-il pas ici à cœur de témoigner, lui aussi, de ce qu'aucune peur ni aucun esprit de jugement n'animaient Jésus, puisqu'il pouvait regarder Judas face à face et l'accueillir tel qu'il était, avec l'hypocrisie même de son geste ?

b) La peur a désormais trouvé son maître. C'est comme si Jésus disait : je n'ai plus peur de toi, Judas, toi qui trahis ma confiance et cherches à me détruire, parce que moi je suis et que *tu n'as aucune prise là-dessus*. Nous avons assez suggéré que par là Jésus ne garde rien pour lui seul, qu'il ne dit pas : Dieu est avec moi, mais toi il te maudit. Toutefois, la réaction de Judas et des gardes est spectaculaire puisqu'ils en tombent à la renverse, ils sont « renversés » dans les deux sens du terme — montrant d'emblée combien ils sont en manque de ce « moi je suis » à l'œuvre en cet homme qu'ils s'imaginent pouvoir arrêter.

On pourrait objecter, ici aussi, que la réponse de Jésus, *egô eimi*, signifie simplement « c'est moi ». Mais, même prise prosaïquement, cette réponse demeure renversante tant elle est chargée. En outre, certains manuscrits précisent soit « c'est moi Jésus », soit « Jésus c'est moi », mais on admet généralement que c'est là l'œuvre de copistes et que l'expression courte « moi je suis » est originale. On dirait que les interlocuteurs de Jésus sont atterrés (là encore dans les deux sens !) par une telle liberté intérieure : non seulement il n'est pas en proie à la peur, mais c'est même lui qui conduit l'interrogatoire ! Et si Judas n'avait jamais *entendu* Jésus lorsqu'il parlait, à lui et aux autres disciples, de ce « moi je suis » libre de la peur, on peut dire que maintenant il n'en croit pas ses oreilles !

C'est à leur tour d'avoir peur, peur de l'intensité de vie qui est en Jésus, aussi étrange cela puisse-t-il paraître. Pourquoi les êtres libres de la peur, qui vivent avec une grande intensité intérieure, suscitent-ils souvent la peur autour d'eux ? Parce que les autres se trouvent dangereusement renvoyés à eux-mêmes par une telle liberté. Ainsi en était-il sans doute des gardes qui accompagnaient Judas : ils avaient cru se libérer de leurs propres peurs en faisant peur à autrui ; or, Jésus se montre invulnérable en leur disant qu'il se tient et se sent tenu en ce lieu sûr de l'Être qui leur fait terriblement défaut : leur geste involontaire indique comment ils sont radicalement renvoyés à leur propre déficience d'Être et, en même temps, mis sur la voie de ce « moi je suis » qui désire parler en eux aussi... Mais ils préféreront rester sourds à ce qu'ils viennent de vivre à leur corps défendant.

Pour la dernière fois, « moi je suis » est proféré au cours d'un dialogue, mais jamais celui-ci n'avait été aussi direct. C'est encore en leur parlant, patiemment, quitte à répéter les mêmes choses, que Jésus tente, en ces derniers instants de liberté, de les mettre en contact avec cette vie intense qui leur est aussi destinée et qu'il n'a jamais voulu garder pour lui, ni pour les disciples seuls, ni pour les « bons » disciples à l'exclusion de Judas. Quand Jésus répond : « Je vous ai dit que moi je suis », cette parole pourrait résonner plus profondément en Judas — ne se souvient-il pas de ce jour où Jésus leur avait dit : « Dès le commencement, [moi je suis] ce que précisément je vous dis » (8,24) ? n'est-il pas témoin de ce que Jésus leur a toujours parlé vrai, qu'il a toujours fait ce qu'il disait, et en cette heure plus que jamais ?

La question que Jésus leur pose à deux reprises (« qui cherchez-vous ? ») va toucher très loin, jusque-là où ils sont perdus, à la recherche d'un lieu dans l'Être où ils pourraient se sentir en sécurité. C'est l'ultime question de Jésus, adressée au sourd qu'est tout fils d'humanité, à la sourde qu'est toute fille d'humanité. Jésus sait très bien qu'ils viennent l'arrêter, mais sa question est du même type que celle posée à l'homme infirme depuis trente-huit ans (« veux-tu guérir ? », Jn 5,6). C'est placer chaque personne devant la responsabilité qu'elle a de son propre désir : nul ne peut désirer et mettre en œuvre son désir à la place d'autrui. Et jusqu'au bout, Jésus ne cesse de réveiller le désir profond de ses semblables.

Qui cherchez-vous, en vérité, en définitive ? Ne sentez-vous pas que vous cherchez le Vivant, ce qui en chacun de vous vit de la vie de ce « moi je suis » dont je n'ai cessé de vous parler ? Ne cherchez-vous pas, sans le savoir, ce qui pourrait vous délivrer à la fois de la peur et de l'esprit de jugement ? En effet, à leur grande surprise, ils sont en présence d'un homme, leur semblable, qui est animé d'une telle intensité d'Être qu'ils ne tenteront même pas de se défendre lorsque Pierre les frappera de son épée. Il aura fallu onze versets pour qu'ils parviennent à se saisir de Jésus ! Pendant quelques instants, ont-ils entrevu qu'ils cherchaient autre chose que l'arrestation de l'homme Jésus de Nazareth ? Il demeure que par sa question, et sa propre réponse, Jésus les a mis une dernière fois sur le chemin de leur désir profond...

Conclusion

« L'histoire de Judas a été, pour le christianisme primitif, le scandale des scandales », écrivait M. Goguel dans sa *Vie de Jésus*. Si elle l'est encore aujourd'hui, c'est que nous n'en avons pas fini avec la conviction que certaines personnes sont des « monstres » — Judas ou n'importe quelle figure que les médias nous jettent en pâture. De quoi est faite cette conviction, qui est sans doute l'expression la plus radicale de l'esprit de jugement ? À première vue, éliminer autrui nous donne le sentiment d'exister, d'être « du bon côté de la barrière », d'être autorisés à minimiser ce que nous subodorons d'inavouable en nous. Mais si nous creusons un peu, nous constatons que ce jugement dernier nous met provisoirement à l'abri de l'horreur absolue. En effet, accordant à notre jugement une toute-puissance purement imaginaire, nous croyons sincèrement avoir tout compris dans le comportement du « monstre », ce qui nous rassure : le mal absurde et insondable ne peut pas nous atteindre, nous l'avons domestiqué grâce à notre concept du Mal, dont le « monstre » est la parfaite illustration, et qu'il suffit d'éliminer.

Toutefois, le sentiment qu'autrui est un monstre peut venir de beaucoup plus loin. C'est notre douloureuse inca pacité à ne pas considérer autrui comme un monstre, *aujourd'hui*, qui peut nous mettre sur la voie d'une histoire personnelle où nous avons été victimes d'un comportement monstrueux. Or, l'expérience montre que ce regard-là ne peut pas être thérapeutique : aussi longtemps que le souvenir de l'horreur subie s'accompagne de l'horreur inspirée par le monstre tout-puissant qui nous l'a fait subir, nous demeurons dans la fascination, qui est une forme de dépendance particulièrement destructrice. Malgré toute notre bonne volonté, nous ne parvenons pas à avoir un autre regard sur cet individu, et de ce fait, nous n'intégrons jamais ce qui nous est arrivé : nous n'en sortons pas. Il s'agit alors, avec l'aide d'un témoin qui est capable d'un autre regard parce qu'il a lui-même surmonté sa propre histoire terrifiante ou déstabilisante, d'*humaniser* très progressivement le comportement du monstre, non pas de minimiser ce qu'il a fait en essayant d'expliquer pourquoi il l'a fait, mais de partir d'Ailleurs, de prendre un autre point de départ : supposons que ce soit malgré tout un être humain ! comment en est-il arrivé là ? quel chemin de ténèbres a-t-il suivi pour se perdre pareillement et en faire payer le prix à autrui ? La peur qui commande le jugement autoprotecteur décroît à mesure que nous *apprivoisons* le monstre au-dedans de nous, avec le soutien d'un-e semblable, témoin d'un Autre regard sur ce même monstre. Nous pressentons alors la fiabilité de Quelqu'un qui n'est et ne sera jamais ni terrifié ni détruit par cette personne qui nous a terrifiés et détruits ; nous découvrons qu'il y a plus fort que le monstre, *Ailleurs au-dedans de nous*, dès le moment où nous consentons à ce qu'il y ait de l'humain en lui.

À partir de là, nous voyons tous les autres autrement : si les monstres ne sont pas cent pour cent des monstres, alors personne n'est cent pour cent quoi que ce soit. Nos jugements ne reposent plus sur une assise inébranlable. Cependant, nous n'en avons pas nécessairement fini avec notre besoin de cataloguer les autres. Quelqu'un qui a été jugé et a purgé sa peine ne risque-t-il pas de purger toute sa vie la douleur d'être étiqueté en fonction de ce qu'il a commis ? Sous sa forme la plus atténuée, le besoin de juger se vit, souvent douloureusement, dans la comparaison constante avec autrui. Or, tant que nous avons besoin de nous trouver et d'être trouvés meilleurs, nous restons dépendants d'autrui. Et c'est ainsi que nous conjurons notre peur de l'autonomie.

En effet, laisser autrui répondre lui-même de ce qu'il est et de ce qu'il fait, sans s'ériger soi-même en juge, c'est ne plus en être dépendant. C'est renoncer à attendre d'autrui qu'il nous procure, par sa propre déficience, le sentiment d'être nous-mêmes enracinés dans l'Être : ce n'est pas parce que autrui est « nul » que « moi je suis », même si je tente désespérément de me persuader du contraire. Si donc je renonce à juger autrui nul, c'est que j'ai mieux à faire ; j'ai à déceler en moi un vide qui ressemble étonnamment à un sentiment de nullité ou à une incapacité à *être par moi-même* sans comparaison avec quiconque, et j'aspire à ce moment où je pourrai dire sans me préoccuper du jugement d'autrui ni du jugement qu'autrui m'inspire : moi je suis, et cela me suffit !

Deux versets avant l'arrestation orchestrée par le « monstre » Judas, Jésus dit, dans sa prière : « Père juste ! » (Jn 17, 25). Une telle invocation, placée à cet endroit, n'en dit-elle pas long sur la possibilité que nous avons de nous laisser dé-fasciner par le monstre ? En se tenant dans la présence du « Père juste », Jésus laissait Judas répondre de ses actes devant Dieu. Il se désintéressait complètement de ce que méritait son comportement ; c'était désormais l'affaire de Dieu, et il s'en remettait à un Père qui ne pouvait qu'être parfaitement juste. Là est la clé de notre propre apaisement : faire confiance à ce Dieu-là, qui n'oublie pas la victime d'injustice, laisser aller vers lui la personne qui s'est comportée de manière monstrueuse à notre égard, savoir que tôt ou tard elle aura à répondre de ses actes devant Dieu, se sentir déchargés d'avoir à la juger nous-mêmes, parce que Dieu saura défendre nos intérêts infiniment mieux que nous, lui, le Défenseur d'en haut...

Notre besoin de considérer autrui comme un monstre se fait moins pressant quand nous nous (re)mettons en relation avec un Dieu qui se tient à nos côtés tout en nous laissant, à tous, la responsabilité de nos actes. Les évangélistes ne disent pas que Judas est un irresponsable. Cependant, ils laissent entendre qu'il n'est pas l'origine dernière du Mal par lequel Jésus devait mourir. Il est présenté comme un humain ordinaire qui a été pris et s'est laissé prendre dans un amalgame de malheur et de malfaisance, qui s'est perdu dans cette « nuit » où il était « sorti » de la présence de l'Autre-Jésus et de la relation avec ses semblables. « *Hélas* pour cet humain par lequel le fils de l'humain est livré ! » s'exclame Jésus en Mt 26,24 (//Mc 14,21//Lc 22,22) et cette interjection, *ouaï*, dénote une totale compassion envers l'être en proie au malheur aussi bien qu'à la malfaisance : si Jésus ne qualifie pas ce qui se passe, s'il n'exprime qu'un cri, ou une plainte, n'est-ce pas qu'il se tient en ce moment bien au-delà de nos petits concepts de Bien et de Mal, en cette profondeur de l'expérience indicible de la souffrance qui rend dérisoires tout règlement de compte et tout jugement humain ?

On a élaboré de nombreuses théories pour expliquer les mobiles de Judas. Les récits évangéliques eux-mêmes rendent vaines de telles recherches. En effet, tôt ou tard Jésus se serait fait arrêter. Selon le témoignage de Jean, Judas n'a pas provoqué à lui seul la mort de Jésus : déjà à la suite de la résurrection de Lazare, les grands prêtres et les pharisiens avaient « à partir de ce jour-là décidé de le mettre à mort » et ils avaient « donné des ordres : quiconque sait où il est doit [le] dénoncer, pour qu'on se saisisse de lui » (11,53 et 57). L'inquiétude des disciples va dans le même sens : eux aussi sont happés dans le mal-être, pris dans la réalité du mal au point que chacun d'eux se croit capable de trahir. Les quatre évangiles sont unanimes . chaque disciple pense qu'il pourrait être l'exécutant, *sans nécessairement le vouloir.*

Mais l'histoire de Judas n'a pas pour visée unique de nous montrer à quelles extrémités meurtrières conduit l'esprit de jugement ni de nous convaincre que personne n'a les mains tout à fait propres. Le flou qui entoure cette histoire met en évidence quelque chose de déterminant à un autre niveau : en définitive, personne ne pouvait venir à bout du « moi je suis » qui habitait Jésus ; depuis longtemps, Jésus avait accepté de *se livrer lui-même*, parce qu'il n'avait pas à redouter la destruction de son être, qu'il sentait à l'abri en Dieu : « Personne ne me l'enlève, mais moi je le donne de moi-même » (Jn 10,18). C'est jusque-là que peut aller un être libéré de la peur. Peu lui importe ce que valent les autres. Peu lui importe le cas qu'on fait ou non de lui. Seule compte pour lui une relation de qualité avec ceux et celles qui l'entourent Parfois, le chemin est long depuis le temps où, ayant été « livrés », au sens de trahis, nous n'avons plus vécu une vraie vie, gardant les autres à distance derrière des étiquettes définitives... jusqu'à ce temps mystérieux où un souffle printanier vient réveiller en nous la capacité de nous livrer nous-mêmes, ou de réveiller en nous « le Christ qui vit en moi », pour parler comme l'apôtre Paul : « Ce que je vis maintenant dans la chair [de mon existence], je le vis dans la foi ou la confiance *du fils de Dieu*, qui m'a aimé et *s'est livré* pour moi » (Ga 2,20) ; je me trouve désormais animé de cette confiance même qui animait Jésus malgré toutes les trahisons dont il était l'objet.

Mais comment comprendre alors cette parole terrible de Jésus : « Il aurait mieux valu pour lui de ne pas naître, cet homme-là » (Mt 26,24//Mc 14,21) ? Nous avons assez montré que Jésus n'avait nul besoin d'éliminer Judas. Ce qu'il y a lieu de souligner ici, c'est le « pour lui » qui fait entendre toute la phrase *du point de vue de Judas* : ce n'est pas que son existence en tant que telle soit superflue, mais c'est que *pour lui* cette existence faite exclusivement de malheur et de malfaisance n'est pas une vie ; c'est l'antipode de cette « vie en abondance » que Jésus voyait destinée à tout humain en « se livrant lui-même », c'est-à-dire en faisant la preuve que rien ne pouvait détruire le « Je suis » dont il était porteur, pas même son renoncement à persévérer dans la vie biologique !

Parce que l'histoire de la trahison se répète indéfiniment et qu'il y a du Judas en quiconque, on peut entendre ainsi Mt 26,24 (« *hélas pour/malheur à* cet humain par lequel le fils de l'humain est livré ! ») : hélas pour cet humain, n'importe lequel, par lequel un fils ou une fille de l'humain est trahi-e ! Quelle que soit sa propre histoire de trahison subie, l'être humain qui détruit la confiance d'un de ses semblables, sans être un monstre à éliminer, ne retire à l'évidence rien de l'existence ; c'est comme s'il ne vivait pas, et il ne serait pas dans ce malheur s'il n'était pas né ! Et Matthieu emploie la même formulation en 18,7 qu'en 26,24 :

> « Hélas [*ouaï*] pour l'humain par qui [*di'hou*] le scandale vient ! »
> « Hélas [*ouaï*] pour cet humain par qui [*di'hou*] le fils de l'humain est livré ! »

Analogie d'autant plus frappante que certains manuscrits ont aussi « *cet* humain » en 18,7. En outre, le « scandale » désigne aussi la trahison : il est, étymologiquement, « ce qui fait tomber » autrui, ce qui casse sa confiance ou sa foi en l'autre et donc en l'Autre aussi. C'est par ce canal de la trahison entre les humains que le mal, au sens de malheur dont l'origine dernière échappe à tous, ne cesse de se propager à travers le monde, semant la peur et l'esprit de jugement, rompant ainsi le fil ténu des relations.

Mais l'analogie avec Mt 18 va plus loin encore[*]. Au sujet de cet être humain, Jésus constatait : « *Il lui convient* qu'une

---

[*] Pour une analyse plus détaillée, cf. mon interprétation de Mt 18 dans *Le pardon originel, op. cit.*, p 375-436.

meule d'âne soit suspendue autour de son cou et qu'il soit submergé dans l'abîme de la mer » (18,6) ; trahir la confiance qu'autrui a placée en nous con-vient, va avec, revient au même que de se trouver soi-même submergé dans les profondeurs de la mer — symbole biblique de la puissance du mal, que Dieu seul peut dompter. Tout se passe, dans l'évangile de Matthieu, comme si Judas illustrait par son comportement ce que Jésus avait expliqué à ses disciples au long de son ministère : trahir la confiance d'un fils ou d'une fille d'humanité « revient au même » que de saboter sa propre vie en portant un poids intolérable autour du cou. C'est un comportement suicidaire, disait Jésus. Et Judas va précisément se pendre, dans cet évangile qui est le seul à rapporter cet événement. Il semble que Matthieu ait utilisé une tradition orale partie de Jérusalem, mais rien ne prouve qu'il en ait été réellement ainsi : dans le Livre des Actes, Pierre raconte autrement la fin de Judas, évoquant une chute accidentelle dans son champ (Ac 1,16 s). La réalité historique de ce suicide importe moins que la portée psychologique et spirituelle de la narration matthéenne : cet évangéliste a été particulièrement impressionné par l'amalgame compact de malheur et de malfaisance qui rend parfois la vie totalement impossible.

S'abstenir de porter un jugement sur Judas, c'est du même coup s'abstenir de juger Dieu en le rendant responsable de son malheur. Au contraire, dans ce même chapitre 18 qui dépeignait crûment le comportement le plus éloigné de ce lieu sûr de l'Être où la confiance en l'Autre se sait toujours fondée, Jésus disait clairement : « Ce n'est *pas* la volonté, devant votre Père qui est dans les cieux [tournure hébraïque pour dire "de votre Père"], qu'un seul de ces petits se perde » (v. 14, TOB). En Dieu il n'y avait aucun désir que Judas se perde, lui qui avait aussi été un « petit » en plaçant sa confiance en autrui. Certes, mais Jésus lui-même semble laisser planer le doute lorsqu'il dit de ses amis . « Aucun d'eux ne s'est perdu sinon le fils de la perdition, pour que l'Écriture soit accomplie » (Jn 17,12). On pourrait se croire dans le registre de la fatalité, voire de la malédiction, et il nous faudrait alors tenter de disculper Dieu. Ce serait oublier que les références à la Bible hébraïque étaient la manière préférée des évangélistes de *trouver un sens* à l'histoire de Jésus, parce que Jésus lui-même n'avait pas cessé de s'y référer, dans le même désir de comprendre ce qui lui arrivait.

Leur conviction à tous, concernant Judas, était sans doute qu'il ne pouvait pas en être autrement : tout fils, toute fille d'humanité peut devenir fils ou fille de perdition à partir de ce qui lui a été transmis, à partir de ce dont il ou elle a hérité dans son histoire personnelle, sans que ce soit la « volonté » de Dieu. En effet, *apôleia* c'est la perte, la destruction, l'auto-destruction à travers la destruction d'autrui, et le verbe de cette racine, *apollumi*, signifie lorsqu'il est intransitif être arraché pour sa perte, se perdre, se laisser corrompre, s'évanouir, disparaître. Ne sommes-nous pas là aux antipodes de « moi je suis », dans cet évanouissement de l'Être qui nous entraîne vers une compulsion à anéantir autrui en nous anéantissant nous-mêmes davantage encore, parce qu'ayant été « arrachés pour notre perte », nous n'avons pas tout mis en œuvre pour nous ré-assurer en Dieu ? Jésus ne pouvant pas prouver que Dieu ne veut jamais pour personne une telle fuite dans le néant, il n'a pas cessé de se comporter avec Judas comme s'il était Dieu lui-même parmi eux — en l'accueillant, en l'incluant, en demeurant à ses côtés jusqu'au dernier moment. Aucun évangile ne raconte qu'il l'a « catégorisé » en traître, alors que la pente humaine fait dire couramment « *c'est* un assassin, *c'est* un voleur », prêtant à autrui une *nature* mauvaise sur la base de faits ponctuels. La réticence de Jésus à « épingler » Judas apparaît encore plus clairement lorsqu'on juxtapose les quatre récits

Mt 26,25 : « Judas, qui le livrait, dit : "Serait-ce moi, maître ? " Il lui dit : "Toi, tu l'as dit ! " »

Mc 14,19 : « [C'est] l'un des douze, qui plonge [la main] avec moi dans le plat. »

Lc 22,14 : « Mais voici, la main de celui qui me livre, avec moi sur la table. »

Jn 13,26 : « C'est celui pour qui moi je tremperai la bouchée et à qui je la donnerai. »

L'objection surgit immédiatement : le geste de Jésus désignait Judas aussi clairement qu'une parole ! Mais précisément, cette manière détournée paraît trop compliquée pour ne pas être intentionnelle : Jésus était trop conscient de la *force des mots* pour risquer de nous pousser sur une pente qui nous est naturelle. Il lui fallait par tous les moyens éviter de cataloguer Judas, s'il voulait que nous nous interrogions sur nous-mêmes de manière à guérir de notre esprit de jugement : ce n'est pas en jugeant qu'on apprend à autrui à ne pas juger !

Mais il ne suffisait pas à Jésus de s'abstenir de juger Judas. La libération de nos peurs et des jugements définitifs dans lesquels elles nous enferment n'est pas une fin en soi. Ce fut l'expérience de Jésus. C'est aussi la nôtre : nous découvrons alors en nous une grandeur d'âme qui nous étonne, une sorte de légèreté intérieure qui nous rend disponibles aux autres sans discrimination — comme s'il nous importait désormais que tout être humain, quel qu'il soit, ait part à l'Être qui nous tient, à la Parole-Vie qui ne nous fait plus défaut. Il n'y a là ni volonté altruiste ni impérialisme : cette disposition du dedans est simplement l'indice que la force de libération qui a travaillé nos peurs commence à porter son fruit ; mais autrui garde toute sa liberté de refuser la relation et de lui préférer un enfermement de plus en plus tragique à l'intérieur de sa nuit de malheur et de malfaisance.

Cependant, la voie est ouverte et le Christ nous y précède, avec ce désir en lui qu'il n'a jamais renié, même aux heures les plus sombres, ce désir que *Dieu* avait mis en lui de ne jamais *perdre* aucune relation, de ne *lâcher personne* parmi ceux et celles qui étaient entrés en relation de confiance avec lui, et ce désir avait finalement été plus fort que toute peur et que toute tentation de jugement définitif. Ici, c'est Jean qui se montre l'évangéliste le plus sensible à cette réalité. Jésus ne cesse d'y revenir, comme pour nous entraîner sur le même chemin :

6, 39 : « La volonté de celui qui m'a envoyé, c'est que je ne perde rien de ce qu'il m'a donné. »

10,28 : « [Mes brebis] ne se perdront jamais : personne ne les arrachera de ma main. »

17,12 : « Lorsque j'étais avec eux, moi je les gardais en ton nom que tu m'as donné, et je veillais, et aucun d'eux ne s'est perdu sinon le fils de la perdition, pour que l'Écriture soit accomplie. »

18,9 (au moment de l'arrestation, lorsqu'il demande aux gardes de laisser aller ses disciples) : « [C'était] pour que soit accomplie la parole qu'il avait dite : "Je n'ai perdu aucun de ceux que tu m'as donnés." »

C'est chez Matthieu qu'on trouve le seul dialogue entre Jésus et Judas concernant la trahison : « "Est-ce moi, ou n'est-ce pas moi, maître ? " Il lui dit : "Toi tu l'as dit ! " » (26,25). Jésus lui laisse l'entière responsabilité de ce qu'il dit, tant il croit que la parole humaine doit être authentique si elle veut que la Parole-Vie habite en elle, même si cela fait mal. On ne peut que penser à la réponse de Jésus lors de son procès dans le même évangile : au grand prêtre qui lui demande s'il est le fils de Dieu, Jésus répondra : « Toi, tu l'as dit ! » (26,64), l'invitant à être pleinement *auteur* de ce qu'il dit. Peut-on exprimer plus clairement que la parole humaine fait être ce qu'elle dit lorsqu'elle se fait véhicule de la Parole-Vie ? Et en effet, c'est bien d'*être* [et d'identité profonde qu'il est question dans les deux cas : on n'enseigne pas a autrui qui] *est* telle ou telle personne, le risque de caricature est trop grand !

Il demeure que la question de Judas a de quoi surprendre : il vient de recevoir une jolie somme pour prix de la trahison (v. 15 s), il est bien placé pour savoir qui va trahir ; est-ce pure perversité de sa part ? Mais le texte dit que « [tout] un chacun » des disciples lui avait posé la même question : « Est-ce moi, ou n'est-ce pas moi, maître ? » (v. 22). Si la question de Judas paraît donc plus que superflue, c'est peut-être qu'il faut aussi l'entendre à un autre niveau : la particule *mè (ti)*, « est-ce que », introduit une question qui soit attend une réponse négative, soit reste ouverte ; on peut donc entendre « est-ce que ne... pas ? ». *Mèti egô eimi* signifierait alors : « est-il [vrai] que c'est moi ? » et, au second degré : « comment est-ce possible que je *sois* celui-là ? », et plus profondément encore, avec la densité du *egô eimi* dans les évangiles, « n'est-il pas [vrai pourtant] que *moi je suis* ? ». Cette question, qui semble lui échapper, exprimerait le doute profond de Judas sur son être, sur son ancrage dans l'Être. Sachant qu'il a déjà trahi, entraîné dans l' « évanouissement » de qui il *est*, et se sentant « perdu », il demanderait alors à Jésus, dans une ultime tentative pour se raccrocher à ce naître lumineuse-ment animé du *Je suis* divin : est-ce que moi aussi, Judas, malgré ma défaite intérieure, est-ce que « moi je suis » en Dieu, est-ce que je ne suis pas seulement un traître ? Jésus vient de lui en donner toute l'assurance, par ses gestes et ses paroles, Il ne peut pas faire plus. En répondant : « Toi, tu l'as dit ! », il le renvoie à sa propre responsabilité, dont aucun humain en quête de son identité ne peut faire l'économie : à toi de t'approprier ce « moi je suis » dont tu devines qu'il t'est aussi destiné ! À toi de *donner du poids* à ta propre parole ! Si tu me poses cette question, c'est que tu désires éprouver en toi ce « moi je suis » dont tu me sais habité, alors *fais ce que tu dis* !

Avec Judas, nous sommes renvoyés à ce vertige ou à cette déstabilisation que la souffrance ne cesse de provoquer en nous. Notre enracinement dans l'Être ne va pas de soi. Nous sommes mal assurés dans la vie parce que l'expérience du mal, au sens de malheur, est toujours première, parce que dès le berceau s'est inscrite en nous la peur que « ça recommence » — ça, c'est-à-dire tout ce qui vient douloureusement mettre en péril la confiance en l'autre et donc en la vie, en l'Être de Dieu. Pris dans les fausses vérités et les compromissions d'une existence mal assurée, nous sommes, avec Judas, renvoyés exclusivement à *ce qui parle en nous*. « Toi, tu l'as dit », tu as dit : « Est-ce que "moi je suis" ? », et si tu l'as dit, c'est que la Parole-Vie tente de se frayer un chemin en toi — écoute-la !

Ecouter : un maître mot qui nous plonge à nouveau dans le silence de Jésus en ce jour où il avait pressenti que la parole pouvait tuer et qu'elle allait le tuer. Il avait baissé la tête : la parole était malade, elle avait dégénéré en anti-parole. Il lui fallait faire silence, écouter ce qui parlait en lui, même s'il devait commencer par entendre le tapage de sa propre peur. Pour nous aussi, le silence est déjà un lieu sûr. Il nous met à l'abri de ces jugements que nous proférons pour les regretter par la suite. « Garde le silence, le silence te gardera », c'est la recommandation de toute la tradition monastique, et elle n'est pas réservée aux moines ni aux moniales !

Mais c'est alors dans le silence que se déchaîne parfois l'*esprit* de jugement. Sur lui nous n'avons aucune prise. Nous le laisserons donc se déchaîner, *au-dedans de nous-mêmes*, jusqu'à épuisement. C'est notre seule chance d'entendre les peurs qu'il cachait et d'entrer en contact avec elles. Sur elles non plus, lorsqu'elles déferlent comme des vagues, nous n'avons aucune prise. Nous nous laisserons flotter, en quelque sorte, jusqu'à cette plage dont nous connaissons l'existence grâce à *ce qui parle en nous.* Et c'est là que nous (re)trouverons l'usage de la parole libre, la seule qui soit investie par la Parole-Vie.

Peut-être alors l'étrange témoignage de Jésus et des premiers chrétiens s'éclairera-t-il : « Il s'est livré pour nous... » Pour nous aider en nous montrant le chemin, il s'est livré à ses propres peurs, il s'est laissé happer par une histoire terrifiante de torture et de mort pour désamorcer *en nous* toute peur sans issue qui nous tiendrait encore en esclavage, pour *nous* montrer que « moi je suis » est plus fort que la peur puisqu'il fut pour lui plus fort que la mort. Et cette Parole peut parler en nous parce qu'elle a fait ce qu'elle disait, ne se payant pas de mots, consentant à se faire canal d'un amour qui venait d'Ailleurs : « L'amour parfait, plein, parachevé jette dehors la peur », lit-on en 1 Jn 4,18. Il l'a fait dans l'histoire personnelle de Jésus. Il le fait en nous parce qu'il nous désire, et qu'il nous désire libres.

Eléments bibliographiques

BARTH K., *Dogmatique,* vol. III, t. 4 (éd. fr. t. 15), Genève, Labor et Fides, 1964.

CALVIN J., *Commentaires bibliques sur le Nouveau Testament,* t. 2 : *Évangile selon Jean,* Aix en Provence / Fontenay-sous-Bois, Kerygma / Farel, 1978.

DOLTO F., *L'Évangile au risque de la psychanalyse,* t. 2, Paris, Delarge, 1977.

HENRY M., *C'est moi la vérité. Pour une philosophie du christianisme,* Paris, Seuil, 1996.

MOLLA C., *Le quatrième Évangile,* Genève, Labor et Fides, 1977.

QUÉRÉ F., *Les femmes de l'Évangile,* Paris, Seuil, 1982.

The Jerome Biblical Commentary, R. E. Brown et al. (ed.), T.P.I, St Peter's Seminary, Bangalore, 1972, vol. II, p. 441.

Theological Dictionary of the New Testament, G. Kittel (ed.), Grand Rapids Mi., W. Eerdmans, Pub. Co., 1967, en partic. art. *egô,* vol. II, p. 343-362.

Table

Avant-propos 7

Introduction 13

I. Dévoiler le besoin de juger 23

1. Un constat difficile... 25
2. Comment le Christ fait fond sur le sentiment 29
3. Un besoin de juger qui occulte la peur 36

II. Chronique d'une peur surmontée
(Jn 8,1-12) 45

1. « Moi, je ne juge personne » (Jn 8,15) :
   le fruit d'un combat 47
2. Là où Jésus a vu clair en lui-même............................ 62
   Tous les personnages mus par la peur 62
   La tentation de Jésus 71
   Solitude et silence 81
   Sous la dictée du Très-Bas 89
   Une parole qui rend la vie...................................... 99
   La discrétion de Dieu 108

III. Quand « moi je suis », la peur disparaît 123

1. Bâtir sur le roc 125
   L'épouvante ou l'évanouissement de l'Etre.............. 125
   Aux fondations du message biblique,
   « Je suis/je serai » 139
   Quand Jésus bâtissait sur le roc 147

2. Le seul « moi » fiable : « moi qui te parle »
   d'un lieu sûr 171
   « Moi je suis, celui qui *te parle* » (Jn 4,25) 184
   « Jésus *leur dit* : "Moi je suis, n'ayez pas peur !" »
   (Jn 6,20) 188
   « Dès le commencement, [moi je suis]
   ce que précisément je *vous dis* » (Jn 8,24)............ 195
   « Jésus *leur dit* (...) "Vous saurez que moi je suis" »
   (Jn 8,28) 200
   « *Je vous dis,* avant qu'Abraham fût, moi je suis »
   (Jn 8,56) 206
   « Je *vous le dis* à présent (...) afin que vous croyiez
   que moi je suis » (Jn 13,19)................................ 212
   « "Qui cherchez-vous? — Jésus le Nazôréen" Il *leur dit* :
   "Moi je suis" » (Jn 18,4 s) 219

Conclusion.. 225

Éléments bibliographiques 239

DU MÊME AUTEUR

Ce lien qui ne meurt jamais
Albin Michel, 2007.

Au-delà du pardon : le désir de tourner la page
Presses de la Renaissance, 2006.

Le pardon originel,
Labor et Fides, 2005.

Aube,
Bayard, 2004.

Paroles matinales :
Derrière les mots convenus,
Labor et Fides, 2003.

Culpabilité, paralysie du cœur,
Labor et Fides, 2003.

Sainte colère
Jacob, Job, Jésus,
Bayard/Labor et Fides, 2002.

La fermeture à l'amour :
Un défi pratique posé à la théologie,
Labor et Fides, 2000.

Le pouvoir de pardonner,
Albin Michel/Labor et Fides, 1999.

Guérir du malheur,
Albin Michel/Labor et Fides, 1999.

Traces vives.
Paroles liturgiques pour aujourd'hui,
(en collaboration avec F. Carillo et S. Schell),
Labor et Fides, 1997.

La joie imprenable.
Pour une théologie de la prodigalité,
Labor et Fides, 1996,
rééd. « Spiritualités vivantes Poche »,
Albin Michel, 2004.

Le pardon originel.
De l'abîme du mal au pouvoir de pardonner,
Labor et Fides, 1995, rééd. 2003.

EXTRAITS DU CATALOGUE

Spiritualités vivantes/Poche

48. *Le Désert intérieur*, de Marie-Madeleine Davy.
61. *L'Évangile de Thomas*, traduit et commenté par Jean-Yves Leloup.
65. *La Sagesse du désert, aphorismes des Pères du désert*, de Thomas Merton.
76. *L'Évangile de Jean*, traduit et commenté par Jean-Yves Leloup.
79. *Le Livre des Œuvres divines*, de Hildegarde de Bingen.
86. *Écrits sur l'hésychasme*, de Jean-Yves Leloup.
94. *Paroles du Mont Athos*, de Jean-Yves Leloup.
102. *Les Collations de Jean Cassien ou l'unité des sources*, textes choisis et présentés par Jean-Yves Leloup.
113. *Homélies de Jean Chrysostome sur l'incompréhensibilité de Dieu*, présentées par Jean-Yves Leloup.
117. *Œuvres*, de saint François d'Assise, traduites et présentées par Alexandre Masseron.
122. *Prière de Jésus, prière du cœur*, de Rachel et Alphonse Goettmann.
124. *Le Pèlerin chérubinique*, d'Angelus Silesius, traduit et présenté par Camille Jordens.
147. *Le Miroir des âmes simples et anéanties*, de Marguerite Porete.
156. *L'Étincelle de l'âme, Sermons I à XXX*, de Maître Eckhart, traduits et présentés par Gwendoline Jarczyk et Pierre-Jean Labarrière.
161. *L'Imitation de Jésus-Christ*, traduit par Pierre Corneille.
162. *Dieu au-delà de Dieu, Sermons XXXI à LX*, de Maître Eckhart, traduits et présentés par Gwendoline Jarczyk et Pierre-Jean Labarrière.
168. *Job sur le chemin de la Lumière*, d'Annick de Souzenelle.
170. *Guérir du malheur*, de Lytta Basset.
171. *Le Pouvoir de pardonner*, de Lytta Basset.
176. *Et ce néant était Dieu... Sermons LXI à XC*, de Maître Eckhart, traduits et présentés par Gwendoline Jarczyk et Pierre-Jean Labarrière.
177. *L'Évangile de Marie*, de Jean-Yves Leloup.
178. *Le Féminin de l'Être. Pour en finir avec la côte d'Adam*, d'Annick de Souzenelle.
181. *Bernard de Clairvaux*, de Marie-Madeleine Davy.
183. *Les Psaumes*, traduits et présentés par Patrick Calame et Frank Lalou.
189. *Dietrich Bonhoeffer. Résistant et prophète d'un christianisme non religieux*, d'Arnaud Corbic.
197. *La Spiritualité orthodoxe et la philocalie*, de Placide Deseille.

199. *Teilhard de Chardin*, d'Édith de la Héronnière.
200. *« Moi je ne juge personne »*. *L'Évangile au-delà de la morale*, de Lytta Basset.
201. *L'Évangile de Philippe*, traduit et commenté par Jean-Yves Leloup.
206. *Jacques, frère de Jésus*, de Pierre-Antoine Bernheim.
211. *La Joie imprenable* de Lytta Basset.
212. *Jésus, illustre et inconnu* de Jérôme Prieur et Gérard Mordillat.
216. *La nuit privée d'étoiles* suivie de *La Paix monastique*, de Thomas Merton.
224. *Résonances bibliques*, Annick de Souzenelle.
225. *Saint François et le sultan*, Gwenolé Jeusset.
226. *Angèle de Foligno*, Michel Cazenave.
228. *Les Cathares*, Anne Brenon.
235. *Les Porteurs de lumière*, Nahal Tajadod.

Espaces libres

21. *Teilhard de Chardin et le mystère de la Terre*, de Jean Onimus.
28. *Marie-Madeleine, un amour infini*, de Jacqueline Kelen.
62. *La Place de l'homme dans la nature*, de Pierre de Teilhard de Chardin. Présentation de Jean Onimus.
64. *Accroche ta vie à une étoile*, de Stan Rougier. Entretiens avec Jean-Pierre et Rachel Cartier.
67. *J'attends Quelqu'un*, de Xavier Emmanuelli.
74. *L'Égypte intérieure ou les dix plaies de l'âme*, d'Annick de Souzenelle.
75. *L'Au-delà au fond de nous-mêmes*, d'Alphonse et Rachel Goettmann.
79. *La Parole au cœur du corps*, d'Annick de Souzenelle. Entretiens avec Jean Mouttapa.
81. *La Petite Sainte Thérèse*, de Maxence Van der Meersch.
83. *À l'écoute du cœur*, du Cardinal Martini.
96. *Dernier avis avant la fin du monde*, de Xavier Emmanuelli.
99. *Un Juif nommé Jésus*, de Marie Vidal.
104. *Cent prières possibles*, d'André Dumas. Préface d'Olivier Abel.
106. *Manque et plénitude*, de Jean-Yves Leloup.
113. *L'Absurde et la Grâce*, de Jean-Yves Leloup.
119. *Un art de l'attention*, de Jean-Yves Leloup.
125. *Le Curé de Nazareth. Émile Shoufani, Arabe israélien, homme de parole en Galilée*, d'Hubert Prolongeau.
126. *L'Évangile d'un libre penseur. Dieu serait-il laïque ?*, de Gabriel Ringlet.
128. *Quand la conscience s'éveille*, d'Anthony de Mello.
136. *Dieu a changé d'adresse*, d'Odon Vallet.
148. *Éloge de la fragilité*, de Gabriel Ringlet.
154. *Appel à l'amour*, d'Anthony de Mello.

157. *Le christianisme en accusation*, de René Rémond et Marc Leboucher.
159. *Un chemin vers Dieu*, d'Anthony de Mello.
160. *L'Amour comme un défi*, de Stan Rougier.
161. *Du bon usage de la vie*, Bernard Besret.
170. *L'Évangile des païens*, Odon Vallet.
182. *Lettres sur la méditation*, Laurence Freeman.
191. *Le Retour de l'enfant prodigue*, Henry J. M. Nouwen.

Albin Michel Spiritualités / Grand format

Quand le pape demande pardon, de Luigi Accattoli.

Le Moine et la psychanalyste, de Marie Balmary.

La Résistance spirituelle 1941-1944. Les cahiers clandestins du Témoignage chrétien. Textes présentés par François et Renée Bédarida.

Le Bon Pape Jean. Jean XXIII, la biographie, de Mario Benigni et Goffredo Zanchi.

L'Enfant hérétique. Une traversée avec Jésus, de Gérard Bessière.

Le Bestiaire du Christ, de Louis Charbonneau-Lassay.

Célébrations chrétiennes, collectif.

Les Chrétiens de l'Inde, de Catherine Clémentin-Ohja.

Les Messagers du silence, de Michel Cool.

Chrétiens en Terre sainte, de Catherine Dupeyron.

La Vie de saint François d'Assise, de Omer Englebert.

La Fleur des saints, d'Omer Englebert.

Jésus, le Maître intérieur, de Laurence Freeman, préfacé par le Dalaï-Lama.

Le Désir et la tendresse. Pour une éthique chrétienne de la sexualité, d'Éric Fuchs.

Profession théologien. Quelle pensée chrétienne pour le XXIe siècle ?, de Claude Geffré.

Comment je suis redevenu chrétien, de Jean-Claude Guillebaud.

Les Traités, le Poème, de Maître Eckhart, traduits et présentés par Gwendoline Jarczyk et Pierre-Jean Labarrière.

Maître Eckhart ou l'empreinte du désert, de Gwendoline Jarczyk et Pierre-Jean Labarrière.

L'Autre Messie. L'extraordinaire révélation des manuscrits de la mer Morte, d'Israël Knohl.

Le Grand Livre du Cantique des cantiques, de Frank Lalou et Patrick Calame.

Tout est pur pour celui qui est pur, de Jean-Yves Leloup.

Un homme trahi. Le roman de Judas, de Jean-Yves Leloup.

« Notre Père », de Jean-Yves Leloup.

Paroles d'un moine en chemin, de Jean-Pierre Longeat et Monique Hébrard.

Mar Moussa. Un monastère, un homme, un désert, de Guyonne de Montjou.

Éloge du simple. Le moine comme archétype universel, de Raimon Panikkar.

La Bible oubliée de J. R. Porter, traduction de Gabriel Veyret.

Les Récits d'un pèlerin russe, trad. et comm. de Gleb Pokrovsky.

Ma part de gravité. Un itinéraire entre Évangile et actualité, de Gabriel Ringlet.

Et je serai pour vous un enfant laboureur… Retourner l'Évangile, de Gabriel Ringlet.

L'ordinaire de Dieu, de Marie Rouanet.

Voyage en Galilée, d'Émile Shoufani. Photographies Hanan Isachar.

Le Grand Rêve de Charles de Foucauld et Louis Massignon, de Jean-François Six.

Alliance de Feu. Une lecture chrétienne du texte hébreu de la Genèse, Tome I, d'Annick de Souzenelle.

Alliance de Feu. Une lecture chrétienne du texte hébreu de la Genèse, Tome II, d'Annick de Souzenelle.

La Lettre, chemin de vie, d'Annick de Souzenelle.

Les deux visages de Dieu. Une lecture agnostique du Credo, de Michel Théron.

Petit lexique des hérésies chrétiennes, de Michel Théron.

Il n'y a pas d'avenir sans pardon, de Desmond Tutu.

Le Juif Jésus et le Shabbat, de Marie Vidal.

Les Carnets du calligraphe

L'Évangile de Thomas, traduit par Jean-Yves Leloup, calligraphies de Frank Lalou.

Le Cantique des créatures, de saint François d'Assise, calligraphies de Frank Missant.

Le Dieu des hirondelles. Poèmes de Victor Hugo présentés par Robert Sabatier, calligraphies de Claude Mediavilla.

Tous les désirs de l'âme. Poèmes d'Arménie traduits par Vahé Godel, calligraphies de Achot Achot.

La Rose est sans pourquoi, de Angelus Silésius, préface de Christiane Singer, calligraphies de Vincent Geneslay.

« *Spiritualités vivantes* »
Collection fondée par Jean Herbert

au format de poche

DERNIERS TITRES PARUS

129. *L'Idée maçonnique, essai sur une philosophie
de la franc-maçonnerie*, d'Henri TORT-NOUGUÈS.
130. *Rire avec Dieu. Aphorismes et contes soufis*,
de S. B. MAJROUH, texte français de S. SAUTREAU.
131. *La Vision profonde, de la Pleine Conscience
à la contemplation intérieure*, de THICH NHAT HANH,
traduit par P. KERFORNE.
132. *Anthologie du soufisme*, d'E. de VITRAY-MEYEROVITCH.
133. *Expérience chrétienne et mystique hindoue*,
de Bede GRIFFITHS, préface de M.-M. DAVY,
traduit par C. H. de BRANTES.
134. *Méditation taoïste*, d'I. ROBINET.
135 *Dzogchen et Tantra, la Voie de la Lumière
du bouddhisme tibétain*, de Norbu RINPOCHE.
136. *L'Homme et sa double origine*, de Karlfried Graf DÜRCKHEIM,
traduit par C. de BOSE.
137. *Le Langage des oiseaux*, de Farîd-ud-Dîn 'ATTAR,
traduit du persan par G. de TASSY.
138. *Merveilles et processions*, de Khalil GIBRAN,
traduit par J.-P. DAHDAH.
139. *La Respiration essentielle*, de THICH NHAT HANH,
traduit par P. KERFORNE.
140. *Le Yoga et saint Jean de la Croix*, de Swâmi
SIDDHESWARANANDA.
141. *Traces de lumières, paroles initiatiques soufies*, de F. SKALI.
142. *Aux sources de la joie*, de MÂ ANANDA MOYÎ, traduction
et préface de J. HERBERT.
143. *Temps et prières* de AL-GHAZÂLÎ.
144. *L'Enfant de pierre et autres contes bouddhistes*,
de THICH NHAT HANH.
145. *Le Livre du dedans*, de RÛMÎ.
146. *Trois mystiques grecs, Orphée, Pythagore, Empédocle*,
de S. JACQUEMARD.

147. *Le Miroir des âmes simples et anéanties*, de M. PORETE.
148. *Présence de Râm*, de SWÂMÎ RÂMDÂS, trad. de J. HERBERT.
149. *Traité du Vide parfait*, de LIE TSEU, trad. de J.-J. LAFITTE.
150. *Les Illuminations de La Mecque*, d'IBN ARABÎ,
    traduction sous la direction de M. CHODKIEWICZ.
151. *Le Silence foudroyant*, de THICH NHAT HANH,
    traduction de Z. BIANU.
152. *Comme un éclair déchire la nuit*, du DALAÏ-LAMA.
153. *Jung et la question du sacré*, d'Y. TARDAN-MASQUELIER.
154. *La Religion des Chinois*, de M. GRANET.
155. *La Saveur du Zen. Poèmes et sermons d'Ikkyû et de ses
    disciples*, traduits et présentés par M. et M. SHIBATA. (Inédit)
156. *L'Étincelle de l'âme, Sermons I à XXX*,
    de Maître ECKHART, traduits et présentés par G. JARCZYK
    et P.-J. LABARRIÈRE. (Inédit)
157. *Poèmes mystiques*, de HALLAJ.
158. *Sagesses de la mort*, de Z. BIANU.
159. *Polir la lune et labourer les nuages*, de Maître DÔGEN,
    anthologie présentée par J. BROSSE. (Inédit)
160. *L'Éveil subit*, de HOUEI-HAI suivi de *Dialogues du Tch'an*,
    traduits et présentés par M. et M. SHIBATA.
161. *L'Imitation de Jésus-Christ*, trad. par P. CORNEILLE.
162. *Dieu au-delà de Dieu, sermons XXXI à LX*,
    de Maître ECKHART, traduits et présentés par G. JARCZYK
    et P.-J. LABARRIÈRE. (Inédit)
163. *Zen et Occident*, de J. BROSSE.
164. *Dialogue sur le chemin initiatique*, de K. G. DÜRCKHEIM
    et A. GOETTMANN.
165. *Prendre soin de l'être*, de J.-Y. LELOUP.
166. *Transformation et guérison*, de THICH NHAT HANH.
167. *La Lumière du Satori selon l'enseignement de Taisen
    Deshimaru*, d'E. DE SMEDT.
168. *Job sur le chemin de la Lumière*, d'A. de SOUZENELLE.
169. *Le Chœur des Prophètes. Enseignements soufis* du Cheikh Adda
    BENTOUNÈS.
170. *Guérir du malheur*, de L. BASSET.
171. *Le Pouvoir de pardonner*, de L. BASSET.
172. *L'Esprit du Ch'an, Aux sources chinoises du zen*,
    de T. DESHIMARU.
173. *Passerelles. Entretiens avec des scientifiques sur la nature de l'esprit*,
    du DALAÏ-LAMA.

174. *Le Recueil de la falaise verte, kôans et poésies du Zen*, traduit et présenté par M. et M. SHIBATA. (Inédit)
175. *L'Islam au féminin. La femme dans la spiritualité musulmane*, d'A. SCHIMMEL.
176. *Et ce néant était Dieu…, sermons LXI à XC*, de Maître ECKHART, traduits et présentés par G. JARCZYK et P.-J. LABARRIÈRE. (Inédit)
177. *L'Évangile de Marie-Myriam de Magdala*, de J.-Y. LELOUP.
178. *Le Féminin de l'être. Pour en finir avec la côte d'Adam*, d'A. de SOUZENELLE.
179. *Dictionnaire des symboles musulmans*, de M. CHEBEL.
180. *Etty Hillesum*, de P. LEBEAU.
181. *Bernard de Clairvaux*, de M.-M. DAVY.
182. *Les Maîtres Zen*, de J. BROSSE.
183. *Les Psaumes*, traduits et présentés par P. CALAME et F. LALOU.
184. *La Rencontre du bouddhisme et de l'Occident*, de F. LENOIR.
185. *Moïse, notre contemporain*, de J. BLOT.
186. *Mahomet*, de S. STÉTIÉ.
187. *Le rêve du papillon*, de TCHOUANG TSEU.
188. *Entre source et nuage*, de F. CHENG.
189. *Dietrich Bonhoeffer*, d'A. CORBIC.
190. *La Voie de la perfection*, de B. ELAHI.
191. *La Rose aux treize pétales*, d'A. STEINSALTZ.
192. *Le Vin mystique et autres lieux spirituels de l'islam*, de S. STÉTIÉ.
193. *Comprendre le Tao*, de I. ROBINET.
194. *Le Coran*, de J. BERQUE.
195. *Introduction au Talmud*, d'A. STEINSALTZ.
196. *Épictète et la sagesse stoïcienne*, de J.-J. DUHOT.
197. *La Spiritualité orthodoxe et la Philocalie*, de P. DESEILLE.
198. *Confucius*, de J. LEVI.
199. *Teilhard de Chardin*, d'É. de la HÉRONNIÈRE.
200. *« Moi je ne juge personne ». L'Évangile au-delà de la morale*, de L. BASSET.
201. *L'Évangile de Philippe*, de J.-Y. LELOUP.
202. *Essais sur le bouddhisme zen*, de D. T. SUZUKI.
203. *Le Trésor du zen*, textes de Maître Dôgen commentés par T. DESHIMARU.
204. *La Prière en Islam*, d'E. de VITRAY-MEYEROVITCH.

205. *Cabale et Cabalistes*, C. MOPSIK.
206. *Jacques, frère de Jésus*, de P.-A. BERNHEIM.
207. *Les Dits du Bouddha. Le Dhammapada*.
208. *À Bible ouverte. Le livre de la Genèse : de la Création à Caïn*, de J. EISENBERG et A. ABÉCASSIS.
209. *L'Enseignement de Mâ Ananda Moyî*, trad. par J. HERBERT.
210. *Tantra Yoga*, trad. et prés. par D. ODIER.
211. *La Joie imprenable*, de L. BASSET.
212. *Jésus, illustre et inconnu*, de J. PRIEUR et G. MORDILLAT.
213. *Enseignements sur l'amour*, de THICH NHAT HANH.
214. *Hillel*, de M. HADAS-LEBEL.
215. *Psychologie du yoga de la Kundalinî*, de C.G. JUNG.
216. *La Nuit privée d'étoiles* suivi de *La Paix monastique*, de T. MERTON.
217. *Rachi de Troyes*, de S. SCHWARZFUCHS.
218. *L'Enseignement de Ramana Maharshi*, trad. E. BRAITENBERG.
219. *Les Quatrains d'Omar Khayyam*, trad. O. ALI-SHAH.
220. *Cent kôans zen*, commentés par N. SENZAKI.
221. *Lévinas, la vie et la trace*, de S. MALKA.
222. *Le Mahâbhârata*, conté selon la tradition orale.
223. *Le Râmâyana*, conté selon la tradition orale.
224. *Résonances bibliques*, de A. DE SOUZENELLE.
225. *Saint François et le sultan*, de G. JEUSSET.
226. *Angèle de Foligno*, de M. CAZENAVE.
227. *Leçons sur la Torah*, de L. ASKÉNAZI.
228. *Les Cathares*, de A. BRENON.
229. *Les formes du vent*, traduits par M. VALLETTE-HÉMERY.
230. *Pacifier l'esprit*, du DALAÏ-LAMA.
231. *La montagne dans l'océan*, de J.-Y. LELOUP.
232. *Petites étincelles de sagesse juive*, de V. MALKA.
233. *Traité des larmes*, de C. CHALIER.
234. *Changer l'avenir*, de THICH NHAT HANH.